诚信为本

操守为重

坚持准则

不做假账

——与学习会计的同学共勉

坚持准则
诚信为本

不做假账
操守为重

——为国家会计学院题 朱镕基

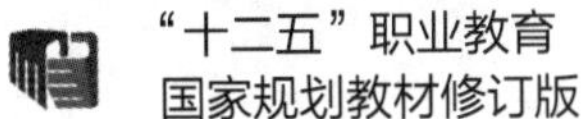

爱课程（中国大学 MOOC）“财务会计”课程配套教材
国家级精品资源共享课配套教材

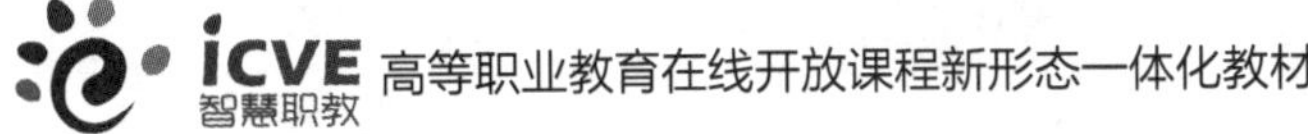

财务会计同步模拟实训

（第三版）

▶主　编　高丽萍　张桂春
▶副主编　吴丽娟　张文华

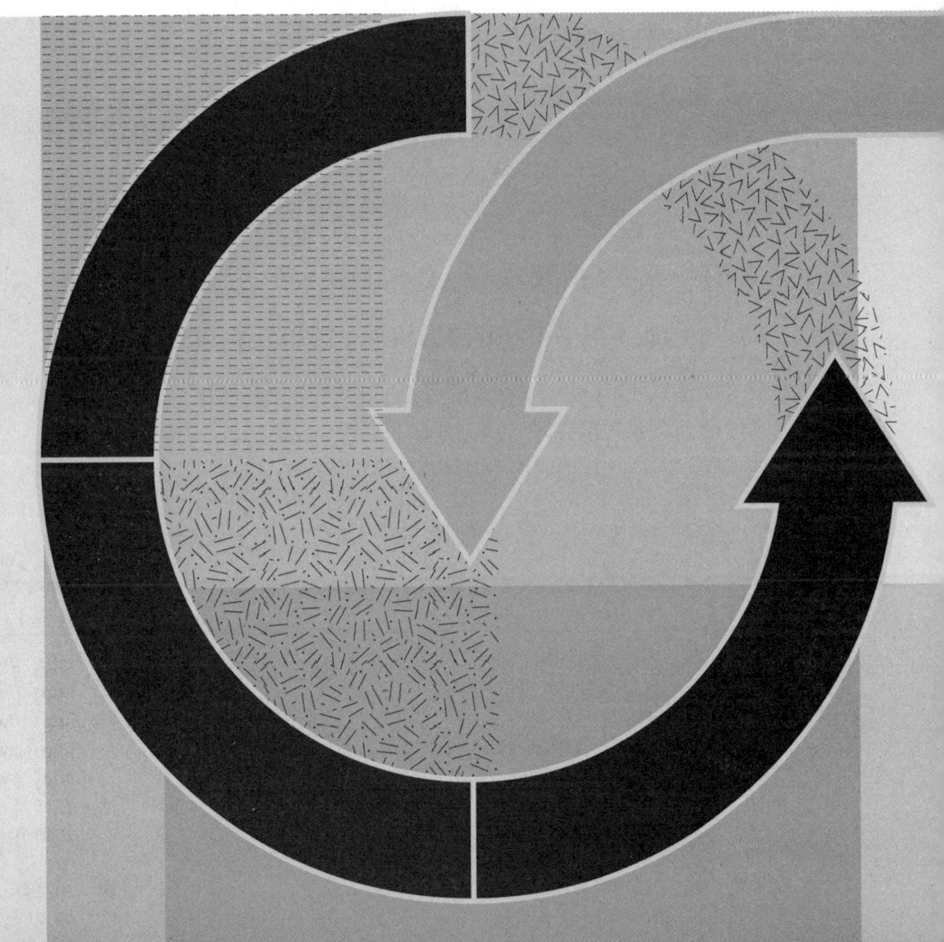

高等教育出版社·北京

内容提要

本书是根据"十二五"职业教育国家规划教材修订版、国家级精品资源共享课、爱课程中国大学 MOOC 配套教材《财务会计实务》（第三版）编写的配套辅助教材。

本书在保留上一版优点的基础上，对涉及具体会计准则和财税法规变化的相关内容进行了全面修订，并更新了原始凭证。本书内容包括：货币资金核算实训，存货按实际成本计价核算实训，存货按计划成本计价核算实训，金融资产及长期股权投资核算实训，固定资产核算实训，应付职工薪酬核算实训，应交税费核算实训，收入、费用和利润核算实训，会计报表编制综合实训 9 个实训项目。

本书可作为高等职业院校会计及相关专业学生自学与自我训练的教学用书，也可作为在职财会人员业务学习、岗位培训的参考书。

本书提供参考答案以及与"爱课程"（www.icourses.cn）"财务会计"在线开放课程配套的多种教学资源，学习者也可通过扫描书中二维码获取参考答案，资源具体获取方式详见"郑重声明"页的资源服务提示。

图书在版编目（CIP）数据

财务会计同步模拟实训 / 高丽萍，张桂春主编. --3 版. --北京：高等教育出版社，2020.10（2022.2重印）
ISBN 978-7-04-054869-3

Ⅰ. ①财… Ⅱ. ①高… ②张… Ⅲ. ①财务会计-职业教育-教学参考资料 Ⅳ. ①F234.4

中国版本图书馆 CIP 数据核字（2020）第 143361 号

财务会计同步模拟实训
CAIWU KUAIJI TONGBU MONI SHIXUN

策划编辑 武君红　责任编辑 黄 茜　封面设计 赵 阳　版式设计 马 云
责任校对 胡美萍　责任印制 耿 轩

出版发行 高等教育出版社
社　　址 北京市西城区德外大街 4 号
邮政编码 100120
印　　刷 三河市宏图印务有限公司
开　　本 787mm × 1092mm 1/16
印　　张 24.25
字　　数 280 千字
插　　页 1
购书热线 010-58581118
咨询电话 400-810-0598

网　　址 http://www.hep.edu.cn
http://www.hep.com.cn
网上订购 http://www.hepmall.com.cn
http://www.hepmall.com
http://www.hepmall.cn
版　　次 2015 年 3 月第 1 版
2020 年 10 月第 3 版
印　　次 2022 年 2 月第 3 次印刷
定　　价 49.80 元

物 料 号 54869-00

主编简介

高丽萍，教授，注册会计师，淄博职业学院会计学院副院长。获国家级教学成果奖一等奖 1 项。首批国家精品资源共享课、国家精品课程“财务会计”负责人，国家职业教育会计专业教学资源库项目“企业会计制度设计”课程负责人，全国高职高专经济管理类专业教学资源库建设专家委员会委员，华东师范大学访问学者；山东省教学名师、山东省高等学校省级教学团队带头人、会计专业省级特色专业带头人、山东省五年制高职会计专业教学指导方案项目负责人；主编教材 8 部，其中十二五规划教材 3 部，主持多项省级以上科研课题。

张桂春，淄博职业学院教授、会计师。淄博市会计专业学科带头人。淄博市青年教师岗位能手、淄博市高校优秀教师。国家精品资源共享课“财务会计”主讲教师，国家职业教育会计专业教学资源库项目“企业会计制度设计”课程主讲教师，山东省精品课程“成本核算实务”“会计综合实训”主持人，山东省会计专业省级优秀教学团队核心成员。主持省级教改课程 1 项，主编职业教育十二五规划教材《成本核算实务》等 2 部。

第三版前言

本书是“十二五”职业教育国家规划教材修订版、国家级精品资源共享课配套教材《财务会计实务》（第三版）（高丽萍主编）的配套辅助实训用书。

本书自2015年第一版出版以来，受到广大师生的欢迎。近年来，财政部相继对我国企业会计准则基本准则和部分具体准则进行了修订，并发布了多项新准则。同时，我国财税体制改革持续推进，如2016年5月1日起营业税改征增值税全面实施，2016年7月1日起资源税改革全面推行等。这些都对教材修订提出了新的要求。本书即是在第一版基础上依据我国现行财税法规等的变化修订而成的，并合并充实了部分实训项目。

本书内容包括：货币资金核算实训，存货按实际成本计价核算实训，存货按计划成本计价核算实训，金融资产及长期股权投资核算实训，固定资产核算实训，应付职工薪酬核算实训，应交税费核算实训，收入、费用和利润核算实训，会计报表编制综合实训9个实训项目。本书具有仿真性、实用性、操作性强的特点，学生可在学习“财务会计实务”课程相关内容的同时，通过模拟实训，与理论知识相融合，做到“学做一体”，以增强对会计工作的感性认识，掌握会计的专业操作技能，为将来从事会计工作奠定良好的专业功底。

本次修订工作由高丽萍教授、张桂春教授负责并担任主编，吴丽娟、张文华担任副主编，参与本书修订的有淄博职业学院高丽萍、张桂春、吴丽娟、张文华、刘辉、曹志华、湘西民族职业技术学院胡原、重庆化工职业学院胡欣，以及山东鲁信税务师事务所张俊学等。在修订过程中，得到了山东鲁信税务师事务所等合作企业和原课程建设团队老师的大力支持，在此一并表示诚挚的谢意。

由于编者水平有限，书中难免出现错误，欢迎各位读者提出宝贵意见。

编　者

二〇二〇年五月

第一版前言

《财务会计同步模拟实训》一书是“十二五”职业教育国家规划教材、国家级精品资源共享课立项项目配套教材《财务会计实务》(高丽萍主编)的配套辅助实训用书。

本书内容包括:银行结算凭证的填制实训,货币资金的核算实训,存货按实际成本计价的核算实训,存货按计划成本计价的核算实训,固定资产的核算实训,应付职工薪酬的核算实训,应交税费的核算实训,收入、费用和利润的核算实训,会计报表编制的综合实训9个实训项目。具有仿真性、实用性、操作性强的特点,学生可在学习“财务会计实务”课程相关内容的同时,通过模拟实训,与理论知识相融合,做到“学做一体”,以增强对会计工作的感性认识,掌握会计的专业操作技能,为将来从事会计工作奠定良好的专业功底。

本书由高丽萍、张桂春担任主编,黄新荣、张文华担任副主编,参加本书编写的有淄博职业学院高丽萍、张桂春、滕学荣、黄新荣、张文华、张静、冯素平、杨静、曹志华,以及山东鲁信税务师事务所张俊学等。

由于编者水平有限,书中欠妥之处恳请专家、读者批评指正。

编　者

二〇一五年一月

目 录

实训一
货币资金核算实训

一、实训目的

能正确地签发与填制银行结算凭证；能正确地审核货币资金业务的原始凭证，并根据原始凭证编制记账凭证、登记库存现金和银行存款日记账，并能与银行进行对账，编制银行存款余额调节表。

二、实训资料

（一）公司概况

光华有限责任公司是增值税一般纳税人，增值税税率为13%，有关情况如下。

开户银行：工商银行东海支行；行号：37930。

账号：16030058363803366。

统一社会信用代码：913506030011122285。

联系电话：0198-27606068。

公司地址：东海市南京路677号。

（二）有关账户期初余额

库存现金、银行存款日记账的期初余额如表1-1所示。

表1-1

账户名称	期初余额
库存现金	4 230
银行存款——工商银行——人民币户	1 836 000

（三）2020年4月该公司发生的部分经济业务

1. 1日，签发现金支票从银行提取现金8 000元备用，现金支票号码00482871。

2. 6日，从东方商厦有限责任公司购买零星办公用品2 356.05元，签发转账支票，支票号码为08067240。

东方商厦有限责任公司账号：2305007804100093008。

开户银行：工商银行建安支行；行号：8542。

3. 8日，从晓天有限责任公司购买材料一批，填写银行汇票申请书，面额80 000元。

晓天有限责任公司账号：47050086120860005。

开户银行：建行东风支行；行号：3890。

4. 9日，公司从中汇有限责任公司购入钢材一批，价款500 000元，增值税65 000元，采用商业汇票结算方式，汇票到期日为8月7日，合同号89950，开出商业承兑汇票一张。

中汇有限责任公司账号：43050676670000932。

开户银行：建行城南支行；行号：3211。

2020年4月该公司有关业务原始凭证如单据1-1～单据1-19所示。

单据1-1-1/1

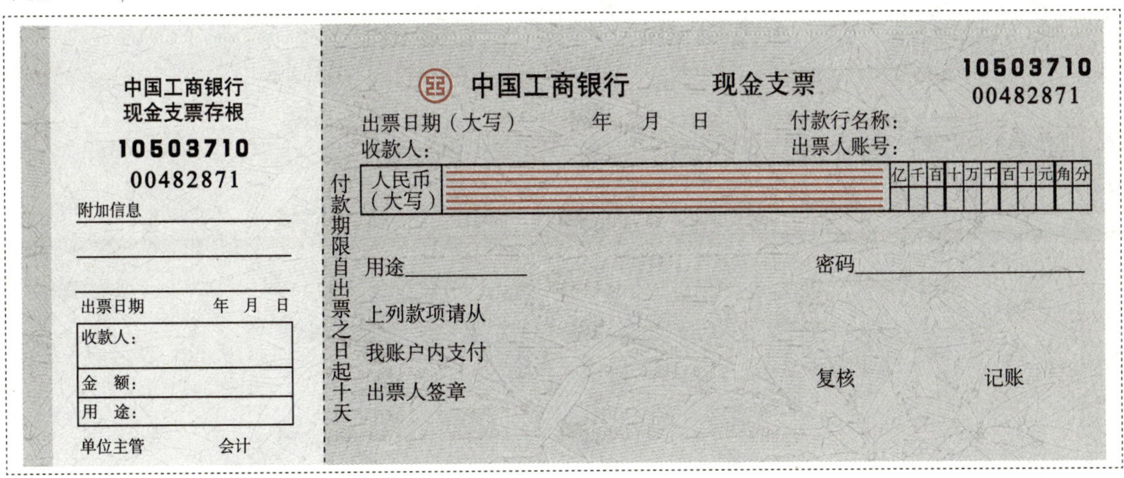

中国工商银行
现金支票存根
10503710
00482871
附加信息
出票日期　年　月　日
收款人：
金　额：
用　途：
单位主管　会计

中国工商银行　现金支票　10503710
00482871
出票日期（大写）　年　月　日　付款行名称：
收款人：　出票人账号：

人民币（大写）	亿	千	百	十	万	千	百	十	元	角	分

付款期限自出票之日起十天

用途　密码

上列款项请从
我账户内支付
出票人签章　复核　记账

支票的填制

单据 1-2-1/3

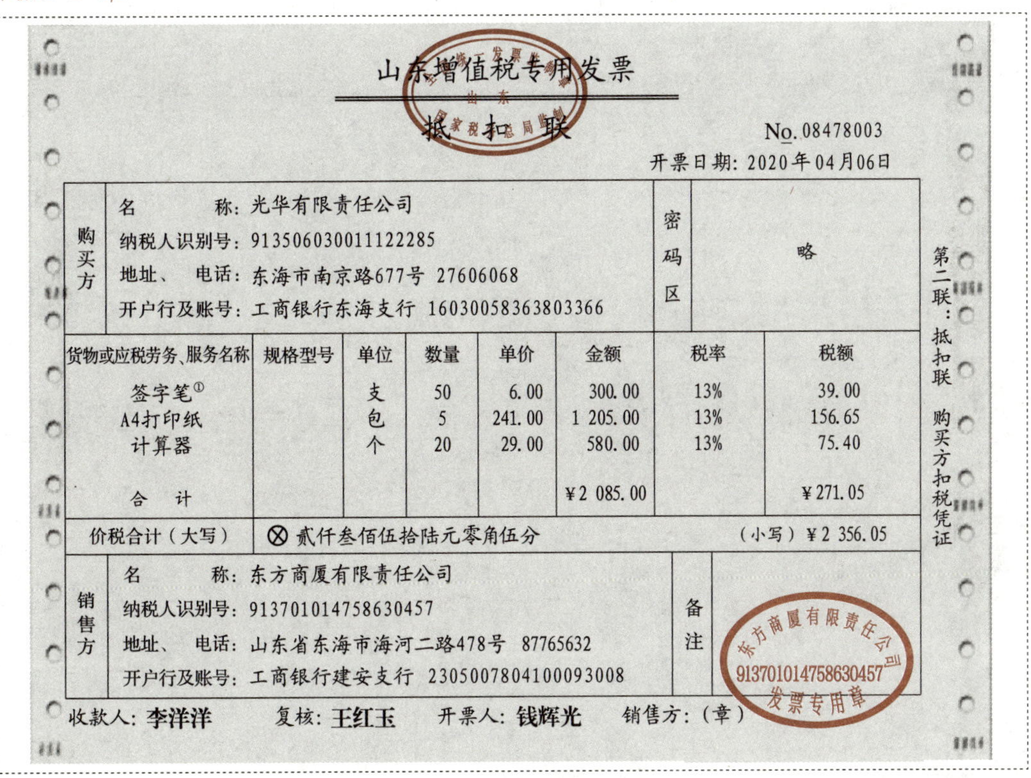

山东增值税专用发票

抵　扣　联

No. 08478003

开票日期：2020年04月06日

购买方	名　　称：光华有限责任公司 纳税人识别号：913506030011122285 地址、电话：东海市南京路677号 27606068 开户行及账号：工商银行东海支行 16030058363803366				密码区	略	
货物或应税劳务、服务名称	规格型号	单位	数量	单价	金额	税率	税额
签字笔[①]		支	50	6.00	300.00	13%	39.00
A4打印纸		包	5	241.00	1 205.00	13%	156.65
计算器		个	20	29.00	580.00	13%	75.40
合　计					¥2 085.00		¥271.05
价税合计（大写）	⊗贰仟叁佰伍拾陆元零角伍分					（小写）¥2 356.05	
销售方	名　　称：东方商厦有限责任公司 纳税人识别号：913701014758630457 地址、电话：山东省东海市海河二路478号 87765632 开户行及账号：工商银行建安支行 2305007804100093008				备注		

收款人：李洋洋　　复核：王红玉　　开票人：钱辉光　　销售方：（章）

第二联：抵扣联　购买方扣税凭证

① 注：根据国家税务总局《关于增值税发票管理若干事项的公告》，自2018年1月1日起，纳税人通过增值税发票管理新系统开具增值税发票时，商品和服务税收分类编码对应的简称会自动显示并打印在发票票面“货物或应税劳务、服务名称”栏次中。本教材为简便起见，省略该简称。下同。

单据 1-2-2/3

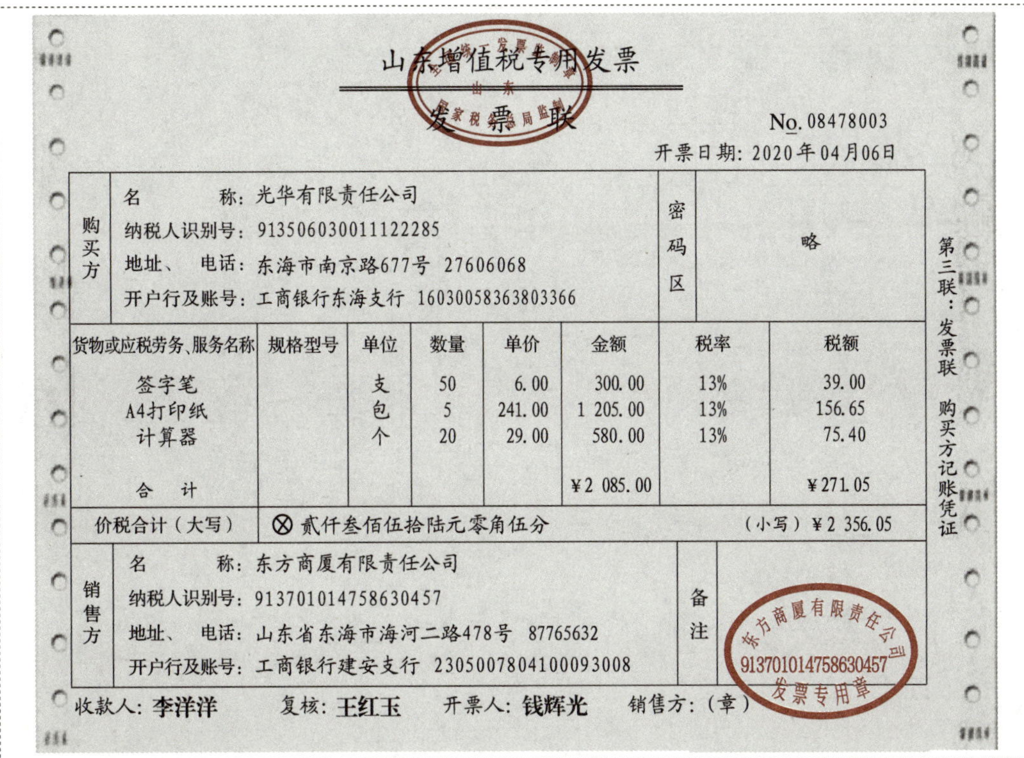

山东增值税专用发票

发票联

No. 08478003

开票日期：2020年04月06日

购买方	名　　称：光华有限责任公司 纳税人识别号：913506030011122285 地址、电话：东海市南京路677号 27606068 开户行及账号：工商银行东海支行 16030058363803366	密码区	略

货物或应税劳务、服务名称	规格型号	单位	数量	单价	金额	税率	税额
签字笔		支	50	6.00	300.00	13%	39.00
A4打印纸		包	5	241.00	1 205.00	13%	156.65
计算器		个	20	29.00	580.00	13%	75.40
合　计					¥2 085.00		¥271.05
价税合计（大写）	⊗贰仟叁佰伍拾陆元零角伍分					（小写）¥2 356.05	

销售方	名　　称：东方商厦有限责任公司 纳税人识别号：913701014758630457 地址、电话：山东省东海市海河二路478号 87765632 开户行及账号：工商银行建安支行 2305007804100093008	备注	（印章：东方商厦有限责任公司 913701014758630457 发票专用章）

收款人：李洋洋　　复核：王红玉　　开票人：钱辉光　　销售方：（章）

第三联：发票联　购买方记账凭证

单据 1-2-3/3

中国工商银行
转账支票存根
08098645
08067240

附加信息

出票日期　　年　月　日

收款人：

金　额：

用　途：

单位主管　　会计

中国工商银行　　转账支票　　08098645 08067240

出票日期（大写）　　年　月　日　　付款行名称：

收款人：　　出票人账号：

付款期限自出票之日起十天

人民币（大写）	亿	千	百	十	万	千	百	十	元	角	分

用途＿＿＿＿　　密码＿＿＿＿

上列款项请从
我账户内支付
出票人签章　　复核　　记账

单据 1-3-1/1

银行汇票申请书（存　根）①

申请日期　　年　月　日　　No：000375

申请人		收款人	
账号或住址		账号或住址	
用途		代理付款行	
汇款金额	人民币（大写）	万 千 百 十 万 千 百 十 元 角 分	
备注：		科目＿＿＿＿ 对方科目＿＿＿＿ 财务主管　　复核　　经办	

此联申请人留存

单据 1-4-1/3

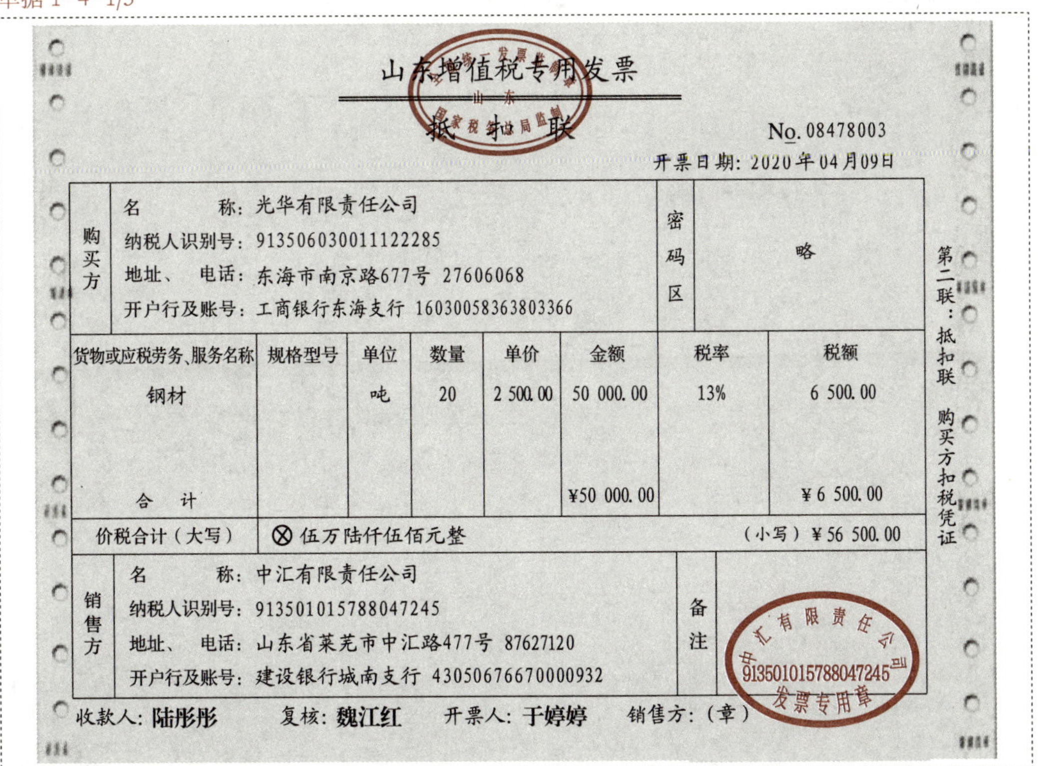

山东增值税专用发票

抵　扣　联

No. 08478003

开票日期：2020年04月09日

购买方	名　　称：光华有限责任公司 纳税人识别号：913506030011122285 地址、电话：东海市南京路677号 27606068 开户行及账号：工商银行东海支行 16030058363803366					密码区	略
货物或应税劳务、服务名称	规格型号	单位	数量	单价	金额	税率	税额
钢材		吨	20	2 500.00	50 000.00	13%	6 500.00
合　计					¥50 000.00		¥6 500.00
价税合计（大写）	⊗伍万陆仟伍佰元整					（小写）¥56 500.00	
销售方	名　　称：中汇有限责任公司 纳税人识别号：913501015788047245 地址、电话：山东省莱芜市中汇路477号 87627120 开户行及账号：建设银行城南支行 43050676670000932					备注	

收款人：陆彤彤　　复核：魏江红　　开票人：于婷婷　　销售方：（章）

第二联：抵扣联　购买方扣税凭证

单据 1-4-2/3

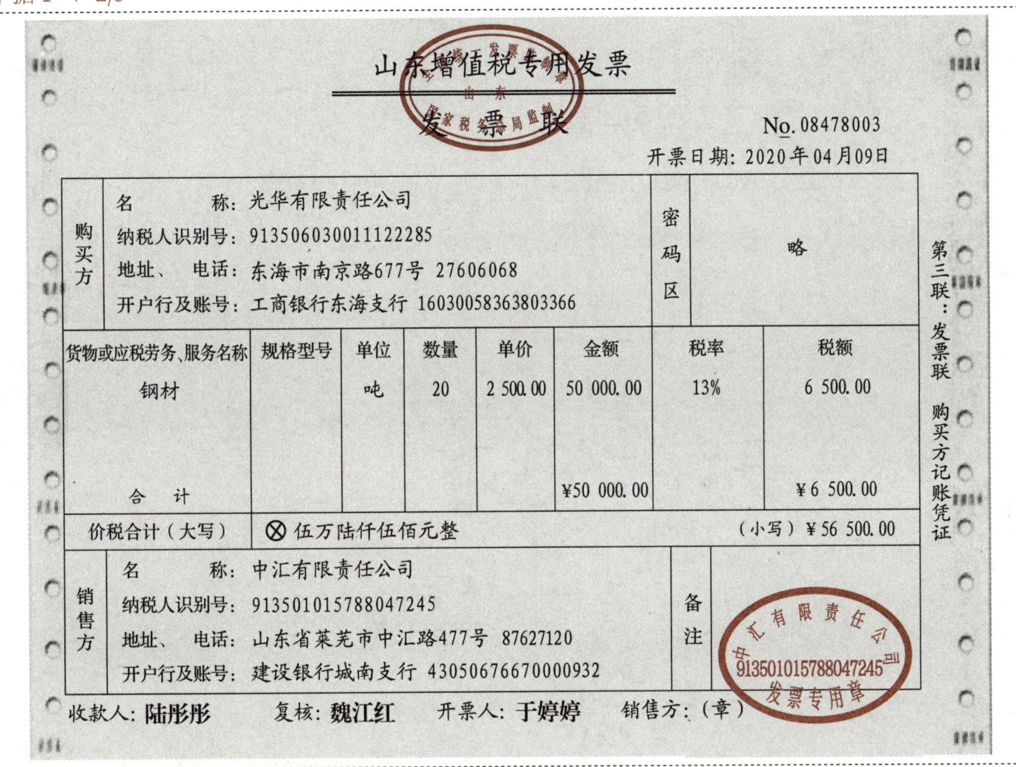

山东增值税专用发票

发 票 联

No. 08478003

开票日期：2020年04月09日

购买方	名 称：光华有限责任公司 纳税人识别号：913506030011122285 地址、电话：东海市南京路677号 27606068 开户行及账号：工商银行东海支行 16030058363803366					密码区	略
货物或应税劳务、服务名称	规格型号	单位	数量	单价	金额	税率	税额
钢材		吨	20	2 500.00	50 000.00	13%	6 500.00
合 计					¥50 000.00		¥6 500.00
价税合计（大写）	⊗伍万陆仟伍佰元整				（小写）¥56 500.00		
销售方	名 称：中汇有限责任公司 纳税人识别号：913501015788047245 地址、电话：山东省莱芜市中汇路477号 87627120 开户行及账号：建设银行城南支行 43050676670000932					备注	

收款人：陆彤彤 复核：魏江红 开票人：于婷婷 销售方：（章）

第三联：发票联 购买方记账凭证

单据 1-4-3/3

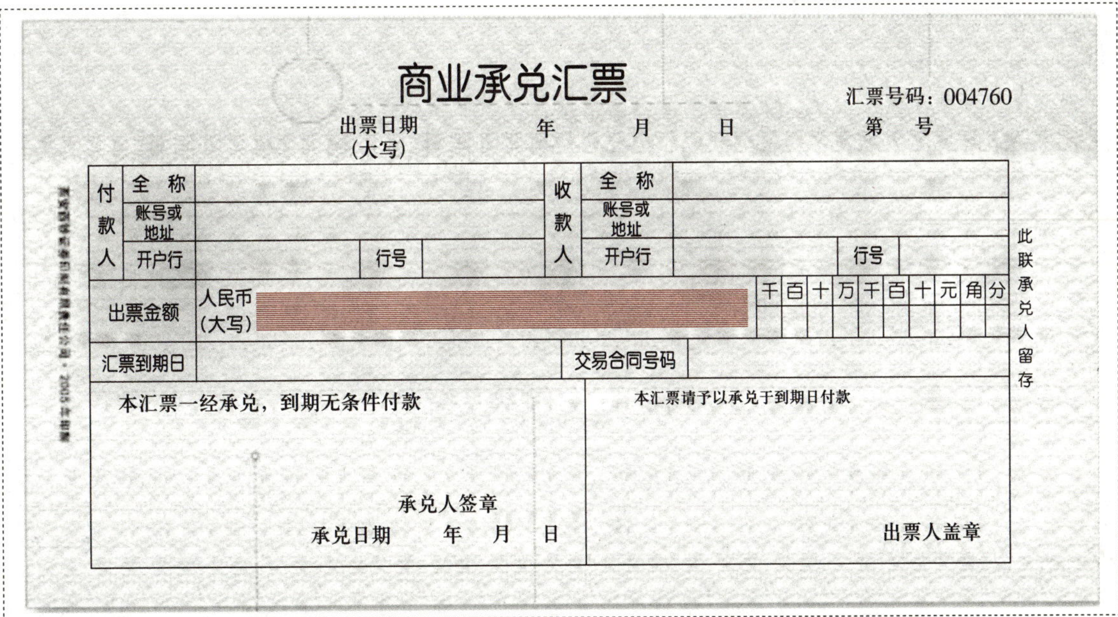

商业承兑汇票

汇票号码：004760

出票日期（大写） 年 月 日 第 号

付款人	全称			收款人	全称		
	账号或地址				账号或地址		
	开户行		行号		开户行		行号
出票金额	人民币（大写）				千 百 十 万 千 百 十 元 角 分		
汇票到期日				交易合同号码			
本汇票一经承兑，到期无条件付款 承兑人签章 承兑日期 年 月 日				本汇票请予以承兑于到期日付款 出票人盖章			

此联承兑人留存

单据 1-5-1/1

中国工商银行
转账支票存根

08098645
00486654

附加信息

出票日期 2020 年 4 月 9 日

收款人:	光华有限责任公司
金 额:	¥4 000.00
用 途:	付后勤处备用金

单位主管 赵一 会计 张力

预借差旅费

单据 1-6-1/1

借 款 单

2020 年 4 月9日 字第0032号

借款人	王强	借款事由	武汉采购材料		
所属部门	购销科				
借款金额 人民币(大写)	伍仟元整 现金付讫	核准金额	人民币(大写) 伍仟元整		
审批意见: 同意借支 于亮 2020年4月13日		归还期限	2020年4月22日	归还方式	回来报账

会计主管: 赵一 复核: 出纳: 丁凡 借款人: 王强

单据 1-7-1/2

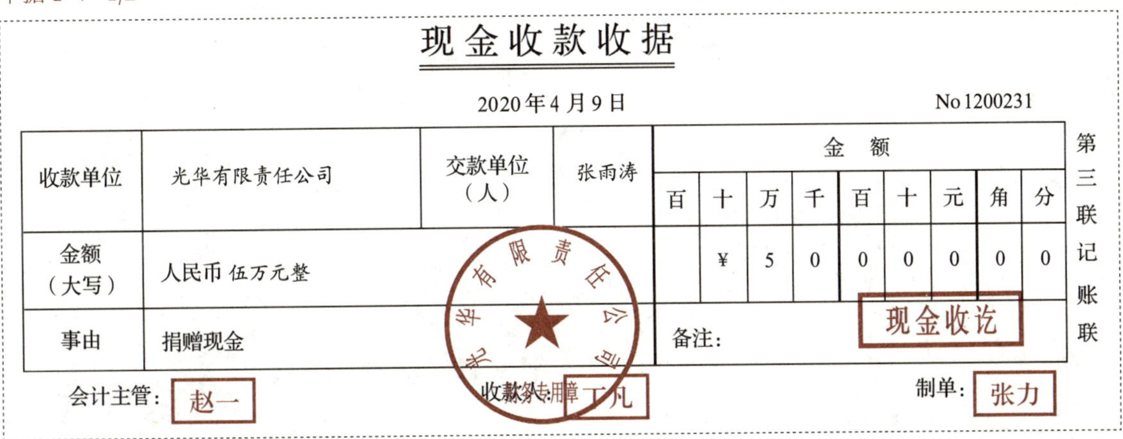

现金收款收据

2020年4月9日　　　　No 1200231

收款单位	光华有限责任公司	交款单位（人）	张雨涛	金额								
				百	十	万	千	百	十	元	角	分
金额（大写）	人民币 伍万元整				¥	5	0	0	0	0	0	0
事由	捐赠现金			备注：现金收讫								

会计主管：赵一　　收款人：丁凡　　制单：张力

第三联记账联

单据 1-7-2/2

中国工商银行　现金交款单（回单）①

2020年4月9日　　　　No 0001245

收款单位	全称	光华有限责任公司	款项来源	捐赠款
	账号	16030058363803366	交款部门	

金额（大写）	人民币 伍万元整	百	十	万	千	百	十	元	角	分
			¥	5	0	0	0	0	0	0

券别	张数	十	万	千	百	十	元	券别	张数	千	百	十	元	角	分	上列款项已如数收妥入账
一百元	300		3	0	0	0	0	一元								（收款银行盖章）
五十元	400		2	0	0	0	0	五角								中国工商银行股份有限公司东海支行 2020.04.09 核算用章（1）
十元								二角								复核：　经办：
五元								一角								年　月　日
二元								分币								

第一联由银行盖章后退回单位

单据 1-8-1/3

山东增值税专用发票

抵 扣 联

No. 0872860

开票日期：2020年04月09日

购买方	名称：光华有限责任公司 纳税人识别号：913506030011122285 地址、电话：东海市南京路677号 27606068 开户行及账号：工商银行东海支行 16030058363803366	密码区	略

货物或应税劳务、服务名称	规格型号	单位	数量	单价	金额	税率	税额
复印纸		包	10	6.00	60.00	13%	7.80
笔记本		个	20	5.00	100.00	13%	13.00
文具盒		个	10	12.00	120.00	13%	15.60
合 计					¥280.00		¥36.40
价税合计（大写）	⊗叁佰壹拾陆元肆角整					（小写）¥316.40	

销售方	名称：北方商城购物中心 纳税人识别号：913703019654110165 地址、电话：山东省东海市北方大街587号 48595761 开户行及账号：工商银行东海支行 622108275485000012	备注	北方商城购物中心 913703019654110165 发票专用章

收款人：严寒 复核：张红霞 开票人：吴长春 销售方：（章）

第二联：抵扣联 购买方扣税凭证

单据 1-8-2/3

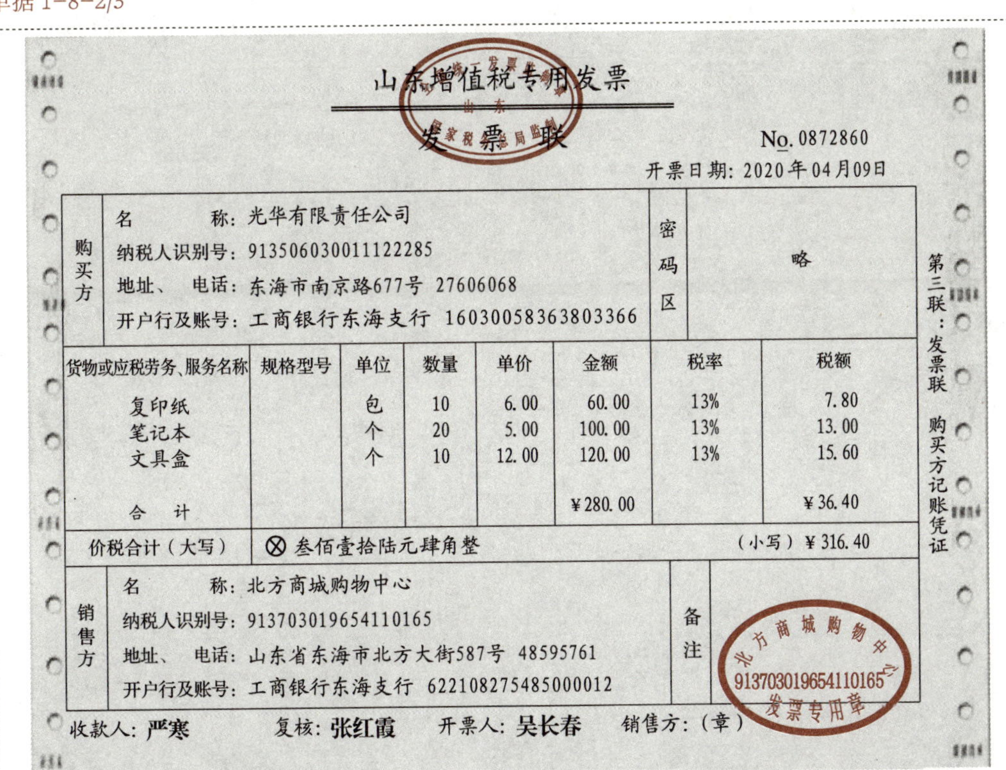

山东增值税专用发票

发 票 联

No. 0872860

开票日期：2020年04月09日

购买方	名称：光华有限责任公司 纳税人识别号：913506030011122285 地址、电话：东海市南京路677号 27606068 开户行及账号：工商银行东海支行 16030058363803366	密码区	略

货物或应税劳务、服务名称	规格型号	单位	数量	单价	金额	税率	税额
复印纸		包	10	6.00	60.00	13%	7.80
笔记本		个	20	5.00	100.00	13%	13.00
文具盒		个	10	12.00	120.00	13%	15.60
合 计					¥280.00		¥36.40
价税合计（大写）	⊗叁佰壹拾陆元肆角整					（小写）¥316.40	

销售方	名称：北方商城购物中心 纳税人识别号：913703019654110165 地址、电话：山东省东海市北方大街587号 48595761 开户行及账号：工商银行东海支行 622108275485000012	备注	北方商城购物中心 913703019654110165 发票专用章

收款人：严寒 复核：张红霞 开票人：吴长春 销售方：（章）

第三联：发票联 购买方记账凭证

单据 1-8-3/3

ICBC 中国工商银行　凭证

业务回单（付款）

币别：人民币　2020年04月09日　回单编号：162360005740

付款人户名：光华有限责任公司　付款人开户行：工商银行东海支行

付款人账号（卡号）：16030058363803366

收款人户名：北方商城购物中心　收款人开户行：工商银行东海支行

收款人账号（卡号）：6221082754850000012

金额：叁佰壹拾陆元肆角整　小写：316.40元

业务（产品种类）：同城转账　凭证种类：000000　凭证号码：000000

摘要：转款　用途：

交易机构：0165780021　记账柜员：00024　交易代码：3324　渠道：网上银行

客户备注：

本回单为第1次打印，注意重复　打印日期：2020年04月09日　打印柜员：9　验证码：254328847656

中国工商银行股份有限公司东海支行 自助回单机专用章 (01)

单据 1-9-1/1

中国工商银行
转账支票存根

08098646
08067241

附加信息

出票日期　2020年4月10日

收款人：新城伟光有限责任公司

金　额：¥48 670.00

用　途：付前欠货款

单位主管 赵一　会计 张力

单据 1-10-1/2

银行汇票申请书（存 根） ①

申请日期 2020年4月10日 No：000376

申请人	光华有限责任公司	收款人	康为建业股份有限公司
账号或住址	16030058363803366	账号或住址	28603006000374678
用途	购料款	代理付款行	工商银行武汉城东办事处

汇款金额	人民币（大写）伍拾万元整	万	千	百	十	万	千	百	十	元	角	分
				¥	5	0	0	0	0	0	0	0

备注：

科目________

对方科目________

财务主管 复核 经办

此联申请人留存

（印章：中国工商银行股份有限公司东海支行 2020.04.10 核算用章（1））

单据 1-10-2/2

中国工商银行空白凭证收费单

（领用单位）账号：16030058363803366 日期：2020年4月11日

户名：光华有限责任公司

收费类别：汇票委托书

凭证起始号码： 凭证结束号码：

种类	金额（小写）
工本费	0.28
邮电费	15.00
手续费	1.00
合计金额（人民币）壹拾陆元贰角捌分	16.28元

（印章：中国工商银行股份有限公司东海支行 2020.04.11 核算用章（1））

上列款项请在本单位账户内支付。 科目（借）________

（付款单位盖章） 对方科目（贷）________

领取人签名：丁凡

复核员： 记账员：

单据 1-11-1/1

现金盘点报告表

2020年4月12日

实存金额	账存金额	对比结果		备 注
		盘盈	盘亏	
7 180	7 230		50	出纳员责任 领导签字：于亮

盘点人签章：刘伟　　出纳员签章：丁凡

报销差旅费

单据 1-12-1/3

差旅费报销单

2020年4月12日 填　　附件 张

<table>
<tr><td>姓名</td><td>王强</td><td>出差地点</td><td>武汉</td><td>出差事由</td><td colspan="2">采购材料</td><td>日期</td><td>4 月 9 日起
4 月 12 日止</td></tr>
<tr><td>乘火车费</td><td colspan="3">自 东海 站至 武汉 站</td><td>金额</td><td>1 420.00</td><td colspan="3" rowspan="7">说明：
原借款 5 000元，抵扣后收回现金；住宿费中含增值税81.51元</td></tr>
<tr><td>乘汽车费</td><td colspan="3">自 站至 站</td><td>金额</td><td>185.00</td></tr>
<tr><td>乘 费</td><td colspan="3">自 站至 站</td><td>金额</td><td></td></tr>
<tr><td>行李运费</td><td>千克</td><td colspan="2">每千克 元</td><td>金额</td><td></td></tr>
<tr><td>出差补助费</td><td>3 天</td><td>定额</td><td>150</td><td>金额</td><td>450.00</td></tr>
<tr><td>住 宿 费</td><td>4 天</td><td>定额</td><td>360</td><td>金额</td><td>1 440.00</td></tr>
<tr><td>其他</td><td></td><td></td><td></td><td></td><td>860.00</td></tr>
<tr><td rowspan="2">合计金额</td><td>小写</td><td colspan="4">¥4 355.00</td><td rowspan="2">单位负责人</td><td colspan="2" rowspan="2">于亮
2020年4月12日</td></tr>
<tr><td>大写</td><td colspan="4">肆仟叁佰伍拾伍元整</td></tr>
</table>

会计主管：赵一　　出纳：丁凡　　报销人：王强

注：按规定取得注明旅客身份信息的铁路车票的，按下列公式计算进项税额：铁路旅客运输进项税额 = 票面金额 ÷（1+9%）× 9%。

单据 1-12-2/3

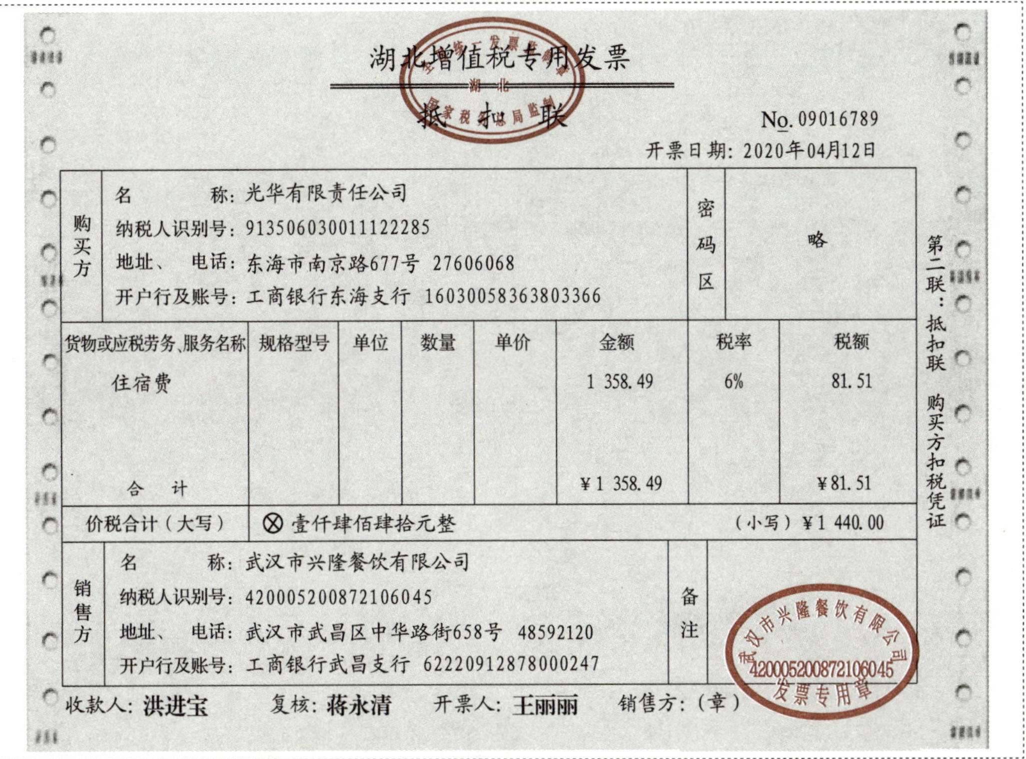

湖北增值税专用发票

抵　扣　联

No. 09016789

开票日期：2020年04月12日

购买方	名　称：光华有限责任公司 纳税人识别号：913506030011122285 地址、电话：东海市南京路677号 27606068 开户行及账号：工商银行东海支行 16030058363803366	密码区	略

货物或应税劳务、服务名称	规格型号	单位	数量	单价	金额	税率	税额
住宿费					1 358.49	6%	81.51
合　计					¥1 358.49		¥81.51
价税合计（大写）	⊗ 壹仟肆佰肆拾元整				（小写）¥1 440.00		

销售方	名　称：武汉市兴隆餐饮有限公司 纳税人识别号：420005200872106045 地址、电话：武汉市武昌区中华路街658号 48592120 开户行及账号：工商银行武昌支行 62220912878000247	备注	武汉市兴隆餐饮有限公司 420005200872106045 发票专用章

收款人：洪进宝　复核：蒋永清　开票人：王丽丽　销售方：（章）

第二联：抵扣联　购买方扣税凭证

单据 1-12-3/3

湖北增值税专用发票

发　票　联

No. 09016789

开票日期：2020年04月12日

购买方	名　称：光华有限责任公司 纳税人识别号：913506030011122285 地址、电话：东海市南京路677号 27606068 开户行及账号：工商银行东海支行 16030058363803366	密码区	略

货物或应税劳务、服务名称	规格型号	单位	数量	单价	金额	税率	税额
住宿费					1 358.49	6%	81.51
合　计					¥1 358.49		¥81.51
价税合计（大写）	⊗ 壹仟肆佰肆拾元整				（小写）¥1 440.00		

销售方	名　称：武汉市兴隆餐饮有限公司 纳税人识别号：420005200872106045 地址、电话：武汉市武昌区中华路街658号 48592120 开户行及账号：工商银行武昌支行 62220912878000247	备注	武汉市兴隆餐饮有限公司 420005200872106045 发票专用章

收款人：洪进宝　复核：蒋永清　开票人：王丽丽　销售方：（章）

第三联：发票联　购买方记账凭证

单据 1-13-1/2

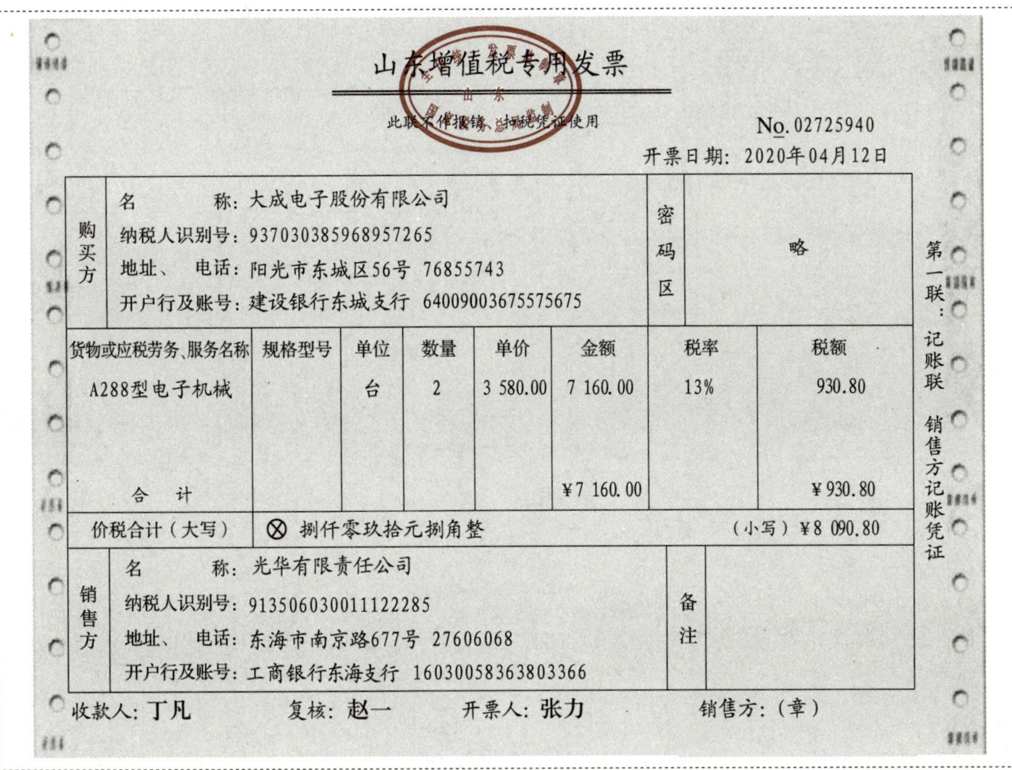

山东增值税专用发票

此联不作报销、扣税凭证使用

No. 02725940

开票日期：2020年04月12日

购买方	名称：大成电子股份有限公司 纳税人识别号：937030385968957265 地址、电话：阳光市东城区56号 76855743 开户行及账号：建设银行东城支行 64009003675575675	密码区	略

货物或应税劳务、服务名称	规格型号	单位	数量	单价	金额	税率	税额
A288型电子机械		台	2	3 580.00	7 160.00	13%	930.80
合　计					¥7 160.00		¥930.80
价税合计（大写）	⊗ 捌仟零玖拾元捌角整						（小写）¥8 090.80

销售方	名称：光华有限责任公司 纳税人识别号：913506030011122285 地址、电话：东海市南京路677号 27606068 开户行及账号：工商银行东海支行 16030058363803366	备注	

收款人：丁凡　　复核：赵一　　开票人：张力　　销售方：（章）

第一联：记账联　销售方记账凭证

单据 1-13-2/2

中国工商银行　进账单（收账通知）3

No 9726653

2020年4月12日　　第　号

付款人	全称	大成电子股份有限公司	收款人	全称	光华有限责任公司
	账号	64009003675575675		账号	16030058363803366
	开户银行	建设银行东城支行		开户银行	工商银行东海支行
人民币（大写）	⊗ 捌仟零玖拾元捌角整			千百十万千百十元角分	¥809080
票据种类	银行汇票				
票据张数	1				

单位主管　会计　复核　记账

中国工商银行股份有限公司东海支行 2020.04.12 核算用章

收款单位开户行盖章

此联是收款单位交给收款人的收账通知

单据 1-14-1/3

湖北增值税专用发票

抵　扣　联

No. 0237586

开票日期：2020 年04月15日

购买方	名　　称：光华有限责任公司 纳税人识别号：913506030011122285 地址、电话：东海市南京路677号 27606068 开户行及账号：工商银行东海支行 16030058363803366					密码区	略
货物或应税劳务、服务名称	规格型号	单位	数量	单价	金额	税率	税额
W型电子零件		个	5 000	80.00	400 000.00	13%	52 000.00
合　计					¥400 000.00		¥52 000.00
价税合计（大写）	⊗ 肆拾伍万贰仟元整				（小写） ¥452 000.00		
销售方	名　　称：康为建业股份有限公司 纳税人识别号：280002737743486567 地址、电话：武汉市建业路237号 79574654 开户行及账号：工商银行武汉城东办事处 28603006000374678					备注	

收款人：夏竹　　复核：崔会　　开票人：江雪　　销售方：（章）

第二联：抵扣联　购买方扣税凭证

单据 1-14-2/3

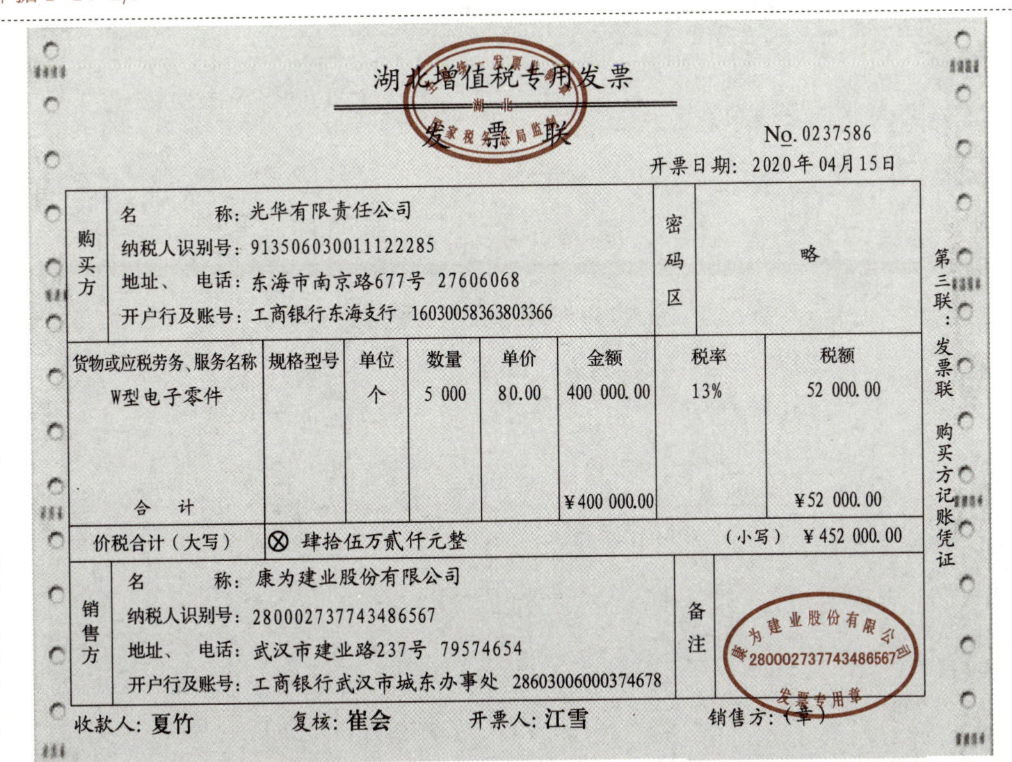

湖北增值税专用发票

发　票　联

No. 0237586

开票日期：2020年04月15日

购买方	名　　称：光华有限责任公司 纳税人识别号：913506030011122285 地址、电话：东海市南京路677号 27606068 开户行及账号：工商银行东海支行 16030058363803366					密码区	略
货物或应税劳务、服务名称	规格型号	单位	数量	单价	金额	税率	税额
W型电子零件		个	5 000	80.00	400 000.00	13%	52 000.00
合　计					¥400 000.00		¥52 000.00
价税合计（大写）	⊗ 肆拾伍万贰仟元整				（小写） ¥452 000.00		
销售方	名　　称：康为建业股份有限公司 纳税人识别号：280002737743486567 地址、电话：武汉市建业路237号 79574654 开户行及账号：工商银行武汉市城东办事处 28603006000374678					备注	

收款人：夏竹　　复核：崔会　　开票人：江雪　　销售方：（章）

第三联：发票联　购买方记账凭证

单据 1-14-3/3

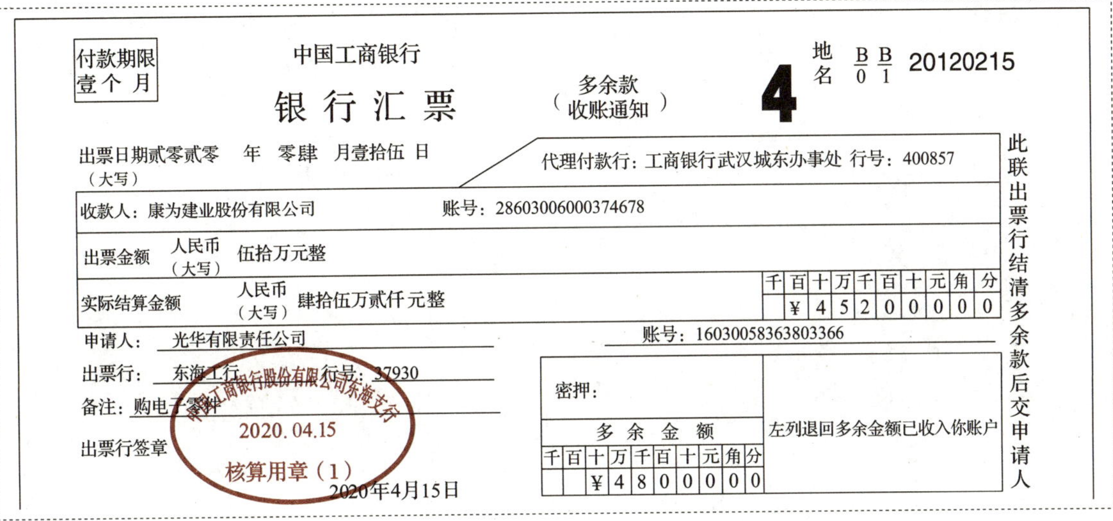

付款期限 壹个月

中国工商银行

银行汇票 多余款（收账通知） 4 地名 B/0 B/1 20120215

出票日期（大写）贰零贰零 年 零肆 月壹拾伍 日

代理付款行：工商银行武汉城东办事处 行号：400857

收款人：康为建业股份有限公司 账号：28603006000374678

出票金额 人民币（大写） 伍拾万元整

实际结算金额 人民币（大写） 肆拾伍万贰仟元整

千	百	十	万	千	百	十	元	角	分
	¥	4	5	2	0	0	0	0	0

申请人：光华有限责任公司 账号：16030058363803366

出票行：东海工行 行号：37930

备注：购电子零件

出票行签章

2020年4月15日

密押：

多余金额

千	百	十	万	千	百	十	元	角	分
		¥	4	8	0	0	0	0	0

左列退回多余金额已收入你账户

此联出票行结清多余款后交申请人

中国工商银行股份有限公司东海支行 2020.04.15 核算用章（1）

单据 1-15-1/1

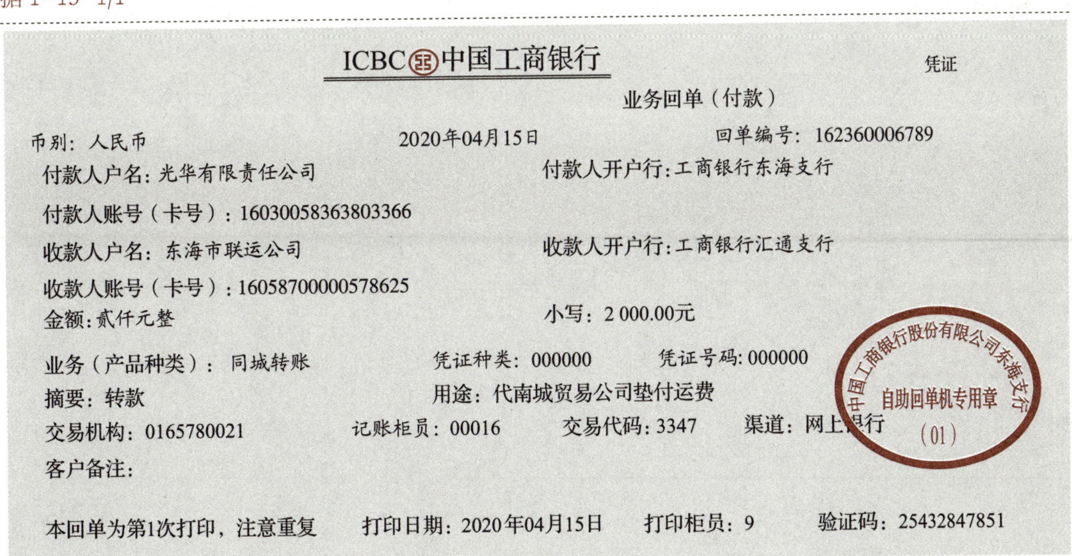

ICBC 中国工商银行 凭证

业务回单（付款）

币别：人民币 2020年04月15日 回单编号：162360006789

付款人户名：光华有限责任公司 付款人开户行：工商银行东海支行

付款人账号（卡号）：16030058363803366

收款人户名：东海市联运公司 收款人开户行：工商银行汇通支行

收款人账号（卡号）：16058700000578625

金额：贰仟元整 小写：2 000.00元

业务（产品种类）：同城转账 凭证种类：000000 凭证号码：000000

摘要：转款 用途：代南城贸易公司垫付运费

交易机构：0165780021 记账柜员：00016 交易代码：3347 渠道：网上银行

客户备注：

本回单为第1次打印，注意重复 打印日期：2020年04月15日 打印柜员：9 验证码：25432847851

中国工商银行股份有限公司东海支行 自助回单机专用章（01）

单据 1-16-1/2

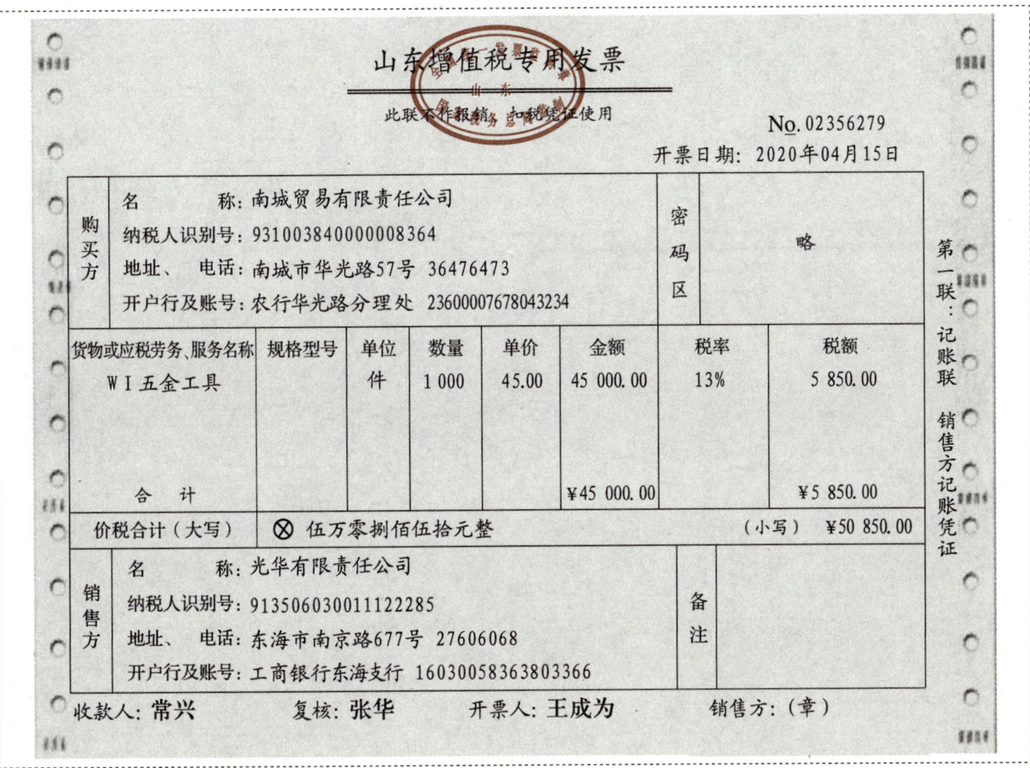

山东增值税专用发票

此联不作报销、扣税凭证使用

No. 02356279

开票日期：2020年04月15日

购买方	名称：南城贸易有限责任公司 纳税人识别号：931003840000008364 地址、电话：南城市华光路57号 36476473 开户行及账号：农行华光路分理处 23600007678043234					密码区	略
货物或应税劳务、服务名称	规格型号	单位	数量	单价	金额	税率	税额
WI五金工具		件	1 000	45.00	45 000.00	13%	5 850.00
合　计					¥45 000.00		¥5 850.00
价税合计（大写）	⊗ 伍万零捌佰伍拾元整					（小写）	¥50 850.00
销售方	名称：光华有限责任公司 纳税人识别号：913506030011122285 地址、电话：东海市南京路677号 27606068 开户行及账号：工商银行东海支行 16030058363803366					备注	

收款人：常兴　　复核：张华　　开票人：王成为　　销售方：（章）

第一联：记账联　销售方记账凭证

单据 1-16-2/2

中国工商银行托收凭证（受理回单）　　1

委托日期2020年4月15日

委托号码：0004657

业务类型	委托收款（□邮划 ☑电划）			托收承付（□邮划 □电划）			
付款人	全称	南城贸易有限责任公司		收款人	全称	光华有限责任公司	
	账号	23600007678043234			账号	16030058363803366	
	地址	山东省南城市/县	开户行：农行华光路分理处		地址	山东省东海市/县	开户行：工商银行东海支行
金额	人民币（大写）伍万零捌佰伍拾元整			千 百 十 万 千 百 十 元 角 分		¥ 5 0 8 5 0 0 0	
款项内容	货款及运费	托收凭据名称	发票及货运发票	附寄单证张数	2		
商品发运情况	已经发运			合同名称号码	AYJ008676		
备注： 复核　　记账		款项收妥日期 年　月　日		收款人开户行盖章 中国工商银行股份有限公司东海支行 2020.04.15 核算用章（1） 年　月　日			

此联为收款人开户银行给收款人的受理回单

单据 1-17-1/1

中国工商银行托收凭证（收款通知）　4

委托日期2020年4月18日　　委托号码

<table>
<tr><td colspan="6"></td><td colspan="4">付款期限　年　月　日</td></tr>
<tr><td>业务类型</td><td colspan="5">委托收款（□邮划 ☑电划）</td><td colspan="4">托收承付（□邮划 □电划）</td></tr>
<tr><td rowspan="3">付款人</td><td>全称</td><td colspan="4">南城贸易有限责任公司</td><td rowspan="3">收款人</td><td>全称</td><td colspan="2">光华有限责任公司</td></tr>
<tr><td>账号</td><td colspan="4">23600007678043234</td><td>账号</td><td colspan="2">16030058363803366</td></tr>
<tr><td>地址</td><td>山东省南城市/县</td><td>开户行</td><td colspan="2">农行华光路分理处</td><td>地址</td><td>山东省东海市/县　开户行</td><td>工商银行东海支行</td></tr>
<tr><td>金额</td><td colspan="6">人民币（大写）伍万零捌佰伍拾元整</td><td colspan="3">千 百 十 万 千 百 十 元 角 分
　　 ¥ 5 0 8 5 0 0 0</td></tr>
<tr><td>款项内容</td><td>货款及运费</td><td>托收凭据名称</td><td colspan="2">发票</td><td colspan="3">附寄单证张数</td><td colspan="2">2</td></tr>
<tr><td>商品发运情况</td><td colspan="3">已经发运</td><td colspan="2">合同名称号码</td><td colspan="4">AYJ008676</td></tr>
<tr><td colspan="3">备注：
复核　　记账</td><td colspan="4">上列款项已划回收入方账户内
（印章：中国工商银行股份有限公司东海支行 2020.04.18 核算用章（1））
收款人开户银行签章
2020年4月18日</td><td colspan="3"></td></tr>
</table>

此联为收款人开户银行给收款人的收款通知

单据 1-18-1/1

中国工商银行托收凭证（付款通知）　5

委托日期2020年4月19日　　委托号码

<table>
<tr><td colspan="6"></td><td colspan="4">付款期限　年　月　日</td></tr>
<tr><td>业务类型</td><td colspan="5">委托收款（□邮划 ☑电划）</td><td colspan="4">托收承付（□邮划 □电划）</td></tr>
<tr><td rowspan="3">付款人</td><td>全称</td><td colspan="4">光华有限责任公司</td><td rowspan="3">收款人</td><td>全称</td><td colspan="2">金泉电子器材厂</td></tr>
<tr><td>账号</td><td colspan="4">16030058363803366</td><td>账号</td><td colspan="2">2800000384777448</td></tr>
<tr><td>地址</td><td>山东省东海市/县</td><td>开户行</td><td colspan="2">工商银行东海支行</td><td>地址</td><td>山东省滨州市/县　开户行</td><td>建设银行西门支行</td></tr>
<tr><td>金额</td><td colspan="6">人民币（大写）柒万零贰佰元整</td><td colspan="3">千 百 十 万 千 百 十 元 角 分
　　 ¥ 7 0 2 0 0 0 0</td></tr>
<tr><td>款项内容</td><td>货款</td><td>托收凭据名称</td><td colspan="2">发票</td><td colspan="3">附寄单证张数</td><td colspan="2">2</td></tr>
<tr><td>商品发运情况</td><td colspan="3">已经发运</td><td colspan="2">合同名称号码</td><td colspan="4">销00789</td></tr>
<tr><td colspan="3">备注：上月购货款
付款人开户行收款日期
年　月　日
复核　　记账</td><td colspan="4">（印章：中国工商银行股份有限公司东海支行 2020.04.19 核算用章（1））
付款人开户银行签章
2020年4月19日</td><td colspan="3">付款人注意：
1.应于见票当日通知开户银行划款
2.如需拒付，应在规定期限内将拒付理由书并附债务证明提交银行</td></tr>
</table>

此联为付款人开户银行给付款人的付款通知

单据 1-19-1/1

中国工商银行客户存款对账单

网点号：37930　　币种：人民币（本位币）　单位：元　　2020 年　　页号：1

账号：16030058363803366　　户名：光华有限责任公司　　上页余额：1 836 000.00

日期	交易类型	凭证种类	凭证号	对方户名	摘　要	借方发生额	贷方发生额	余　额	记账信息
04-1	提现	现金支票	00482871		提现	8 000.00		1 828 000.00	163502854
04-8	转账	转账支票	08067240	东方商厦有限责任公司	购买办公用品	2 356.05		1 825 643.95	163500023
04-8	转账	银行汇票申请书	000375	晓天有限责任公司	办理银行汇票	80 000.00		1 745 643.95	163502854
04-9	转账	转账支票	00486654	中国联通股份有限公司	付后勤处备用金	4 000.00		1 741 643.95	163502854
04-9	转账	转账支票	0001245	张雨涛捐赠	接受捐赠		50 000.00	1 791 643.95	163500012
04-9	转账	网银	000000	北方商城购物中心	购办公用品	316.40		1 791 327.55	163502854
04-10	转账	转账支票	08067241	新城伟光有限责任公司	付前欠货款	48 670.00		1 742 657.55	163502854
04-12	转账	银行汇票申请书	000376	康为建业股份有限公司	办理银行汇票	500 000.00		1 242 657.55	163500012
04-11	转账	收费单	00110764	中国工商银行股份公司	支付手续费	16.28		1 242 641.27	163502854
04-12	转账	进账单	9726653	大成电子股份有限公司	收销货款		8 090.80	1 250 732.07	163502854
04-15	转账	银行汇票收账通知	20120215	康为建业股份有限公司	银行汇票多余款		48 000.00	1 298 732.07	163500012
04-19	转账	网银	0004657	南城贸易有限责任公司	垫付运费	2 000.00		1 296 732.07	163500012
04-27	转账	银行汇票收账通知	00364758	汇通电业有限责任公司	付电费	1 500.00		1 295 232.07	163500012
04-29	转账	委托收款	00364758	百事通有限责任公司	销售产品		92 800.00	1 388 032.07	163500012

截止到 2020 年 04 月 30 日，账户余额（额度）：1 388 032.07，保留余额：0.00，冻结余额：0.00，透支余额：0.00，可用余额：1 388 032.07

打印日期：2020-04-30

三、实训要求

1. 根据以上经济业务的原始凭证编制记账凭证。
2. 根据记账凭证登记库存现金日记账和银行存款日记账。
3. 将银行存款日记账与银行对账单核对，编制“银行存款余额调节表”。

四、所需实训材料

序号	种类	数量	备　注
1	记账凭证	22 张	通用记账凭证或者用下列会计分录纸代替记账凭证
2	日记账	2 页	单面计算

1. 会计分录纸（代替记账凭证）

序号	摘要	会计科目	明细科目	记账	借方金额	贷方金额

续表

序号	摘要	会计科目	明细科目	记账	借方金额	贷方金额

2. 日记账

库存现金日记账

年		凭证编号		摘　要	对应科目	借方									√	贷方									√	余额								
月	日	类	号			百	十	万	千	百	十	元	角	分		百	十	万	千	百	十	元	角	分		百	十	万	千	百	十	元	角	分

银行存款日记账

开户行名称：　　　　　　　　　　　　　　　　　　　　　　银行账号：

年		凭证编号		摘要	结算凭证		借方									√	贷方									√	余额								
月	日	类	号		类	号	百	十	万	千	百	十	元	角	分		百	十	万	千	百	十	元	角	分		百	十	万	千	百	十	元	角	分

银行存款余额调节表

开户银行：
账号：

年　　　月　　　日

项目	余额	项目	余额
银行对账单余额		银行存款日记账余额	
调节后余额		调节后余额	

会计主管　　　　稽核　　　　出纳　　　　会计

五、实训答案

记账凭证

库存现金日记账

银行存款日记账

银行存款余额调节表

实训二

存货按实际成本计价核算实训

一、实训目的

在实际成本法核算下，能正确地审核存货业务的原始凭证，并根据原始凭证编制记账凭证，能正确地登记原材料、周转材料、库存商品、在途物资明细账和有关总账，并能对存货总账和明细账进行核对。

二、实训资料

（一）公司概况

光华有限责任公司是增值税一般纳税人，生产两种产品（甲产品、乙产品），需要用A、B两种原材料。

出纳：丁凡；会计：张力；主管：赵一；保管员：丁松。

开户银行：工商银行东海支行；行号37930。

账号：16030058363803366。

统一社会信用代码：913506030011122285。

联系电话：0198-27606068。

公司地址：东海市南京路677号。

（二）生产经营各主要环节的核算要求

1. 原材料采用实际成本核算，采用全月一次加权平均法计算发出原材料成本（加权平均单价保留4位小数）。

2. 周转材料采用实际成本核算。包装物采用一次摊销法，领用时摊销；低值易耗品采用分次摊销法，摊销期两年，按月摊销。

3. 库存商品采用先进先出法计算已销商品成本，月末结转。

原材料明细账登记（加权平均法下）

（三）有关账户期初余额

1. 总分类账户期初余额见表2-1。

表 2-1

会计科目	金额／元	会计科目	金额／元
银行存款	320 000	原材料	20 800
应收账款	15 000	库存商品	364 000
在途物资	8 560	周转材料	7 700

2. 明细账期初余额见表 2-2。

表 2-2

名称	单位	数量	单价／元	金额／元
原材料明细账				
A材料	千克	4 000	1.20	4 800.00
B材料	千克	8 000	2.00	16 000.00
库存商品明细账				
甲产品	件	2 000	62.00	124 000.00
乙产品	千克	3 000	80.00	240 000.00
周转材料——低值易耗品明细账				
办公桌	张	8	400.00	3 200.00
办公椅	把	10	50.00	500.00
周转材料——包装物明细账				
包装箱	个	200	20.00	4 000.00
在途物资				
A材料	千克	2 000		2 440.00
B材料	千克	3 000		6 120.00

（四）2020 年 4 月该公司发生的经济业务（见单据 2-1 ~单据 2-21）

单据 2-1-1/2

收　料　单

材料科目：材料　　　　　　编　　号：001
材料类别：原料及主要材料　　　　收料仓库：1号仓库
供应单位：黄山有限责任公司　　2020年 4月1日　　发票号码：007510

材料编号	材料名称	规格	计量单位	数量		实际价格				计划价格	
				应收	实收	单价	发票金额	运费	合计	单价	金额
001	A材料		千克	2 000	2 000	1.20	2 400.00	40.00	2 440.00		
备注											

采购员：李萌　　检验员：李勇　　记账员：张力　　保管员：丁松

单据 2-1-2/2

收　料　单

材料科目：材料　　　　　　　　　　　　　　　　编　　号：001
材料类别：原料及主要材料　　　　　　　　　　　收料仓库：2号仓库
供应单位：泰山有限责任公司　　2020 年 4 月 1 日　　发票号码：007510

材料编号	材料名称	规格	计量单位	数量		实际价格				计划价格	
				应收	实收	单价	发票金额	运费	合计	单价	金额
002	B 材料		千克	3 000	3 000	2.00	6 000.00	120.00	6 120.00		
备注											

采购员：李萌　　检验员：李勇　　记账员：张力　　保管员：丁松

单据 2-2-1/4

领 料 单

字第 1701号

领料部门：基本生产车间　　用途：生产甲产品　　2020 年 4 月 2 日

品名	规格型号	单位	数量		单价	金额
			请领	实领		
A材料		千克	2 000	2 000		
物料号码	备注：					

领料部门负责人：高玲　　领料人：王娜　　会计：张力　　发料人：丁松

单据 2-2-2/4

领 料 单

字第 2701号

领料部门：基本生产车间　　用途：生产甲产品　　2020年4月2日

品名	规格型号	单位	数量		单价	金额
			请领	实领		
B材料		千克	4 000	4 000		
物料号码	备注：					

领料部门负责人：高玲　　领料人：王娜　　会计：张力　　发料人：丁松

单据 2-2-3/4

领 料 单

字第 1702号

领料部门：基本生产车间　　用途：生产乙产品　　2020年4月2日

品名	规格型号	单位	数量		单价	金额
			请领	实领		
A材料		千克	3 000	3 000		
物料号码	备注：					

领料部门负责人：高玲　　领料人：王娜　　会计：张力　　发料人：丁松

单据 2-2-4/4

领 料 单

字第 2702号

领料部门：基本生产车间　　用途：生产乙产品　　2020年4月2日

品名	规格型号	单位	数量		单价	金额
			请领	实领		
B材料		千克	3 000	3 000		
物料号码	备注：					

领料部门负责人：高玲　　领料人：王娜　　会计：张力　　发料人：丁松

单据 2-3-1/5

山东增值税专用发票

抵 扣 联

No. 03359117

开票日期：2020年04月02日

购买方	名　　称：光华有限责任公司 纳税人识别号：913506030011122285 地址、电话：东海市南京路677号 27606068 开户行及账号：工商银行东海支行 16030058363803366					密码区	略
货物或应税劳务、服务名称	规格型号	单位	数量	单价	金额	税率	税额
B材料		千克	5 000	2.00	10 000.00	13%	1 300.00
合　计					¥10 000.00		¥1 300.00
价税合计（大写）	⊗壹万壹仟叁佰元整					（小写）	¥11 300.00
销售方	名　　称：泰山有限责任公司 纳税人识别号：937010280031629365 地址、电话：山东省泰山市泰中路82号 2786055 开户行及账号：农业银行泰中路支行 232901040000313					备注	泰山有限责任公司 937010280031629365 发票专用章

收款人：赵一田　　复核：李丁　　开票人：王凡一　　销售方：（章）

第二联：抵扣联 购买方扣税凭证

单据 2-3-2/5

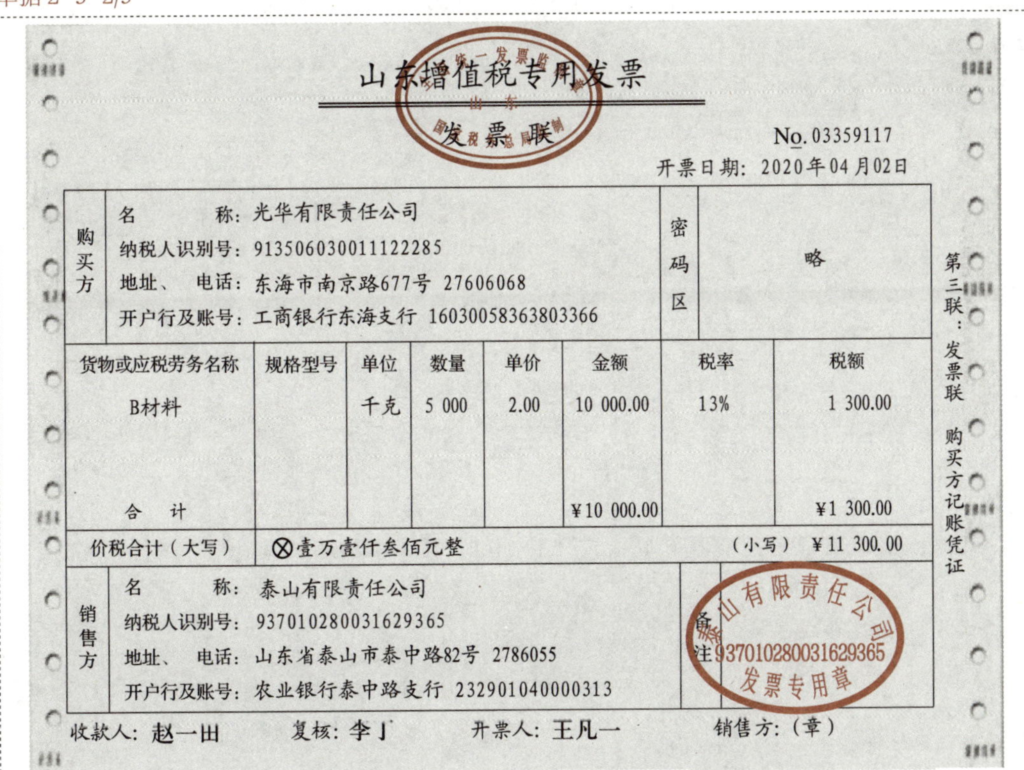

山东增值税专用发票

发 票 联

No. 03359117

开票日期：2020年04月02日

购买方	名　　称：光华有限责任公司 纳税人识别号：913506030011122285 地址、电话：东海市南京路677号 27606068 开户行及账号：工商银行东海支行 16030058363803366					密码区	略
货物或应税劳务名称	规格型号	单位	数量	单价	金额	税率	税额
B材料		千克	5 000	2.00	10 000.00	13%	1 300.00
合　计					¥10 000.00		¥1 300.00
价税合计（大写）	⊗壹万壹仟叁佰元整					（小写）	¥11 300.00
销售方	名　　称：泰山有限责任公司 纳税人识别号：937010280031629365 地址、电话：山东省泰山市泰中路82号 2786055 开户行及账号：农业银行泰中路支行 232901040000313					备注	泰山有限责任公司 937010280031629365 发票专用章

收款人：赵一田　　复核：李丁　　开票人：王凡一　　销售方：（章）

第三联：发票联 购买方记账凭证

单据 2-3-3/5

山东增值税专用发票

抵 扣 联

No. 09016789

开票日期：2020年04月02日

购买方	名 称：光华有限责任公司 纳税人识别号：913506030011122285 地址、电话：东海市南京路677号 27606068 开户行及账号：工商银行东海支行 16030058363803366	密码区	略

货物或应税劳务、服务名称	规格型号	单位	数量	单价	金额	税率	税额
货物运输					2400.00	9%	216.00
合 计					¥2400.00		¥216.00
价税合计（大写）	⊗贰仟陆佰壹拾陆元整						（小写）¥2616.00

销售方	名 称：山东省鲁兴运输有限公司 纳税人识别号：937345167321878645 地址、电话：山东省泰安市泰山区岱宗大街647-25号 89513212 开户行及账号：工商银行泰安市东北关支行 6222081604000685241	备注	泰山市到东海市，鲁K36578，B材料

收款人：柳叶子 复核：钱宏伟 开票人：王书委 销售方：（章）

第二联：抵扣联 购买方扣税凭证

单据 2-3-4/5

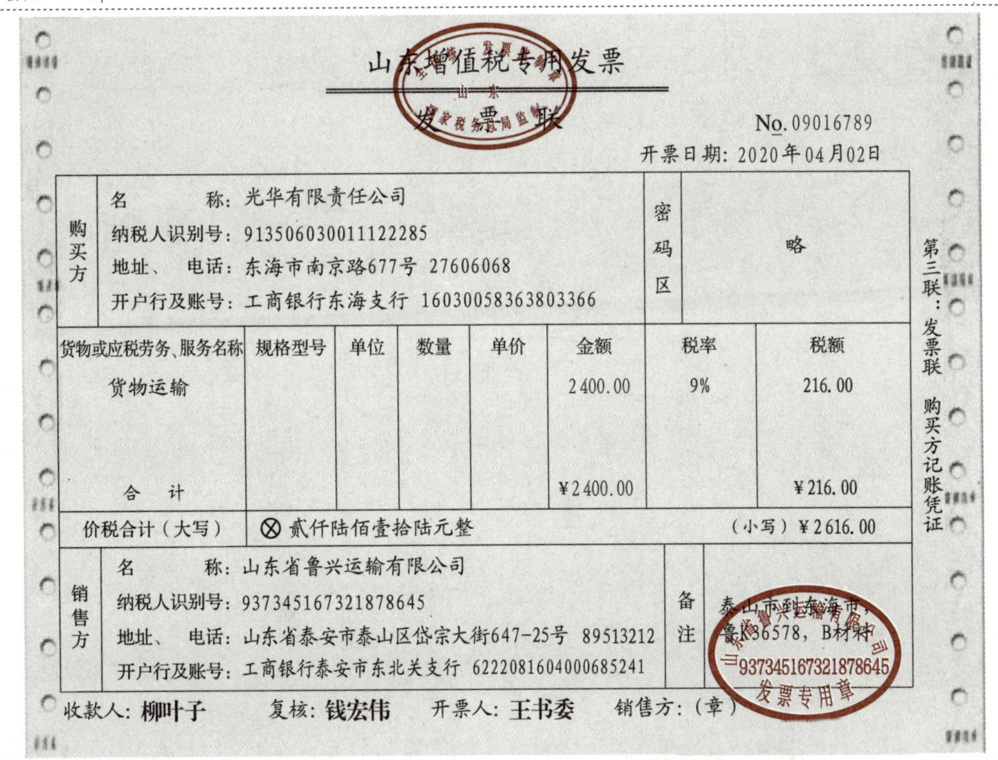

山东增值税专用发票

发 票 联

No. 09016789

开票日期：2020年04月02日

购买方	名 称：光华有限责任公司 纳税人识别号：913506030011122285 地址、电话：东海市南京路677号 27606068 开户行及账号：工商银行东海支行 16030058363803366	密码区	略

货物或应税劳务、服务名称	规格型号	单位	数量	单价	金额	税率	税额
货物运输					2400.00	9%	216.00
合 计					¥2400.00		¥216.00
价税合计（大写）	⊗贰仟陆佰壹拾陆元整						（小写）¥2616.00

销售方	名 称：山东省鲁兴运输有限公司 纳税人识别号：937345167321878645 地址、电话：山东省泰安市泰山区岱宗大街647-25号 89513212 开户行及账号：工商银行泰安市东北关支行 6222081604000685241	备注	泰山市到东海市，鲁K36578，B材料

收款人：柳叶子 复核：钱宏伟 开票人：王书委 销售方：（章）

第三联：发票联 购买方记账凭证

单据 2-3-5/5

中国工商银行托收凭证（付款通知）　5

委托日期2020年4月2日　　委托号码

付款期限　年　月　日

业务类型	委托收款（□邮划　□电划）				托收承付（□邮划　☑电划）			
付款人	全称	光华有限责任公司			收款人	全称	泰山有限责任公司	
	账号	16030058363803366				账号	232901040000313	
	地址	山东省东海市/县	开户行	工商银行东海支行		地址	山东省泰山市/县	开户行：农业银行泰中路支行
金额	人民币（大写）壹万叁仟玖佰壹拾陆元整							

千	百	十	万	千	百	十	元	角	分
		¥	1	3	9	1	6	0	0

款项内容	货款及运杂费	托收凭据名称	发票	附寄单证张数	2
商品发运情况	已发运	合同名称号码	销001254		

备注：代垫运费2 616元
付款人开户行收款日期
年　月　日
复核　　记账

（印章：中国工商银行股份有限公司东海支行 2020.04.02 核算用章（1））
付款人开户银行签章
2020年4月2日

付款人注意：
1.应于见票当日通知开户银行划款
2.如需拒付，应在规定期限内将拒付理由书并附债务证明提交银行

此联为付款人开户银行给付款人的付款通知

单据 2-4-1/1

收　料　单

材料科目：材料　　编　号：002
材料类别：原料及主要材料　　收料仓库：2号仓库
供应单位：泰山有限责任公司　　2020年4月5日　　发票号码：03359117

材料编号	材料名称	规格	计量单位	数量 应收	数量 实收	实际价格 单价	实际价格 发票金额	实际价格 运费	实际价格 合计	计划价格 单价	计划价格 金额
002	B材料		千克	5 000	5 000	2.00	10 000.00	2 400.00	12 400.00		
备注											

采购员：李明　　检验员：李勇　　记账员：王萌　　保管员：丁松

单据 2-5-1/6

山东增值税专用发票

抵扣联

No.03354622

开票日期：2020年04月10日

购买方	名称：光华有限责任公司 纳税人识别号：913506030011122285 地址、电话：东海市南京路677号 27606068 开户行及账号：16030058363803366	密码区	略

货物或应税劳务、服务名称	规格型号	单位	数量	单价	金额	税率	税额
A材料		千克	5 000	1.30	6 500.00	13%	845.00
合　计					¥6 500.00		¥845.00
价税合计（大写）	⊗柒仟叁佰肆拾伍元整					（小写）	¥7 345.00

销售方	名称：黄山有限责任公司 纳税人识别号：937020300765425165 地址、电话：山东省淄博市万杰路65号 3180455 开户行及账号：建设银行万杰路分理处 63864010026902902	备注	黄山有限责任公司 937020300765425165 发票专用章

收款人：丁一　　复核：王品品　　开票人：赵忠　　销售方：（章）

第二联：抵扣联　购买方扣税凭证

单据 2-5-2/6

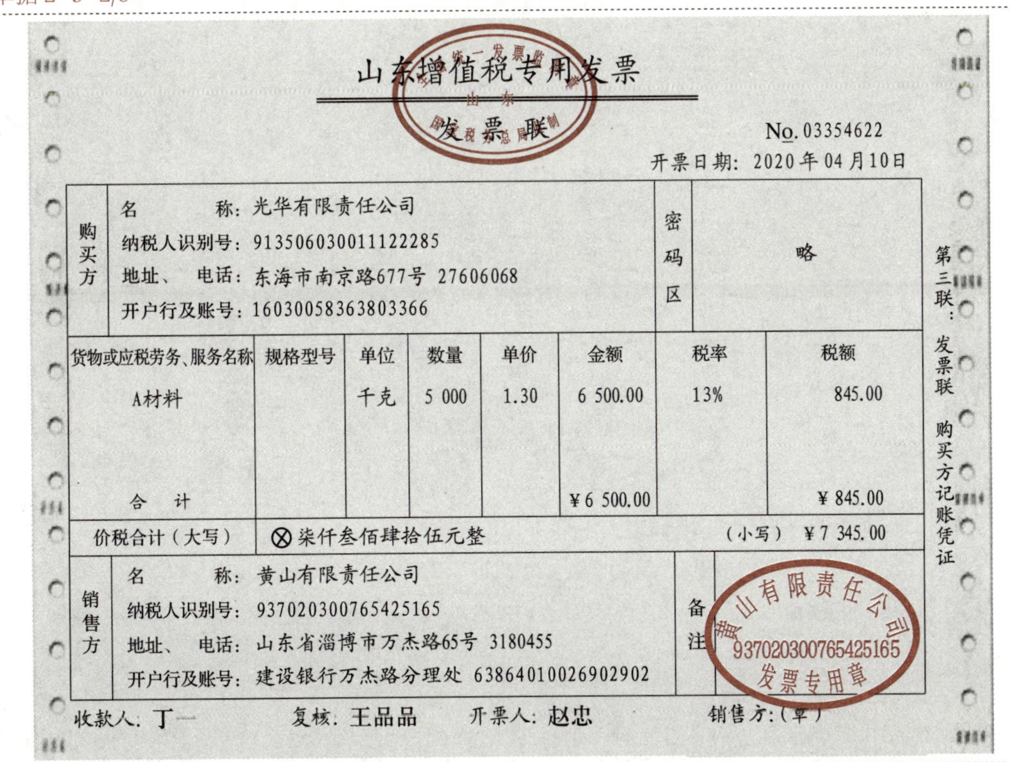

山东增值税专用发票

发票联

No.03354622

开票日期：2020年04月10日

购买方	名称：光华有限责任公司 纳税人识别号：913506030011122285 地址、电话：东海市南京路677号 27606068 开户行及账号：16030058363803366	密码区	略

货物或应税劳务、服务名称	规格型号	单位	数量	单价	金额	税率	税额
A材料		千克	5 000	1.30	6 500.00	13%	845.00
合　计					¥6 500.00		¥845.00
价税合计（大写）	⊗柒仟叁佰肆拾伍元整					（小写）	¥7 345.00

销售方	名称：黄山有限责任公司 纳税人识别号：937020300765425165 地址、电话：山东省淄博市万杰路65号 3180455 开户行及账号：建设银行万杰路分理处 63864010026902902	备注	黄山有限责任公司 937020300765425165 发票专用章

收款人：丁一　　复核：王品品　　开票人：赵忠　　销售方：（章）

第三联：发票联　购买方记账凭证

单据 2-5-3/6

山东增值税专用发票

抵扣联

No. 08057841

开票日期：2020年04月10日

购买方	名称：光华有限责任公司 纳税人识别号：913506030011122285 地址、电话：东海市南京路677号 27606068 开户行及账号：工商银行东海支行 16030058363803366	密码区	略

货物或应税劳务、服务名称	规格型号	单位	数量	单价	金额	税率	税额
货物运输					1 000.00	9%	90.00
合　计					¥1 000.00		¥90.00
价税合计（大写）	⊗壹仟零玖拾元整						（小写）¥1 090.00

销售方	名称：山东省济宁市昌盛运输有限公司 纳税人识别号：376785212514122412 地址、电话：山东省济宁市任城区红星东路238号 98986736 开户行及账号：工商银行济宁市城区支行 6222068752800147	备注	济宁市到东海市，备[illegible]27837，A材料

收款人：胡玲玲　　复核：冯启宇　　开票人：侯灿灿　　销售方：（章）

第二联：抵扣联　购买方扣税凭证

单据 2-5-4/6

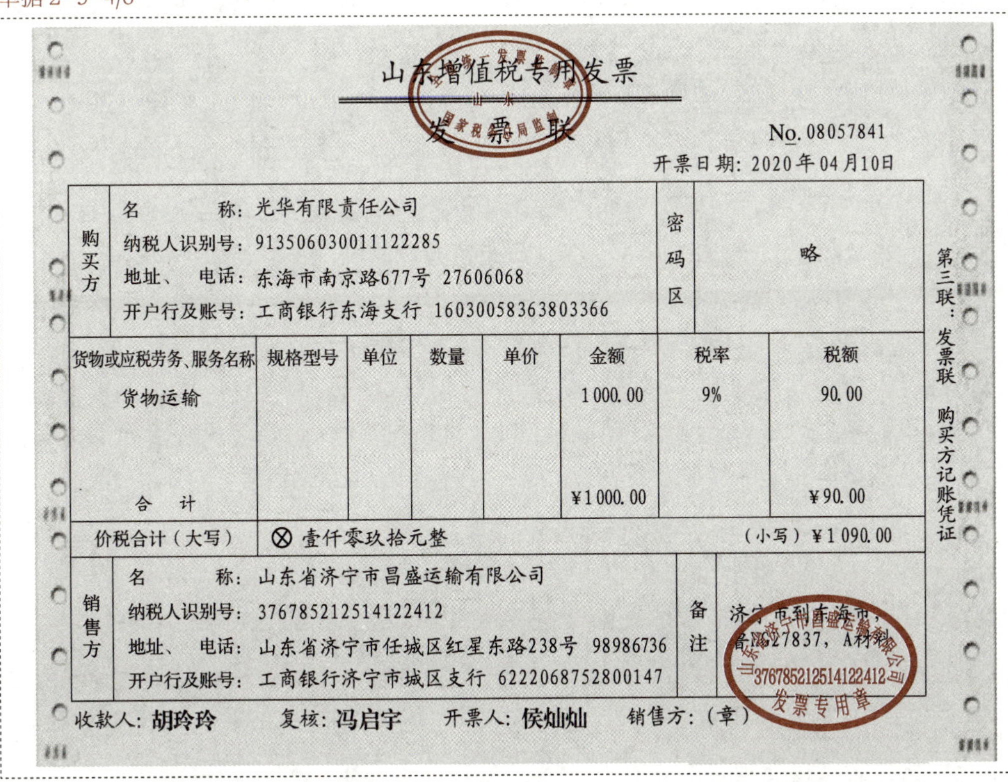

山东增值税专用发票

发票联

No. 08057841

开票日期：2020年04月10日

购买方	名称：光华有限责任公司 纳税人识别号：913506030011122285 地址、电话：东海市南京路677号 27606068 开户行及账号：工商银行东海支行 16030058363803366	密码区	略

货物或应税劳务、服务名称	规格型号	单位	数量	单价	金额	税率	税额
货物运输					1 000.00	9%	90.00
合　计					¥1 000.00		¥90.00
价税合计（大写）	⊗壹仟零玖拾元整						（小写）¥1 090.00

销售方	名称：山东省济宁市昌盛运输有限公司 纳税人识别号：376785212514122412 地址、电话：山东省济宁市任城区红星东路238号 98986736 开户行及账号：工商银行济宁市城区支行 6222068752800147	备注	济宁市到东海市，备[illegible]27837，A材料

收款人：胡玲玲　　复核：冯启宇　　开票人：侯灿灿　　销售方：（章）

第三联：发票联　购买方记账凭证

单据 2-5-5/6

收　料　单

材料科目：材料　　　　　　　　　　　　编　　号：002
材料类别：原料及主要材料　　　　　　　收料仓库：1号仓库
供应单位：黄山有限责任公司　　2020年4月10日　　发票号码：03354622

材料编号	材料名称	规格	计量单位	数量		实际价格				计划价格	
				应收	实收	单价	发票金额	运费	合计	单价	金额
002	A		千克	5 000	4 980	1.3	6 500.00	1 000.00	7 500.00		
备注	短缺20千克属于自然损耗										

采购员：李萌　　检验员：李勇　　记账员：张力　　保管员：丁松

单据 2-5-6/6

中国工商银行托收凭证（付款通知）　5

委托日期2020年4月2日　　委托号码

付款期限　　年　　月　　日

业务类型	委托收款（□邮划　☑电划）			托收承付（□邮划　□电划）		
付款人	全称	光华有限责任公司	收款人	全称	黄山有限责任公司	
	账号	16030058363803366		账号	63864010026902902	
	地址	山东省东海市/县　开户行 工商银行东海支行		地址	山东省淄博市/县　开户行 建设银行万杰路分理处	
金额	人民币（大写）捌仟肆佰伍拾伍元整				千 百 十 万 千 百 十 元 角 分：¥ 8 4 5 5 0 0	
款项内容	货款及运杂费	托收凭据名称	发票	附寄单证张数	2	
商品发运情况	已发运			合同名称号码	销001254	
备注：代垫运费1 110元 付款人开户行收款日期 年　月　日 复核　　记账		中国工商银行股份有限公司东海支行 2020.04.02 核算用章（1） 付款人开户银行签章 2020年4月2日		付款人注意： 1.应于见票当日通知开户银行划款 2.如需拒付，应在规定期限内将拒付理由书并附债务证明提交银行		

此联为付款人开户银行给付款人的付款通知

单据 2-6-1/1

材料交库单

材料科目：原材料
材料类别：辅助材料
交料部门：管理部门　　　　编号：6701
交料原因：报废　　　2020 年 4 月 14 日　　　收料仓库：2

材料编号	材料名称及规格	计量单位	数量		单位成本	金额
			交库	实收		
	辅助材料	套	8	8	30.00	240.00
备注	管理部门办公桌椅报废，收回残料入库。（其价值已摊销完毕）					

仓管员：丁松　　　交料人：李荣

单据 2-7-1/2

领 料 单

字第 3701号

领料部门：管理部门　　用途：管理用　　2020 年 4 月 14 日

品名	规格型号	单位	数量		单价	金额
			请领	实领		
办公桌		张	8	8	400.00	3 200.00
办公椅		把	8	8	50.00	400.00
物料号码	备注：采用分次摊销法摊销，摊销期两年，于每月月末摊销					

领料部门负责人：冯华　　领料人：王奇　　会计 张力　　发料人 丁松

单据 2-7-2/2

领 料 单

字第 2703号

领料部门：基本生产车间　　用途：一般耗用　　2020 年 4 月 14 日

品名	规格型号	单位	数量		单价	金额
			请领	实领		
B材料		千克	500	500		
物料号码	备注：					

领料部门负责人：高玲　　领料人：王娜　　会计 张力　　发料人 丁松

单据 2-8-1/4

领 料 单

字第 1703号

领料部门：基本生产车间　用途：生产甲产品　2020年4月15日

品名	规格型号	单位	数量		单价	金额
			请领	实领		
A材料		千克	1 000	1 000		
物料号码	备注：					

领料部门负责人：高玲　领料人：王娜　会计　张力　发料人　丁松

单据 2-8-2/4

领 料 单

字第 2704号

领料部门：基本生产车间　用途：生产甲产品　2020年4月15日

品名	规格型号	单位	数量		单价	金额
			请领	实领		
B材料		千克	2 000	2 000		
物料号码	备注：					

领料部门负责人：高玲　领料人：王娜　会计　张力　发料人　丁松

单据 2-8-3/4

领 料 单

字第 1704号

领料部门：基本生产车间　用途：生产乙产品　2020年4月15日

品名	规格型号	单位	数量		单价	金额
			请领	实领		
A材料		千克	2 000	2 000		
物料号码	备注：					

领料部门负责人：高玲　领料人：王娜　会计：张力　发料人：丁松

单据 2-8-4/4

领料单

字第 2705号

领料部门：基本生产车间　用途：生产乙产品　2020 年 4 月 15 日

品名	规格型号	单位	数量		单价	金额
			请领	实领		
B材料		千克	4 000	4 000		
物料号码	备注：					

领料部门负责人：高玲　领料人：王娜　会计：张力　发料人：丁松

单据 2-9-1/3

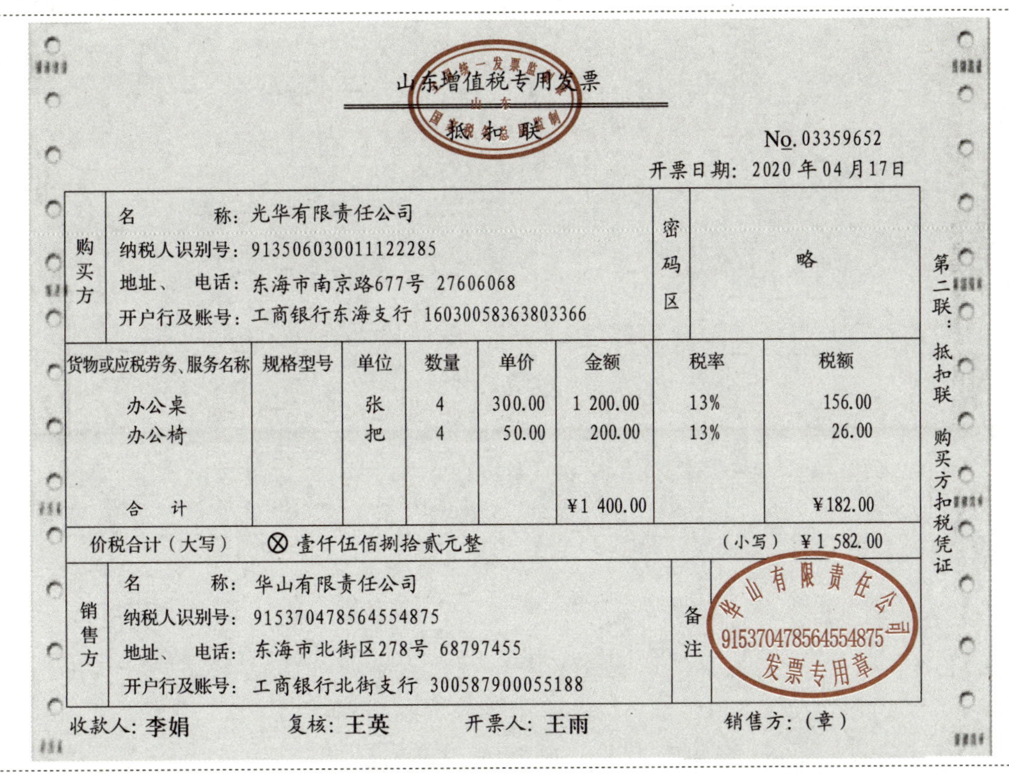

山东增值税专用发票

抵扣联

No. 03359652

开票日期：2020 年 04 月 17 日

购买方	名称：光华有限责任公司 纳税人识别号：913506030011122285 地址、电话：东海市南京路677号 27606068 开户行及账号：工商银行东海支行 16030058363803366	密码区	略

货物或应税劳务、服务名称	规格型号	单位	数量	单价	金额	税率	税额
办公桌		张	4	300.00	1 200.00	13%	156.00
办公椅		把	4	50.00	200.00	13%	26.00
合　计					¥1 400.00		¥182.00
价税合计（大写）	⊗ 壹仟伍佰捌拾贰元整					（小写）	¥1 582.00

销售方	名称：华山有限责任公司 纳税人识别号：915370478564554875 地址、电话：东海市北街区278号 68797455 开户行及账号：工商银行北街支行 300587900055188	备注	华山有限责任公司 915370478564554875 发票专用章

收款人：李娟　复核：王英　开票人：王雨　销售方：（章）

第二联：抵扣联　购买方扣税凭证

单据 2-9-2/3

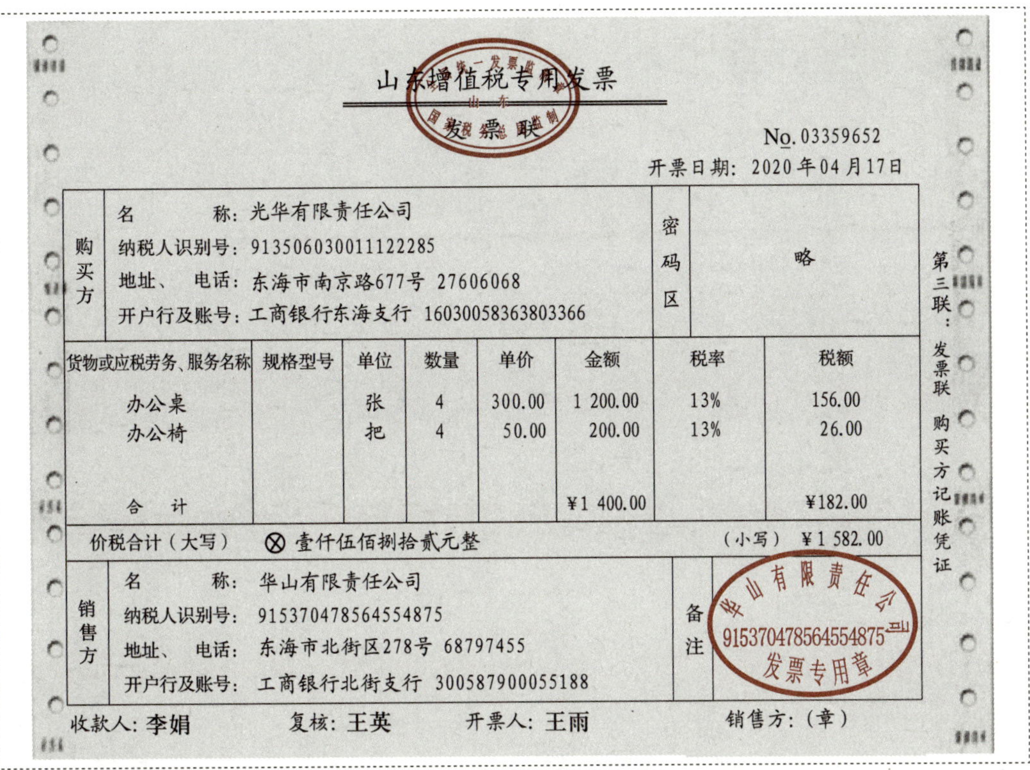

山东增值税专用发票

发票联

No. 03359652

开票日期：2020 年 04 月 17 日

购买方　名称：光华有限责任公司
纳税人识别号：913506030011122285
地址、电话：东海市南京路677号 27606068
开户行及账号：工商银行东海支行 16030058363803366

密码区　略

货物或应税劳务、服务名称	规格型号	单位	数量	单价	金额	税率	税额
办公桌		张	4	300.00	1 200.00	13%	156.00
办公椅		把	4	50.00	200.00	13%	26.00
合　计					¥1 400.00		¥182.00

价税合计（大写）⊗ 壹仟伍佰捌拾贰元整　（小写）¥1 582.00

销售方　名称：华山有限责任公司
纳税人识别号：915370478564554875
地址、电话：东海市北街区278号 68797455
开户行及账号：工商银行北街支行 300587900055188

备注

收款人：李娟　复核：王英　开票人：王雨　销售方：（章）

第三联：发票联　购买方记账凭证

单据 2-9-3/3

入库单

字第6701号

2020 年 4 月 17 日　单位:元

发货地点				供应单位	华山公司		备注	办公用	
库名	编号	名称	单位	规格	入库			单据张数	实收	
					数量	单价	金额		数量	金额
		办公桌	张		4	300.00	1 200.00		4	1 200.00
		办公椅	把		4	50.00	200.00		4	200.00

会计：张力　保管：丁松　采购员：兰花　制单：李天

第三联　送交财务会计

单据 2-10-1/5

发货单

购货单位: 长江股份有限公司　　2020 年 4 月 18 日　　运输方式: 托运　编号 3254

产品编号	产品名称	单位	数量	单价	金额	备注
A 111	甲产品	件	1 000			
B 002	乙产品	千克	2 000			

销售部门负责人: 张长青　发货人: 丁松　提货人: 王林　制单: 丁松

单据 2-10-2/5

领 料 单

字第 3706号

领料部门: 销售部门　用途: 随货销售　2020 年 4 月 18 日

品名	规格型号	单位	数量		单价	金额
			请领	实领		
包装箱		个	10	10	20	200
物料号码	备注: 随同产品出售，不单独计价					

领料部门负责人: 王刚　领料人: 王丁　会计: 张力　发料人: 丁松

单据 2-10-3/5

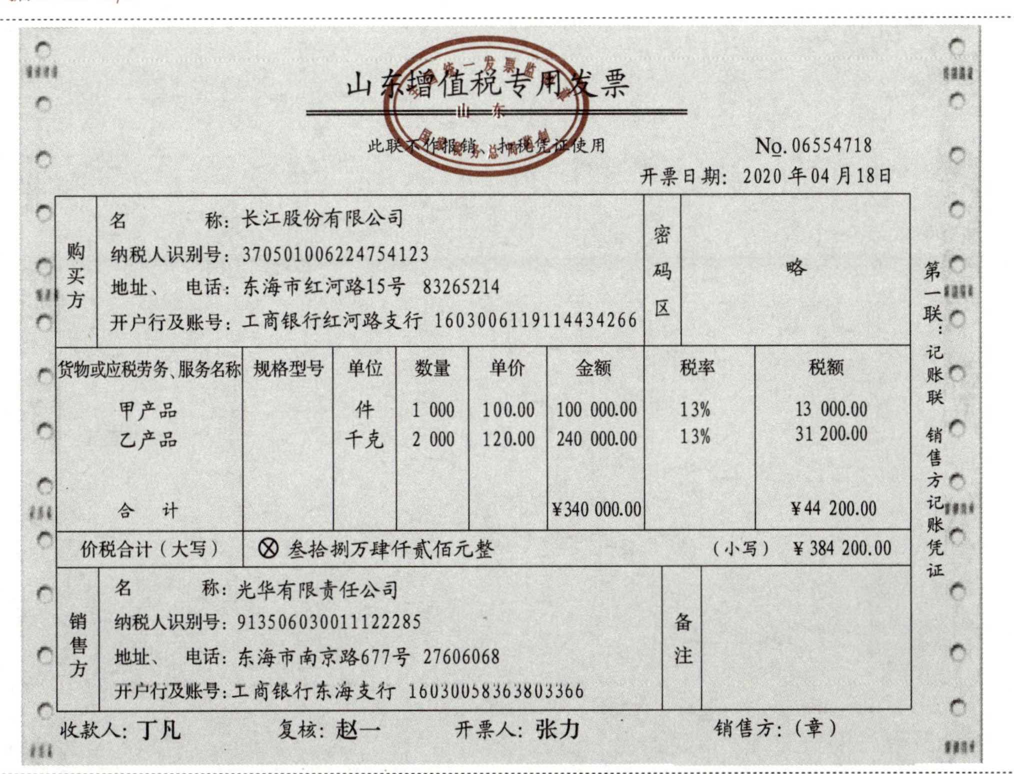

山东增值税专用发票

山 东

此联不作报销、扣税凭证使用

No. 06554718

开票日期: 2020 年 04 月 18 日

购买方	名　　称: 长江股份有限公司 纳税人识别号: 370501006224754123 地址、电话: 东海市红河路15号 83265214 开户行及账号: 工商银行红河路支行 1603006119114434266	密码区	略

货物或应税劳务、服务名称	规格型号	单位	数量	单价	金额	税率	税额
甲产品		件	1 000	100.00	100 000.00	13%	13 000.00
乙产品		千克	2 000	120.00	240 000.00	13%	31 200.00
合　计					¥340 000.00		¥44 200.00
价税合计（大写）	⊗ 叁拾捌万肆仟贰佰元整					（小写）	¥ 384 200.00

销售方	名　　称: 光华有限责任公司 纳税人识别号: 913506030011122285 地址、电话: 东海市南京路677号 27606068 开户行及账号: 工商银行东海支行 1603005836380336	备注	

收款人: 丁凡　复核: 赵一　开票人: 张力　销售方:（章）

第一联: 记账联　销售方记账凭证

单据 2-10-4/5

ICBC 中国工商银行　　凭证

业务回单（付款）

币别：人民币　　2020年04月18日　　回单编号：16236000789

付款人户名：光华有限责任公司　　付款人开户行：工商银行东海支行

付款人账号（卡号）：16030058363803366

收款人户名：通达物流有限责任公司　　收款人开户行：农业银行东海支行

收款人账号（卡号）：16030056666887

金额：壹仟贰佰元整　　小写：1 200.00元

业务（产品种类）：同城转账　　凭证种类：000000　　凭证号码：000000

摘要：转款　　用途：

交易机构：0165780157　　记账柜员：00057　　交易代码：3357　　渠道：网上银行

客户备注：

本回单为第1次打印，注意重复　　打印日期：2020年04月18日　　打印柜员：9　　验证码：254328857864

（印章：中国工商银行股份有限公司东海支行 自助回单机专用章（01））

单据 2-10-5/5

中国工商银行托收凭证（受理回单）　1

委托日期2020年4月18日　　委托号码

业务类型		委托收款（□邮划 ☑电划）				托收承付（□邮划 □电划）										
付款人	全称	长江股份有限公司			收款人	全称	光华有限责任公司									
	账号	1603006119114434266				账号	16030058363803366									
	地址	山东省东海市/县	开户行	工商银行红河路支行		地址	山东省东海市/县		开户行	工商银行东海支行						
金额	人民币（大写）叁拾捌万伍仟肆佰元整						千	百	十	万	千	百	十	元	角	分
								¥	3	8	5	4	0	0	0	0
款项内容	货款	托收凭据名称	发票		附寄单证张数	3										
商品发运情况	已发运		合同名称号码		BF178											
备注：代垫运杂费1 200元 复核　　记账		款项收妥日期 （印章：中国工商银行股份有限公司东海支行 2020.04.18 核算用章（1）） 2020年4月18日			收款人开户行盖章 年　月　日											

此联为收款人开户银行给收款人的受理回单

单据 2-11-1/1

中国工商银行托收凭证（收款通知）　4

委托日期2020年4月20日　　委托号码

付款期限　年　月　日

<table>
<tr><td>业务类型</td><td colspan="6">委托收款（□邮划 ☑电划）</td><td colspan="5">托收承付（□邮划 □电划）</td></tr>
<tr><td rowspan="3">付款人</td><td>全称</td><td colspan="3">长江股份有限公司</td><td rowspan="3">收款人</td><td>全称</td><td colspan="4">光华有限责任公司</td></tr>
<tr><td>账号</td><td colspan="3">1603006119114434266</td><td>账号</td><td colspan="4">16030058363803366</td></tr>
<tr><td>地址</td><td>山东省东海市/县</td><td>开户行</td><td>工商银行红河路支行</td><td>地址</td><td>山东省东海市/县</td><td>开户行</td><td colspan="2">工商银行东海支行</td></tr>
<tr><td>金额</td><td colspan="6">人民币（大写）叁拾捌万伍仟肆佰元整</td><td colspan="5">千 百 十 万 千 百 十 元 角 分
¥ 3 8 5 4 0 0 0 0</td></tr>
<tr><td>款项内容</td><td colspan="2">货款</td><td>托收凭据名称</td><td colspan="2">发票</td><td colspan="3">附寄单证张数</td><td colspan="3">3</td></tr>
<tr><td>商品发运情况</td><td colspan="3">已发运</td><td colspan="2">合同名称号码</td><td colspan="6">BF178</td></tr>
<tr><td colspan="4">备注：代垫运杂费1 200元

复核　　记账</td><td colspan="4">上列款项已划回收入方账户内
中国工商银行股份有限公司东海支行 2020.04.20 核算用章（1）
收款人开户银行签章
2020年4月20日</td><td colspan="4"></td></tr>
</table>

此联为收款人开户银行给收款人的收款通知

单据 2-12-1/3

领 料 单

字第 3707号

领料部门：销售部门　　用途：出租　　2020 年 4月 21 日

<table>
<tr><td rowspan="2">品名</td><td rowspan="2">规格型号</td><td rowspan="2">单位</td><td colspan="2">数量</td><td rowspan="2">单价</td><td rowspan="2">金额</td></tr>
<tr><td>请领</td><td>实领</td></tr>
<tr><td>包装箱</td><td></td><td>个</td><td>20</td><td>20</td><td>20</td><td>400</td></tr>
<tr><td></td><td></td><td></td><td></td><td></td><td></td><td></td></tr>
<tr><td>物料号码</td><td colspan="6" rowspan="2">备注：出租给星光公司，收取押金，包装物一次摊销</td></tr>
<tr><td></td></tr>
</table>

领料部门负责人：王刚　　领料人：王丁　　会计：张力　　发料人：丁松

单据 2-12-2/3

领 料 单

字第 3708号

领料部门：基本生产车间　用途：生产甲产品　2020年4月21日

品名	规格型号	单位	数量		单价	金额
			请领	实领		
包装箱		个	50	50	20.00	1 000.00
物料号码	备注：					

领料部门负责人：高玲　领料人：王娜　会计：张力　发料人：丁松

单据 2-12-3/3

中国工商银行　进账单（收账通知）3

2020年4月21日　第3589号

出票人	全　称	星光有限责任公司	收款人	全　称	光华有限责任公司
	账　号	20083647625578		账　号	16030058363803366
	开户银行	农业银行新城支行		开户银行	工商银行东海支行
人民币（大写）伍佰元整				千百十万千百十元角分	¥50000
票据种类	转账支票				
票据张数	1				
会计主管　会计　复核　记账			收款人开户行盖章		

中国工商银行股份有限公司东海支行 2020.04.21 核算用章（1）

此联是出票人开户银行交给出票人的收账通知

单据 2-13-1/1

中国工商银行　电汇凭证（回单）

委托日期　2020年4月23日　第 1 号

汇款人	全　称	光华有限责任公司	收款人	全　称	泰山有限责任公司
	账　号	16030058363803366		账　号	232901040000313
	汇出地点	山东 省　东海　市/县		汇入地点	山东 省　泰安　市/县
汇出行名称		工商银行东海支行	汇入行名称		农业银行泰中路支行
金　额	人民币（大写）贰万元整			亿千百十万千百十元角分	¥2000000
汇出行签章			支付密码		
			附加信息及用途		
			复核：　记账：		

中国工商银行股份有限公司东海支行 2020.04.23 核算用章（1）

此联汇出行给汇款人的回单

单据 2–14–1/1

中国工商银行托收凭证（付款通知）　5

委托日期2020年4月25日　　委托号码

付款期限　年　月　日

业务类型	委托收款（☐邮划　☑电划）			托收承付（☐邮划　☐电划）		
付款人	全称	光华有限责任公司		收款人	全称	华山有限责任公司
	账号	16030058363803366			账号	300587900055188
	地址	山东省东海市/县	开户行：工商银行东海支行		地址	山东省东海市/县　开户行：工商银行北街支行
金额	人民币（大写）壹仟伍佰捌拾贰元整					千 百 十 万 千 百 十 元 角 分：¥ 1 5 8 2 0 0
款项内容	货款	托收凭据名称	发票	附寄单证张数	3	
商品发运情况	已经发运			合同名称号码	2390号	

备注：付款人开户行收款日期　年　月　日

复核　　记账

付款人开户银行签章　2020年4月25日

（印章：中国工商银行股份有限公司东海支行 2020.04.25 核算用章（1））

付款人注意：
1.应于见票当日通知开户银行划款
2.如需拒付，应在规定期限内将拒付理由书并附债务证明提交银行

此联为付款人开户银行给付款人的付款通知

单据 2–15–1/2

领料单

字第 1705号

领料部门：管理部门　　用途：修理房屋　　2020 年 4 月 26 日

品名	规格型号	单位	数量		单价	金额
			请领	实领		
A材料		千克	200	200		
物料号码	备注：					

领料部门负责人：李荣　　领料人：李峰　　会计：张力　　发料人：丁松

单据 2-15-2/2

领 料 单

字第 2706号

领料部门：基本生产车间　　用途：一般耗用　　2020 年 4 月 26 日

品名	规格型号	单位	数量		单价	金额
			请领	实领		
B材料		千克	100	100		
物料号码	备注：					

领料部门负责人：高玲　　领料人：王娜　　会计：张力　　发料人：丁松

单据 2-16-1/6

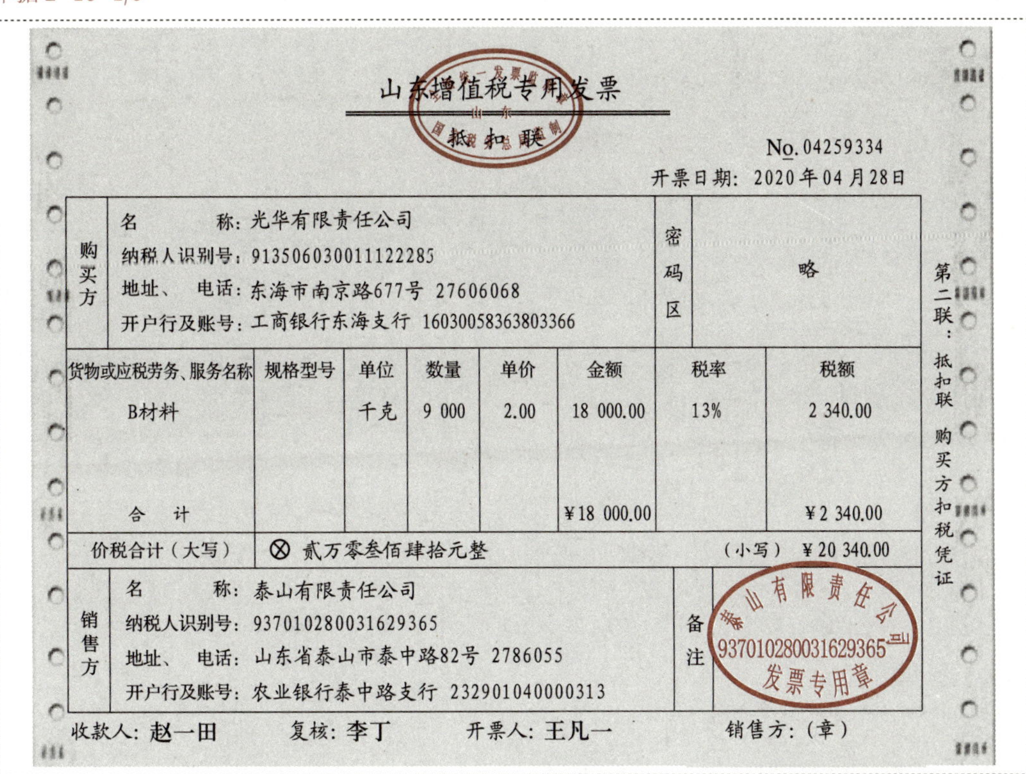

山东增值税专用发票

抵扣联

No. 04259334

开票日期：2020 年 04 月 28 日

购买方	名　称：光华有限责任公司 纳税人识别号：913506030011122285 地址、电话：东海市南京路677号 27606068 开户行及账号：工商银行东海支行 16030058363803366					密码区	略
货物或应税劳务、服务名称	规格型号	单位	数量	单价	金额	税率	税额
B材料		千克	9 000	2.00	18 000.00	13%	2 340.00
合　计					¥18 000.00		¥2 340.00
价税合计（大写）	⊗ 贰万零叁佰肆拾元整					（小写）	¥20 340.00
销售方	名　称：泰山有限责任公司 纳税人识别号：937010280031629365 地址、电话：山东省泰山市泰中路82号 2786055 开户行及账号：农业银行泰中路支行 232901040000313					备注	泰山有限责任公司 937010280031629365 发票专用章

第二联：抵扣联　购买方扣税凭证

收款人：赵一田　　复核：李丁　　开票人：王凡一　　销售方：（章）

单据 2-16-2/6

山东增值税专用发票

发票联

No. 04259334

开票日期：2020年04月28日

购买方	名 称：光华有限责任公司 纳税人识别号：913506030011122285 地址、电话：东海市南京路677号 27606068 开户行及账号：工商银行东海支行 16030058363803366				密码区	略	
货物或应税劳务、服务名称	规格型号	单位	数量	单价	金额	税率	税额
B材料		千克	9 000	2.00	18 000.00	13%	2 340.00
合 计					¥18 000.00		¥2 340.00
价税合计（大写）	⊗ 贰万零叁佰肆拾元整					（小写）	¥20 340.00
销售方	名 称：泰山有限责任公司 纳税人识别号：937010280031629365 地址、电话：山东省泰山市泰中路82号 2786055 开户行及账号：农业银行泰中路支行 232901040000313				备注	泰山有限责任公司 937010280031629365 发票专用章	

收款人：赵一田 复核：李丁 开票人：王凡一 销售方：（章）

第三联：发票联 购买方记账凭证

单据 2-16-3/6

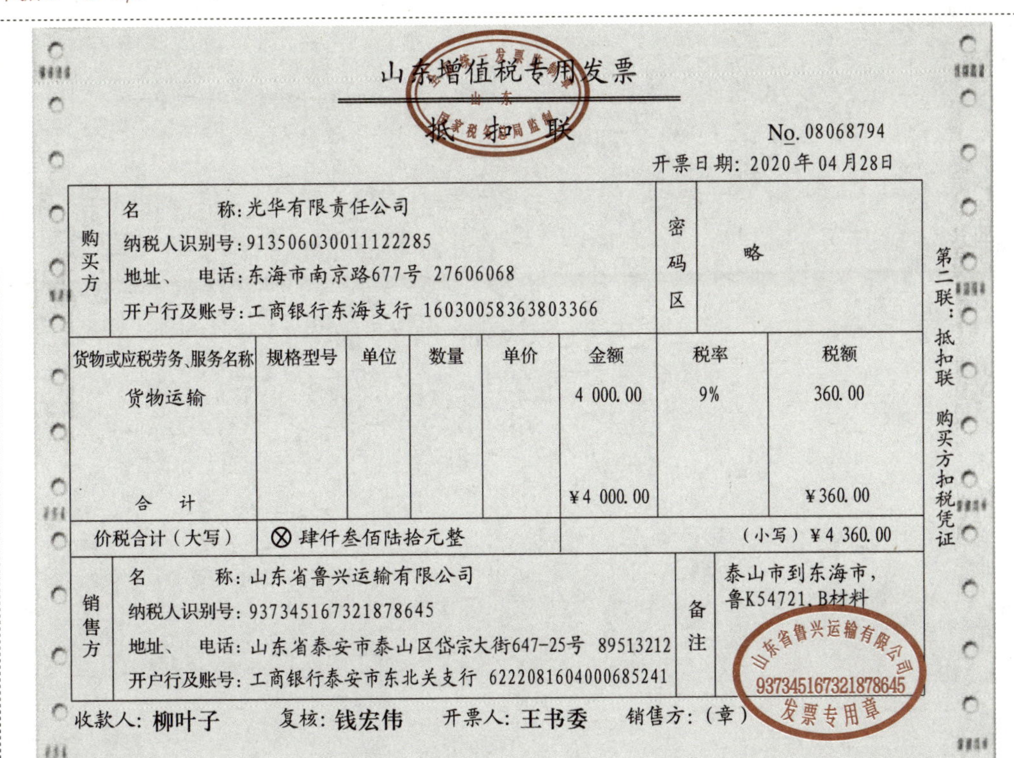

山东增值税专用发票

抵扣联

No. 08068794

开票日期：2020年04月28日

购买方	名 称：光华有限责任公司 纳税人识别号：913506030011122285 地址、电话：东海市南京路677号 27606068 开户行及账号：工商银行东海支行 16030058363803366				密码区	略	
货物或应税劳务、服务名称	规格型号	单位	数量	单价	金额	税率	税额
货物运输					4 000.00	9%	360.00
合 计					¥4 000.00		¥360.00
价税合计（大写）	⊗ 肆仟叁佰陆拾元整					（小写）	¥4 360.00
销售方	名 称：山东省鲁兴运输有限公司 纳税人识别号：937345167321878645 地址、电话：山东省泰安市泰山区岱宗大街647-25号 89513212 开户行及账号：工商银行泰安市东北关支行 6222081604000685241				备注	泰山市到东海市， 鲁K54721，B材料 山东省鲁兴运输有限公司 937345167321878645 发票专用章	

收款人：柳叶子 复核：钱宏伟 开票人：王书委 销售方：（章）

第二联：抵扣联 购买方扣税凭证

单据 2-16-4/6

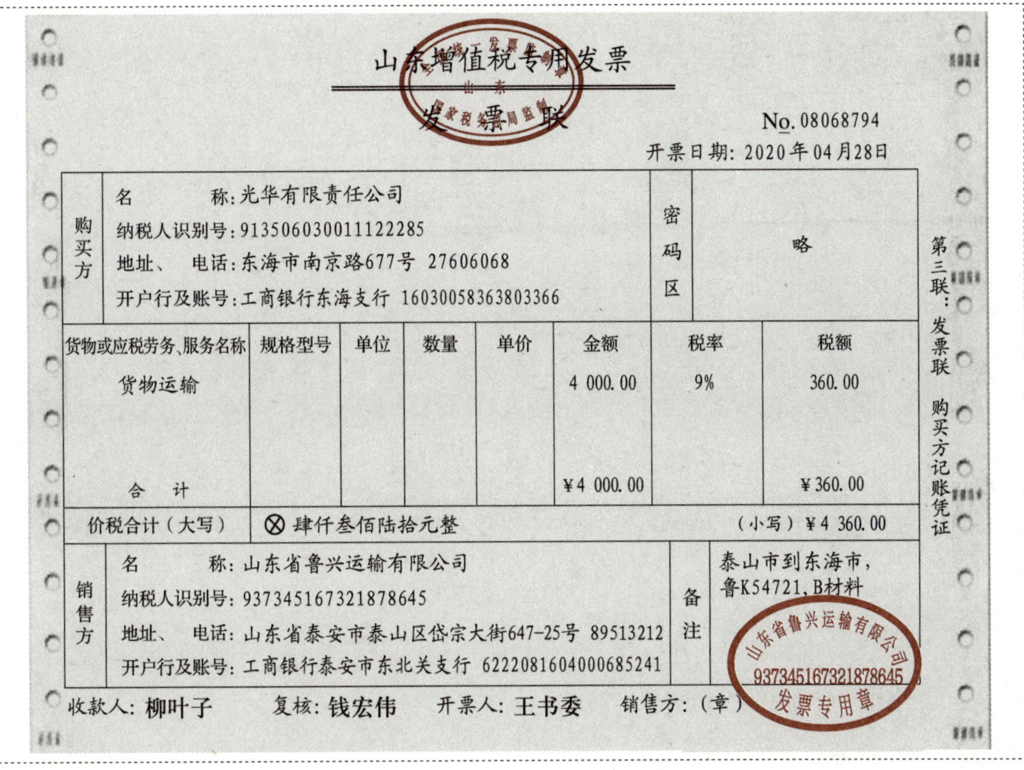

山东增值税专用发票

发票联

No. 08068794

开票日期：2020年04月28日

购买方	名称：光华有限责任公司 纳税人识别号：913506030011122285 地址、电话：东海市南京路677号 27606068 开户行及账号：工商银行东海支行 16030058363803366				密码区	略	
货物或应税劳务、服务名称	规格型号	单位	数量	单价	金额	税率	税额
货物运输					4 000.00	9%	360.00
合计					¥4 000.00		¥360.00
价税合计（大写）	⊗肆仟叁佰陆拾元整					（小写）¥4 360.00	
销售方	名称：山东省鲁兴运输有限公司 纳税人识别号：937345167321878645 地址、电话：山东省泰安市泰山区岱宗大街647-25号 89513212 开户行及账号：工商银行泰安市东北关支行 6222081604000685241				备注	泰山市到东海市，鲁K54721，B材料	

收款人：柳叶子　复核：钱宏伟　开票人：王书委　销售方：（章）

第三联：发票联　购买方记账凭证

单据 2-16-5/6

中国工商银行
转账支票存根

08098646
00486658

附加信息

出票日期　2020年4月21日

收款人：泰山公司

金　额：¥4 700.00

用　途：补足货款

单位主管 赵一　会计 张力

单据 2-16-6/6

收 料 单

材料科目：材料　　　　　　　　　　　　　　　　　　　编　　号：002
材料类别：原料及主要材料　　　　　　　　　　　　　　收料仓库：2号仓库
供应单位：泰山有限责任公司　　　2020 年 4月28日　　　发票号码：007435

材料编号	材料名称	规格	计量单位	数量		实际价格				计划价格	
				应收	实收	单价	发票金额	运费	合计	单价	金额
002	B材料		千克	9 000	9 010	2.00	18 000.00	4 000.00	22 000.00		
备注	自然升溢10千克										

采购员：李萌　　检验员：李勇　　记账员：张力　　保管员：丁松

单据 2-17-1/1

发出材料汇总表

2020 年 4月 30 日　　　　　　　　　　单位：元

应借科目 应贷科目		生产成本						制造费用			管理费用			合计		
		甲产品			乙产品											
		数量	单价	金额	数量	单价	金额	数量	单价	金额	数量	单价	金额	数量	单价	金额
原材料	A材料															
	B材料															
合计																

单据 2-18-1/1

库存商品入库单

交库单位: 生产车间　　2020 年 4 月 30 日　　编号: 6702

产品名称	规格	计量单位	交付数量	入库数量	单价	金额	备注
甲产品		件	3 000	3 000	68.00	204 000.00	
乙产品		千克	2 000	2 000	82.00	164 000.00	

检验: 李勇　　仓库验收: 丁松　　车间交件人: 高玲

提示：产品完工验收入库。

单据 2-19-1/2

物资盘点表

库存1　　2020 年 4 月 30 日

名称	规格型号	单位	单价	账面数	实有数	盘盈数		盘亏数		盈亏原因	备注
						数量	金额	数量	金额		
A材料		千克		2 780	2 750			30	40.27	原因待查	

部门主管: 赵一　　保管员: 丁松　　复查人: 李勇

单据 2-19-2/2

物资盘点表

库存2　　2020 年 4 月 30 日

名称	规格型号	单位	单价	账面数	实有数	盘盈数		盘亏数		盈亏原因	备注
						数量	金额	数量	金额		
B材料		千克		11 410	11 430	20	45.20			原因待查	

部门主管: 赵一　　保管员: 丁松　　复查人: 李勇

单据 2-20-1/1

长期待摊费用分配表

2020 年 4 月 30 日

待摊费用项目	待摊金额	分摊比例	本月应摊金额	分配部门	备注
办公桌椅费	3 600.00	1/24	150.00	管理部门	
合计					

主管：赵一　记账：丁力　复核：李勇　制表：李小果

单据 2-21-1/1

溢余、短缺处理结果报告单

2020 年 4 月 30 日

材料名称	规格	计量单位	溢余数量	短缺数量	溢缺原因	处理意见
A材料		千克		30	管理不善造成	按会计制度处理
B材料		千克	20		自然升溢	

领导签字：赵一

三、实训要求

1. 根据光华有限责任公司期初资料开设在途物资、原材料、周转材料、库存商品等总分类账及所需明细分类账户。（其他账户免登。）

（1）原材料、周转材料、库存商品采用数量金额式账页。

（2）在途物资采用专用账页。

（3）其他明细账及总账采用三栏式账页。

2. 根据公司当月发生的各项经济业务（见单据 2-1 ~ 单据 2-21），填制记账凭证，并将原始单据附于凭证后面。

3. 审核记账凭证，并根据审核无误的记账凭证登记有关明细账。

4. 编制当月科目汇总表，根据科目汇总表登记总账，并进行总账和明细账核对。

四、所需实训材料

序号	种类	数量	备注
1	记账凭证	20 张	通用记账凭证或者用下列会计分录纸代替记账凭证
2	总账	4 页	单面计算
3	平行式明细账	1 页	在途物资明细账
4	数量金额式明细账	9 页	单面计算

1. 会计分录纸（代替记账凭证）

序号	摘要	会计科目	明细科目	记账	借方金额	贷方金额

续表

序号	摘要	会计科目	明细科目	记账	借方金额	贷方金额

续表

序号	摘要	会计科目	明细科目	记账	借方金额	贷方金额

2. 总账

总分类账

会计科目______

年		凭证		摘要	对方科目	借方									贷方									借或贷	余额								
月	日	种类	号数			百	十	万	千	百	十	元	角	分	百	十	万	千	百	十	元	角	分		百	十	万	千	百	十	元	角	分

总分类账

会计科目______

年		凭证		摘要	对方科目	借方									贷方									借或贷	余额								
月	日	种类	号数			百	十	万	千	百	十	元	角	分	百	十	万	千	百	十	元	角	分		百	十	万	千	百	十	元	角	分

总 分 类 账

会计科目＿＿＿＿＿＿

年		凭证		摘要	对方科目	借方									贷方									借或贷	余额								
月	日	种类	号数			百	十	万	千	百	十	元	角	分	百	十	万	千	百	十	元	角	分		百	十	万	千	百	十	元	角	分

总 分 类 账

会计科目＿＿＿＿＿＿

年		凭证		摘要	对方科目	借方									贷方									借或贷	余额								
月	日	种类	号数			百	十	万	千	百	十	元	角	分	百	十	万	千	百	十	元	角	分		百	十	万	千	百	十	元	角	分

3. 平行式明细账

在途物资　明细账

年		凭证		摘要	供货单位	借方金额																											贷方金额								
						买价									运杂费									合计									合计								
月	日	种类	号数			百	十	万	千	百	十	元	角	分	百	十	万	千	百	十	元	角	分	百	十	万	千	百	十	元	角	分	百	十	万	千	百	十	元	角	分

4. 数量金额式明细账

最高储存量________

最低储存量________

明细账

编号________ 规格________ 品名________ 单位________

年		凭证		摘要	收入											发出											结存										
月	日	种类	号数		数量	单价	百	十	万	千	百	十	元	角	分	数量	单价	百	十	万	千	百	十	元	角	分	数量	单价	百	十	万	千	百	十	元	角	分

明细账

最高储存量________

最低储存量________

编号________ 规格________ 品名________ 单位________

年		凭证		摘要	收入											发出											结存										
月	日	种类	号数		数量	单价	百	十	万	千	百	十	元	角	分	数量	单价	百	十	万	千	百	十	元	角	分	数量	单价	百	十	万	千	百	十	元	角	分

明细账

最高储存量________

最低储存量________

编号________　规格________　品名________　　单位________

年		凭证		摘要	收入											发出											结存										
月	日	种类	号数		数量	单价	百	十	万	千	百	十	元	角	分	数量	单价	百	十	万	千	百	十	元	角	分	数量	单价	百	十	万	千	百	十	元	角	分

最高储存量________

最低储存量________

明细账

编号________ 规格________ 品名________ 单位________

年		凭证		摘要	收入											发出											结存										
月	日	种类	号数		数量	单价	百	十	万	千	百	十	元	角	分	数量	单价	百	十	万	千	百	十	元	角	分	数量	单价	百	十	万	千	百	十	元	角	分

明细账

最高储存量________

最低储存量________

编号________ 规格________ 品名________ 单位________

年		凭证		摘要	收入											发出											结存										
月	日	种类	号数		数量	单价	百	十	万	千	百	十	元	角	分	数量	单价	百	十	万	千	百	十	元	角	分	数量	单价	百	十	万	千	百	十	元	角	分

最高储存量________

最低储存量________

明细账

编号________ 规格________ 品名________ 单位________

年		凭证		摘要	收入											发出											结存										
月	日	种类	号数		数量	单价	百	十	万	千	百	十	元	角	分	数量	单价	百	十	万	千	百	十	元	角	分	数量	单价	百	十	万	千	百	十	元	角	分

最高储存量________

最低储存量________

________明细账

编号________　规格________　品名________　单位________

年		凭证		摘要	收　入											发　出											结　存										
月	日	种类	号数		数量	单价	百	十	万	千	百	十	元	角	分	数量	单价	百	十	万	千	百	十	元	角	分	数量	单价	百	十	万	千	百	十	元	角	分

明细账

最高储存量________

最低储存量________

编号________ 规格________ 品名________ 单位________

年		凭证		摘要	收入											发出											结存										
月	日	种类	号数		数量	单价	百	十	万	千	百	十	元	角	分	数量	单价	百	十	万	千	百	十	元	角	分	数量	单价	百	十	万	千	百	十	元	角	分

最高储存量________

最低储存量________

明细账

编号________　规格________　品名________　　　　单位________

年		凭证		摘要	收入											发出											结存										
月	日	种类	号数		数量	单价	百	十	万	千	百	十	元	角	分	数量	单价	百	十	万	千	百	十	元	角	分	数量	单价	百	十	万	千	百	十	元	角	分

五、实训答案

记账凭证

原材料、周转材料、库存商品明细账

在途物资明细账

原材料、周转材料、库存商品总账

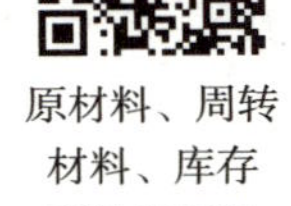

实训三

存货按计划成本计价核算实训

一、实训目的

在计划成本核算法下，能正确地审核存货业务的原始凭证，并根据原始凭证编制记账凭证，能登记材料采购和材料成本差异明细账。

二、实训资料

（一）公司概况

光华有限责任公司是增值税一般纳税人，企业生产一种产品丙产品，需要用C、D两种原材料。

出纳：丁凡；会计：张力；主管：赵一。

开户银行：工商银行东海支行；行号：37930。

账号：16030058363803366。

统一社会信用代码：913506030011122285。

联系电话：0198-27606068。

公司地址：东海市南京路677号。

（二）生产经营存货购进环节的核算要求

原材料采用计划成本核算，C材料计划单位成本为10元/千克，D材料的计划单位成本为8元/千克。

（三）有关账户期初余额

1. 总分类账的期初余额见表3-1。

表3-1

会计科目	金额
材料采购	45 000.00
原材料	92 000.00
材料成本差异	760.00

2. 明细账的期初余额见表 3–2。

表 3–2

名称	计量单位	数量	单价	金额
原材料明细账				
C 材料	千克	6 000	10.00	60 000.00
D 材料	千克	4 000	8.00	32 000.00
材料采购明细账				
C 材料	千克	2 000		20 400.00
D 材料	千克	3 000		24 600.00
材料成本差异明细账				
C 材料				1 080.00
D 材料				–320.00

（四）2020 年 5 月经济业务（见单据 3–1 ～单据 3–10）

单据 3–1–1/1

限额领料单

领料单位：生产车间
用　　途：生产丙产品　　　　2020 年 5 月 2 日　　　　发料仓库：5 号库

材料类别	材料编号	材料名称及规格	计量单位	全月领用限额	实际领用 数量	实际领用 单位成本	实际领用 金额	计划单价
原材料		D材料	千克	2 000				8.00

日期	请领 数量	请领 领料单位负责人签章	实发 数量	实发 发料人签章	实发 领料人签章	退回 数量	退回 收料人签章	退回 退料人签章	限额结余
5.2	1 200	李彬	1 200	张小宁	李彬				800

生产计划部门负责人：张永　　供应部门负责人：秦伟华　　仓库负责人：张小宁

单据 3–2–1/1

收　料　单

材料科目：原材料　　　　编　　号：011
材料类别：原料及主要材料　　　　收料仓库：5号仓库
供应单位：山头公司　　2020 年 5月5日　　发票号码：007510

材料编号	材料名称	规格	计量单位	数量 应收	数量 实收	实际价格 单价	实际价格 发票金额	实际价格 运费	实际价格 合计	计划价格 单价	计划价格 金额
011	C材料		千克	2 000	2 000	9.80	19 600.00	800.00	20 400.00	10.00	20 000.00
备注											

采购员：李荫　　检验员：李勇　　记账员：张力　　保管员：丁松

单据 3-3-1/2

领　料　单

领料部门：采购科　　用途：委托加工Y零件　　2020 年 5 月 9 日　　字第 8702 号

品名	规格型号	单位	数量		计划单价	金额	材料成本差异
			请领	实领			
C材料		千克	800	800	10.00	8 000.00	144.00
物料号码	备注：按月初材料成本差异率1.8%计算发出材料应承担的材料成本差异						

领料部门负责人：蓝天　　领料人：陆海云　　会计：张力　　发料人：张小宁

单据 3-3-2/2

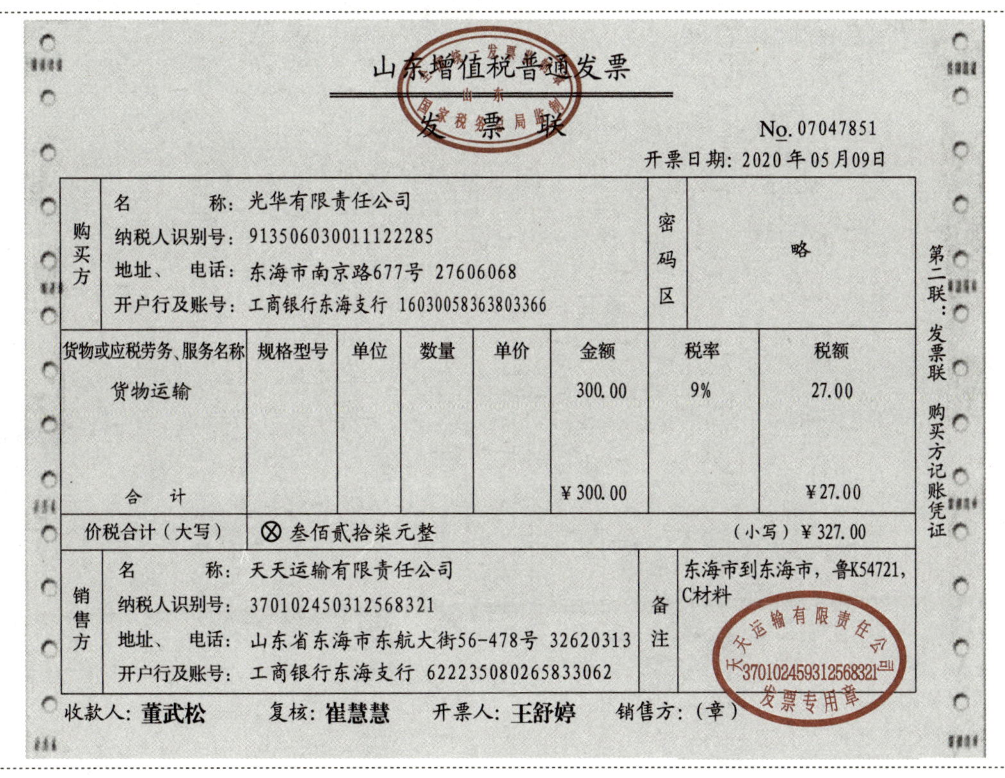

山东增值税普通发票

发　票　联

No. 07047851

开票日期：2020 年 05 月09日

购买方	名称：光华有限责任公司 纳税人识别号：913506030011122285 地址、电话：东海市南京路677号 27606068 开户行及账号：工商银行东海支行 16030058363803366	密码区	略

货物或应税劳务、服务名称	规格型号	单位	数量	单价	金额	税率	税额
货物运输					300.00	9%	27.00
合　计					¥300.00		¥27.00
价税合计（大写）	⊗叁佰贰拾柒元整				（小写）¥327.00		

销售方	名称：天天运输有限责任公司 纳税人识别号：370102450312568321 地址、电话：山东省东海市东航大街56-478号 32620313 开户行及账号：工商银行东海支行 622235080265833062	备注	东海市到东海市，鲁K54721，C材料

收款人：董武松　　复核：崔慧慧　　开票人：王舒婷　　销售方：（章）

第二联：发票联　购买方记账凭证

单据 3-4-1/1

收　料　单

材料科目：原材料　　　　　　　　　　　　　　　　　　　　编　　号：015
材料类别：原料及主要材料　　　　　　　　　　　　　　　　收料仓库：6号仓库
供应单位：大力公司　　　　　　2020年5月9日　　　　　　　发票号码：008012

材料编号	材料名称	规格	计量单位	数量		实际价格				计划价格	
				应收	实收	单价	发票金额	运费	合计	单价	金额
015	D材料		千克	3 000	2 980	7.50	22 500.00	2 100.00	24 600.00	8.00	23 840.00
备注	20千克属自然损耗										

采购员：李　荫　　检验员：李　勇　　记账员：张　力　　保管员：丁　松

单据 3-5-1/1

领 料 单

领料部门：生产车间　用途：一般耗用　　　2020年5月15日　　　字第 3802 号

品名	规格型号	单位	数量		单价	金额
			请领	实领		
C材料		千克	20	20	10.00	200.00
物料号码						

领料部门负责人：汪淑红　　领料人：李　兰　　会计：张　力　　发料人：张小宁

单据 3-6-1/1

限额领料单

领料单位：生产车间　　　　　　　　　　　　　　　　编号：
用　　途：生产丙产品　　　2020年5月18日　　　　　发料仓库：5号库

材料类别	材料编号	材料名称及规格	计量单位	全月领用限额	实际领用			备注
					数量	单位成本	金额	计划单价
原材料		D材料	千克	2 000				8.00

日期	请领		实发			退回			限额结余
	数量	领料单位负责人签章	数量	发料人签章	领料人签章	数量	收料人签章	退料人签章	
5.2	1 200	李彬	1 200	张小宁	李彬				800
5.18	600	李彬	600	张小宁	李彬				200

生产计划部门负责人：张　永　　供应部门负责人：秦伟华　　仓库负责人：张小宁

单据 3–7–1/5

山东增值税专用发票

抵扣联

No.03364852

开票日期：2020年05月18日

购买方	名称：光华有限责任公司 纳税人识别号：913506030011122285 地址、电话：东海市南京路677号 27606068 开户行及账号：工商银行东海支行 16030058363803366					密码区	略
货物或应税劳务、服务名称	规格型号	单位	数量	单价	金额	税率	税额
C材料		千克	8 000	9.00	72 000.00	13%	9 360.00
合计					¥72 000.00		¥9 360.00
价税合计（大写）	⊗捌万壹仟叁佰陆拾元整				（小写）¥81 360.00		
销售方	名称：渤海有限责任公司 纳税人识别号：370102800317373666 地址、电话：渤海市开发区东一路362号 58467554 开户行及账号：农业银行渤海市开发区支行 232901040055817					备注	

收款人：李木荣　复核：李欣欣　开票人：梁健　销售方：（章）

第二联：抵扣联　购买方扣税凭证

全国统一发票监制章　山东　国家税务总局监制

渤海有限责任公司　370102800317373666　发票专用章

单据 3–7–2/5

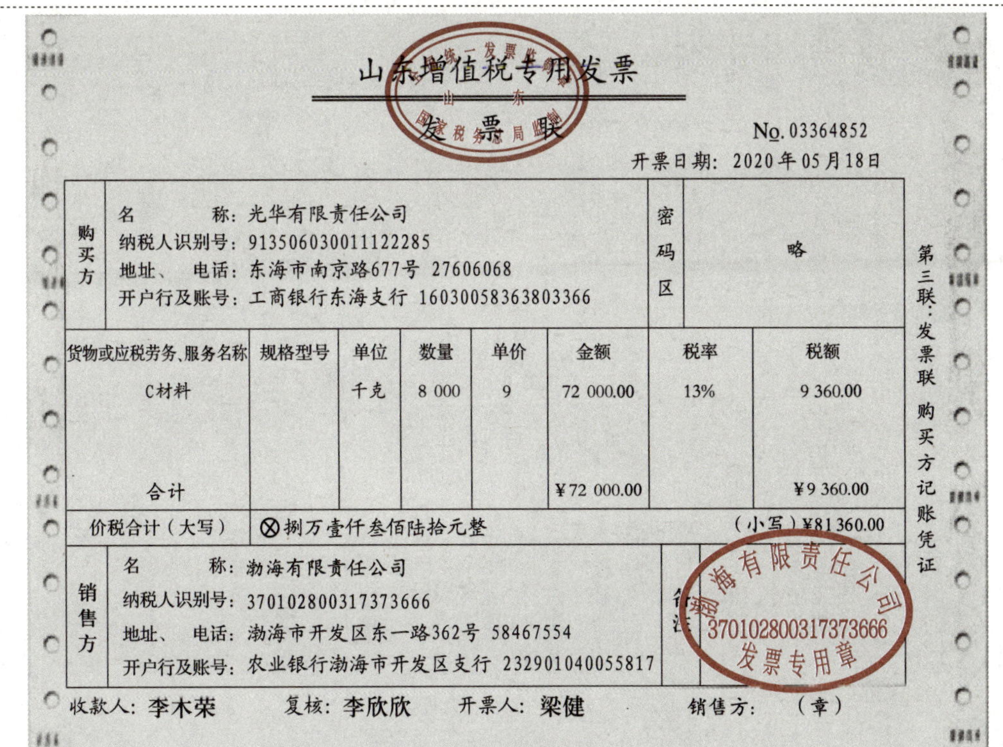

山东增值税专用发票

发票联

No.03364852

开票日期：2020年05月18日

购买方	名称：光华有限责任公司 纳税人识别号：913506030011122285 地址、电话：东海市南京路677号 27606068 开户行及账号：工商银行东海支行 16030058363803366					密码区	略
货物或应税劳务、服务名称	规格型号	单位	数量	单价	金额	税率	税额
C材料		千克	8 000	9	72 000.00	13%	9 360.00
合计					¥72 000.00		¥9 360.00
价税合计（大写）	⊗捌万壹仟叁佰陆拾元整				（小写）¥81 360.00		
销售方	名称：渤海有限责任公司 纳税人识别号：370102800317373666 地址、电话：渤海市开发区东一路362号 58467554 开户行及账号：农业银行渤海市开发区支行 232901040055817					备注	

收款人：李木荣　复核：李欣欣　开票人：梁健　销售方：（章）

第三联：发票联　购买方记账凭证

全国统一发票监制章　山东　国家税务总局监制

渤海有限责任公司　370102800317373666　发票专用章

单据 3-7-3/5

山东增值税专用发票

抵　扣　联

No. 065873978

开票日期：2020年05月18日

购买方	名　　称：光华有限责任公司 纳税人识别号：913506030011122285 地址、电话：东海市南京路677号 27606068 开户行及账号：工商银行东海支行 16030058363803366	密码区	略

货物或应税劳务、服务名称	规格型号	单位	数量	单价	金额	税率	税额
货物运输					1 500.00	9%	135.00
合　计					¥1 500.00		¥135.00
价税合计（大写）	⊗壹仟陆佰叁拾伍元整						（小写）¥1 635.00

销售方	名　　称：山东省潍坊市交运中心 纳税人识别号：370500054475874444 地址、电话：山东省潍坊市北海路627-57号 853285 开户行及账号：工商银行潍坊支行 6222081605780085247	备注	渤海市到东海市，鲁G65876，C材料 山东省潍坊市交运中心 370500054475874444 发票专用章

收款人：章颂　　复核：句丽丽　　开票人：刘薇薇　　销售方：（章）

第二联：抵扣联　购买方扣税凭证

单据 3-7-4/5

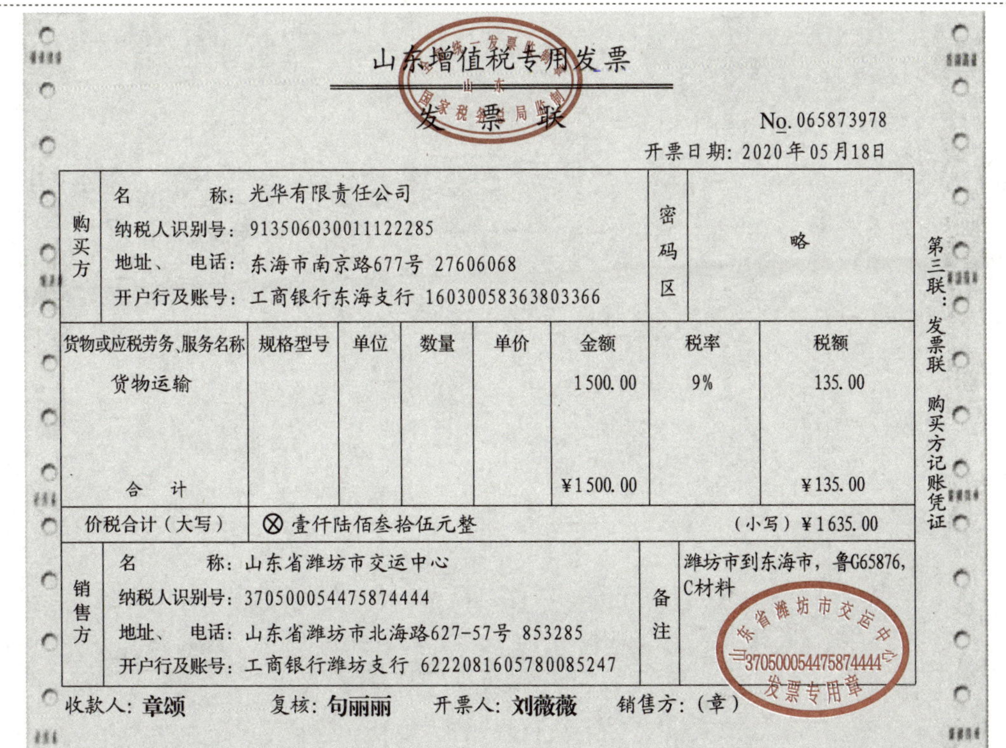

山东增值税专用发票

发　票　联

No. 065873978

开票日期：2020年05月18日

购买方	名　　称：光华有限责任公司 纳税人识别号：913506030011122285 地址、电话：东海市南京路677号 27606068 开户行及账号：工商银行东海支行 16030058363803366	密码区	略

货物或应税劳务、服务名称	规格型号	单位	数量	单价	金额	税率	税额
货物运输					1500.00	9%	135.00
合　计					¥1500.00		¥135.00
价税合计（大写）	⊗壹仟陆佰叁拾伍元整						（小写）¥1635.00

销售方	名　　称：山东省潍坊市交运中心 纳税人识别号：370500054475874444 地址、电话：山东省潍坊市北海路627-57号 853285 开户行及账号：工商银行潍坊支行 6222081605780085247	备注	潍坊市到东海市，鲁G65876，C材料 山东省潍坊市交运中心 370500054475874444 发票专用章

收款人：章颂　　复核：句丽丽　　开票人：刘薇薇　　销售方：（章）

第三联：发票联　购买方记账凭证

单据 3-7-5/5

中国工商银行托收凭证（付款通知）

5

委托日期2020年5月20日

委托号码

付款期限　　年　　月　　日

业务类型	委托收款（□邮划　☑电划）			托收承付（□邮划　□电划）			
付款人	全称	光华有限责任公司		收款人	全称	渤海有限责任公司	
	账号	16030058363803366			账号	232901040055817	
	地址	山东省东海市/县　开户行	工商银行东海支行		地址	山东省渤海市/县　开户行	农业银行渤海市开发区支行
金额	人民币（大写）捌万贰仟玖佰玖拾伍元整						

千	百	十	万	千	百	十	元	角	分
		¥	8	2	9	9	5	0	0

款项内容	货款	托收凭据名称	发票	附寄单证张数	3
商品发运情况	已经发运	合同名称号码	01-6785		

备注：代垫运费1 500元

付款人开户行收款日期

年　月　日

复核　　　　记账

（印章：中国工商银行股份有限公司东海支行 2020.05.20 核算用章（1））

付款人开户银行签章

2020年5月20日

付款人注意：
1. 应于见票当日通知开户银行划款
2. 如需拒付，应在规定期限内将拒付理由书并附债务证明提交银行

此联为付款人开户银行给付款人的付款通知

单据 3-8-1/1

收　料　单

材料科目：原材料　　　　编　　号：016

材料类别：原料及主要材料　　　　收料仓库：6号仓库

供应单位：渤海有限责任公司　　2020年5月25日　　发票号码：008018

材料编号	材料名称	规格	计量单位	数量		实际价格				计划价格	
				应收	实收	单价	发票金额	运费	合计	单价	金额
016	C材料		千克	8 000	8 010	9.00	72 000.00	1 500.00	73 500.00	10.00	80 100.00
备注	10千克属自然升溢										

采购员：余勇利　　检验员：李　勇　　记账员：张　力　　保管员：丁　松

单据 3-9-1/1

限额领料单

领料单位：生产车间　　　　　　　　　　　　　　　　　编号:
用　　途：生产丙产品　　　　2020年5月28日　　　　发料仓库：5号库

<table>
<tr><td rowspan="2">材料类别</td><td rowspan="2">材料编号</td><td rowspan="2" colspan="2">材料名称及规格</td><td rowspan="2" colspan="2">计量单位</td><td rowspan="2" colspan="2">全月领用限额</td><td colspan="3">实际领用</td><td>备注</td></tr>
<tr><td>数量</td><td>单位成本</td><td>金额</td><td>计划单价</td></tr>
<tr><td>原料</td><td></td><td colspan="2">C材料</td><td colspan="2">千克</td><td colspan="2">3 500</td><td></td><td></td><td></td><td>10.00</td></tr>
<tr><td rowspan="2">日期</td><td colspan="2">请领</td><td colspan="3">实发</td><td colspan="4">退回</td><td rowspan="2" colspan="2">限额结余</td></tr>
<tr><td>数量</td><td>领料单位负责人签章</td><td>数量</td><td>发料人签章</td><td>领料人签章</td><td>数量</td><td>收料人签章</td><td colspan="2">退料人签章</td></tr>
<tr><td>5.28</td><td>2 000</td><td>李彬</td><td>2 000</td><td>张小宁</td><td>李彬</td><td></td><td></td><td colspan="2"></td><td colspan="2">500</td></tr>
<tr><td></td><td></td><td></td><td></td><td></td><td></td><td></td><td></td><td colspan="2"></td><td colspan="2"></td></tr>
<tr><td></td><td></td><td></td><td></td><td></td><td></td><td></td><td></td><td colspan="2"></td><td colspan="2"></td></tr>
<tr><td></td><td></td><td></td><td></td><td></td><td></td><td></td><td></td><td colspan="2"></td><td colspan="2"></td></tr>
<tr><td></td><td></td><td></td><td></td><td></td><td></td><td></td><td></td><td colspan="2"></td><td colspan="2"></td></tr>
</table>

生产计划部门负责人：张　永　　供应部门负责人：秦伟华　　仓库负责人：张小宁

单据 3-10-1/2

材料成本差异分配计算表

2020年5月

材料名称	差异分配率算式	差异分配率
C材料		
D材料		

材料成本差异分配率计算公式：

$$\frac{\text{月初结存材料成本差异额}+\text{本月收入材料成本差异额}}{\text{月初结存材料计划成本}+\text{本月收入材料计划成本}}\times 100\%$$

单据 3-10-2/2

材料成本差异分配计算表

2020年5月

用途	耗用材料	计划成本	材料成本差异率	材料成本差异	备注
生产产品	C材料				
	D材料				
车间一般耗用	C材料				

三、实训要求

1. 根据光华有限责任公司期初资料开设材料采购、原材料、材料成本差异等总分类账及所需明细分类账户。(其他账户免登。)

(1) 原材料采用数量金额式账页。

(2) 材料采购、材料成本差异采用专用账页。

2. 根据公司当月发生的各项经济业务，填制记账凭证，并将原始单据附于凭证后面。

3. 审核记账凭证，并根据审核无误的记账凭证登记有关明细账。

4. 编制记账凭证，直接登记总账。

四、实训所需材料

序号	种类	数量	备注
1	记账凭证	12 张	通用记账凭证或者用下列会计分录纸代替记账凭证
2	三栏式总账	3 页	单面计算
3	材料采购明细账	2 页	单面计算
4	材料成本差异明细账	2 页	单面计算
5	数量金额式明细账	2 页	单面计算

1. 会计分录纸(代替记账凭证)

序号	摘要	会计科目	明细科目	记账	借方金额	贷方金额

续表

序号	摘要	会计科目	明细科目	记账	借方金额	贷方金额

2. 总账

总 分 类 账

会计科目＿＿＿＿＿＿

年		凭证		摘要	对方科目	借方									贷方									借或贷	余额								
月	日	种类	号数			百	十	万	千	百	十	元	角	分	百	十	万	千	百	十	元	角	分		百	十	万	千	百	十	元	角	分

总 分 类 账

会计科目＿＿＿＿＿＿

年		凭证		摘要	对方科目	借方									贷方									借或贷	余额								
月	日	种类	号数			百	十	万	千	百	十	元	角	分	百	十	万	千	百	十	元	角	分		百	十	万	千	百	十	元	角	分

总分类账

会计科目________

年		凭证		摘要	对方科目	借方									贷方									借或贷	余额								
月	日	种类	号数			百	十	万	千	百	十	元	角	分	百	十	万	千	百	十	元	角	分		百	十	万	千	百	十	元	角	分

总分类账

会计科目________

年		凭证		摘要	对方科目	借方									贷方									借或贷	余额								
月	日	种类	号数			百	十	万	千	百	十	元	角	分	百	十	万	千	百	十	元	角	分		百	十	万	千	百	十	元	角	分

3. 材料采购明细账

材料采购　　　　明细账

<table>
<tr><th colspan="2">年</th><th rowspan="3">凭单号</th><th rowspan="3">摘 要</th><th rowspan="3">供货单位</th><th colspan="32">借方（实际成本）</th><th colspan="2">年</th><th rowspan="3">凭单号</th><th rowspan="3">摘 要</th><th colspan="24">贷方（计划成本）</th><th colspan="8" rowspan="2">成本差异</th></tr>
<tr><th rowspan="2">月</th><th rowspan="2">日</th><th colspan="8">买价</th><th colspan="8">运杂费</th><th colspan="8">其他</th><th colspan="8">合计</th><th rowspan="2">月</th><th rowspan="2">日</th><th colspan="8">计划成本</th><th colspan="8">其他</th><th colspan="8">合计</th></tr>
<tr><th>十</th><th>万</th><th>千</th><th>百</th><th>十</th><th>元</th><th>角</th><th>分</th><th>十</th><th>万</th><th>千</th><th>百</th><th>十</th><th>元</th><th>角</th><th>分</th><th>十</th><th>万</th><th>千</th><th>百</th><th>十</th><th>元</th><th>角</th><th>分</th><th>十</th><th>万</th><th>千</th><th>百</th><th>十</th><th>元</th><th>角</th><th>分</th><th>十</th><th>万</th><th>千</th><th>百</th><th>十</th><th>元</th><th>角</th><th>分</th><th>十</th><th>万</th><th>千</th><th>百</th><th>十</th><th>元</th><th>角</th><th>分</th><th>十</th><th>万</th><th>千</th><th>百</th><th>十</th><th>元</th><th>角</th><th>分</th><th>十</th><th>万</th><th>千</th><th>百</th><th>十</th><th>元</th><th>角</th><th>分</th></tr>
<tr><td></td><td></td><td></td><td></td><td></td><td></td><td></td><td></td><td></td><td></td><td></td><td></td><td></td><td></td><td></td><td></td><td></td><td></td><td></td><td></td><td></td><td></td><td></td><td></td><td></td><td></td><td></td><td></td><td></td><td></td><td></td><td></td><td></td><td></td><td></td><td></td><td></td><td></td><td></td><td></td><td></td><td></td><td></td><td></td><td></td><td></td><td></td><td></td><td></td><td></td><td></td><td></td><td></td><td></td><td></td><td></td><td></td><td></td><td></td><td></td><td></td><td></td><td></td><td></td><td></td><td></td><td></td><td></td><td></td><td></td><td></td><td></td><td></td></tr>
</table>

材料采购明细账登记

材料采购　　明细账

年		凭单号	摘要	供货单位	借方（实际成本）																																年		凭单号	摘要	贷方（计划成本）																								成本差异							
月	日				买价								运杂费								其他								合计								月	日			计划成本								其他								合计															
					十	万	千	百	十	元	角	分	十	万	千	百	十	元	角	分	十	万	千	百	十	元	角	分	十	万	千	百	十	元	角	分					十	万	千	百	十	元	角	分	十	万	千	百	十	元	角	分	十	万	千	百	十	元	角	分	十	万	千	百	十	元	角	分

材料成本差异
明细账登记

4. 材料成本差异明细账

材料成本差异　　明细账

年		凭单号	摘要	收入																								差异率	发出																					结存																				
				计划成本								借方差异（超支）								贷方差异（节约）									计划成本							借方差异（超支）							贷方差异（节约）							计划成本							借方差异（超支）							贷方差异（节约）						
月	日			十	万	千	百	十	元	角	分	十	万	千	百	十	元	角	分	十	万	千	百	十	元	角	分		万	千	百	十	元	角	分	万	千	百	十	元	角	分	万	千	百	十	元	角	分	万	千	百	十	元	角	分	万	千	百	十	元	角	分	万	千	百	十	元	角	分

材料成本差异　　　明细账

<table>
<tr><th colspan="2">年</th><th rowspan="2">凭单号</th><th rowspan="3">摘　要</th><th colspan="24">收入</th><th rowspan="3">差异率</th><th colspan="21">发出</th><th colspan="21">结存</th></tr>
<tr><th rowspan="2">月</th><th rowspan="2">日</th><th colspan="8">计划成本</th><th colspan="8">借方差异（超支）</th><th colspan="8">贷方差异（节约）</th><th colspan="7">计划成本</th><th colspan="7">借方差异（超支）</th><th colspan="7">贷方差异（节约）</th><th colspan="7">计划成本</th><th colspan="7">借方差异（超支）</th><th colspan="7">贷方差异（节约）</th></tr>
<tr><th></th><th>十</th><th>万</th><th>千</th><th>百</th><th>十</th><th>元</th><th>角</th><th>分</th><th>十</th><th>万</th><th>千</th><th>百</th><th>十</th><th>元</th><th>角</th><th>分</th><th>十</th><th>万</th><th>千</th><th>百</th><th>十</th><th>元</th><th>角</th><th>分</th><th>万</th><th>千</th><th>百</th><th>十</th><th>元</th><th>角</th><th>分</th><th>万</th><th>千</th><th>百</th><th>十</th><th>元</th><th>角</th><th>分</th><th>万</th><th>千</th><th>百</th><th>十</th><th>元</th><th>角</th><th>分</th><th>万</th><th>千</th><th>百</th><th>十</th><th>元</th><th>角</th><th>分</th><th>万</th><th>千</th><th>百</th><th>十</th><th>元</th><th>角</th><th>分</th><th>万</th><th>千</th><th>百</th><th>十</th><th>元</th><th>角</th><th>分</th></tr>
</table>

5. 数量金额式明细账

最高储存量________

最低储存量________

________明细账

编号________　规格________　品名________　　　　单位________

年		凭证		摘要	借方											贷方											结存										
月	日	种类	号数		数量	单价	百	十	万	千	百	十	元	角	分	数量	单价	百	十	万	千	百	十	元	角	分	数量	单价	百	十	万	千	百	十	元	角	分

明细账

最高储存量________

最低储存量________

编号________ 规格________ 品名________ 单位________

年		凭证		摘要	借方											贷方											结存										
月	日	种类	号数		数量	单价	百	十	万	千	百	十	元	角	分	数量	单价	百	十	万	千	百	十	元	角	分	数量	单价	百	十	万	千	百	十	元	角	分

五、实训答案

记账凭证

材料采购明细账

材料成本差异明细账

原材料明细账

材料采购、原材料、材料成本差异总账

实训四 金融资产及长期股权投资核算实训

一、实训目的

能正确地填制和审核金融资产和长期股权投资业务的原始凭证，并能正确地填制记账凭证。

二、实训资料

（一）光华有限责任公司 2018—2020 年发生的部分投资业务

1. 光华有限责任公司为了提高闲置资金的收益率，利用闲置资金以赚取差价为目的从二级市场上购买股票。公司在齐鲁证券公司开设了资金账户，委托齐鲁证券公司买卖股票。股票交易税费包括印花税、佣金、过户费等。印花税为交易金额的 1‰；证券公司佣金按成交金额的 3‰收取；过户费为成交股票面值的 1‰（最低 1 元）。为了简化核算，公司在每年的 6 月 30 日和 12 月 31 日对交易性金融资产的公允价值进行调整。

2. 光华有限责任公司与华联实业有限责任公司（以下简称“华联公司”）签订股权增资协议书，以货币资金购买华联公司的股票 4 000 000 股，每股 1 元，其中每股价格中包含已宣告尚未分派的现金股利 0.1 元，占华联公司 51% 的股份，并准备长期持有，该公司股份不存在公开交易的市场。

3. 光华有限责任公司以银行存款 2 000 万元购入鲁华电子设备有限公司 40 万股股份，占鲁华电子设备有限公司 30% 的股份，对鲁华电子设备有限公司的财务和经营政策具有重大影响。

（二）2018—2019 年该公司有关业务原始凭证（见单据 4-1 ～单据 4-12）

单据 4-1-1/1

ICBC 中国工商银行　　凭证

业务回单（付款）

币别：人民币　　2018年04月01日　　回单编号：162360005740

付款人户名：光华有限责任公司　　付款人开户行：工商银行东海支行

付款人账号（卡号）：16030058363803366

收款人户名：光华有限责任公司　　收款人开户行：齐鲁证券公司

收款人账号（卡号）：16010247090245888888

金额：壹佰伍拾万元整　　小写：1 500 000.00元

业务（产品种类）：同城转账　　凭证种类：000000　　凭证号码：000000

摘要：转款　　用途：准备购买股票

交易机构：0165780021　　记账柜员：00024　　交易代码：3324　　渠道：网上银行

客户备注：

本回单为第1次打印，注意重复　　打印日期：2018年04月01日　　打印柜员：9　　验证码：254328847656

（印章：中国工商银行股份有限公司东海支行　自助回单机专用章（01））

单据 4-2-1/1

2018年04月20日　　**成交过户交割单**

股东编号：	A127 896 321（存）	成交证券：	海通证券（股票代码600837）
电脑代号：	147 258	成交数量：	10 000（股）
股票代码：	369	成交价格：	22.40
申请编号：	999	成交金额：	224 000.00
申报时间：	10:42:22	标准佣金：	672.00
成交时间：	10:46:20	过户费用：	10.00
上次余额：	0(股)	印花税：	0.00
本次买入：	10 000(股)		
本次卖出：	0(股)	应付金额：	224 682.00
本次库存：	10 000(股)	实付金额：	224 682.00
经办单位：		客户签章：	

（印章：齐鲁证券有限责任公司；光华有限责任公司财务专用章）

单据 4-3-1/2

海通证券股份有限公司
2017年度利润分配实施公告

本公司及董事会全体成员保证公告内容的真实、准确和完整，对公告的虚假记载、误导性陈述或者重大遗漏负连带责任。

重要内容提示：

每股派发现金红利人民币0.25元（含税），每10股派发现金红利人民币2.50元（含税）。

扣税前每股现金红利人民币0.25元，扣税后A股个人股东和证券投资基金每股现金红利人民币0.237 5元、A股合格境外机构投资者（“QFII”）股东每股现金红利 人民币0.225元（若适用）、沪股通香港市场投资者（包括企业和个人）股东每股现金红利人民币0.225元。

股权登记日：2018年7月3日。

除息日及现金红利发放日：2018年7月6日。

H股股东的现金红利发放不适用本公告。

……

2018年6月21日

单据 4-3-2/2

应收股利计算表

2018年06月21日　　单位：元

投资项目	持有份数	每股现金股利	应收股利
海通证券股票	10 000股	0.237 5	2 375.00
合计			2 375.00

主管：赵一　　制表：张力

单据 4-4-1/1

成交过户交割单

2018年06月22日

股东编号：	A127 896 321（存）	成交证券：	海通证券（股票代码600837）
电脑代号：	147 258	成交数量：	20 000（股）
公司代码：	369	成交价格：	26.50
申请编号：	999	成交金额：	530 000.00
申报时间：	9:45:22	标准佣金：	1 590.00
成交时间：	9:[illegible]20	过户费用：	20.00
上次余额：	10 000(股)	印花税：	0.00
本次买入：	20 000(股)		
本次卖出：	0(股)	应付金额：	531 610.00
本次库存：	30 000(股)	实付金额：	531 610.00
经办单位：		客户签章：	

齐鲁证券有限责任公司　光华有限责任公司 财务专用章

注：购入价款中含已宣告发放但尚未领取的股票股利。

单据 4-5-1/1

交易性金融资产公允价值变动损益计算表

2018年6月30日　　单位：元

投资项目	持有份数	单位市价	账面成本	市价总额	公允价值变动账户余额	应确认损益
合计						

主管：　　制表：

注：2018年6月30日，假设海通证券收盘价每股21.80元。

单据 4-6-1/1

成交过户交割单

2018年07月06日

股东编号：	A127 896 321（存）	成交证券：	海通证券（股票代码600837）
电脑代号：	147 258	成交数量：	30 000（股）
公司代号：	369	成交价格：	0.237 5
申请编号：	999	成交金额：	7 125.00
申报时间：	10:20:22	标准佣金：	
成交时间：	10:21:20	过户费用：	
上次余额：		印花税：	0.00
本次买入：			
本次卖出：		应收金额：	7 125.00
本次库存：		实收金额：	7 125.00
经办单位：		客户签章：	

齐鲁证券有限责任公司　光华有限责任公司 财务专用章

注：收到海通证券发放的2018年度现金股利。

单据 4-7-1/1

2018年09月20日	成交过户交割单		
股东编号：	A127 896 321（存）	成交证券：	海通证券（股票代码600837）
电脑代号：	147 258	成交数量：	6 000（股）
公司代号：	369	成交价格：	24.80
申请编号：	999	成交金额：	148 800.00
申报时间：	9:[illegible]:57	标准佣金：	446.40
成交时间：	9:34:00	过户费用：	6.00
上次余额：	30 000（股）	印花税：	148.80
本次买入：	0（股）		
本次卖出：	6 000（股）	应收金额：	148 198.80
本次库存：	24 000（股）	实收金额：	148 198.80
经办单位：	客户签章：		

齐鲁证券有限责任公司

华有限责任公司 财务专用章

注：收到海通证券发放的 2017 年现金股利。

单据 4-8-1/1

交易性金融资产公允价值变动计算表

2018年12月31日　　单位：元

投资项目	持有份数	单位市价	账面成本	市价总额	公允价值变动账户余额	应确认损益
海通证券股票						
合计						

主管：　　复核：　　制表：

注：2018 年 12 月 31 日，假设海通证券收盘价每股 25.80 元。

单据 4-9-1/2

股权增资协议书

2019年5月28日，由光华有限责任公司（以下简称“光华公司”）以货币资金购买华联实业有限责任公司（以下简称“华联公司”）的股票4 000 000股，每股1元，其中每股价格中包含已宣告尚未分派的现金股利0.1元，占华联公司51%的股份，并准备长期持有，该公司股份不存在公开交易的市场。华联公司应按光华公司所占股份，根据董事会决议给以分配红利。光华公司应按所占股份比例承担华联公司的亏损额。

本协议自签字之日起生效，若一方违约，按有关法律条款处理。

投资方

单位名称（章）：光华有限责任公司

开户银行：工商银行东海支行

账号：16030058363803366

单位地址：山东省东海市南京路677号

电话：0198-27606068

法人代表：鲁进印跃

日期：2019年05月28日

接受投资方

单位名称（章）：华联实业有限责任公司

开户银行：中国建设银行济南市长清支行

账号：6227003878733333331

单位地址：山东省济南市长清区清河街58号

电话：0531-82407578

法人代表：路山印天

日期：2019年05月28日

单据 4-9-2/2

ICBC 中国工商银行　凭证

业务回单（付款）

币别：人民币　2019年05月28日　回单编号：1623600578412

付款人户名：光华有限责任公司　付款人开户行：工商银行东海支行

付款人账号（卡号）：16030058363803366

收款人户名：华联实业有限责任公司　收款人开户行：中国建设银行济南市长清支行

收款人账号（卡号）：6227003878733333331

金额：肆仟万元整　小写：40 000 000.00元

业务（产品种类）：同城转账　凭证种类：000000　凭证号码：000000

摘要：转款　用途：购买公司股份

交易机构：0165780021　记账柜员：00024　交易代码：3324　渠道：网上银行

客户备注：

本回单为第1次打印，注意重复　打印日期：2019年05月28日　打印柜员：9　验证码：254328857841

（印章：中国工商银行股份有限公司东海支行 自助回单机专用章 (01)）

注：华联实业有限责任公司2019年5月9日宣布分配2018年度的现金股利，每股0.15元，并于6月20日发放。

单据 4-10-1/2

股权增资协议书

2019年6月3日，光华有限责任公司以银行存款2 000万元购入鲁华电子设备有限公司40万股股份，占鲁华电子设备有限公司30%的股份，对鲁华电子设备有限公司的财务和经营政策具有重大影响。鲁华电子设备有限公司应按光华有限责任公司所占股份，根据董事会决议给以分配红利。光华有限责任公司应按所占股份比例承担鲁华电子设备有限公司的亏损额。

本协议自签字之日起生效，若一方违约，按有关法律条款处理。

投资方	接受投资方
单位名称（章）：光华有限责任公司	单位名称（章）：鲁华电子设备有限公司
开户银行：中国工商银行东海支行	开户银行：中国工商银行淄博市支行
账号：16030058363803366	账号：6220264445556636[illegible]
单位地址：东海市南京路677号	单位地址：山东省淄博市中心路158号
电话：0198-27606068	电话：0533-37899999
法人代表：鲁进跃印	法人代表：刘江长印
2019年06月03日	2019年06月03日

提示：采用权益法核算

单据 4-10-2/2

ICBC 中国工商银行　　凭证

业务回单（付款）

币别：人民币　　2019年06月03日　　回单编号：162360004722

付款人户名：光华有限责任公司　　付款人开户行：工商银行东海支行

付款人账号（卡号）：16030058363803366

收款人户名：鲁华电子设备有限公司　　收款人开户行：中国工商银行淄博市支行

收款人账号（卡号）：6220264445556366363

金额：贰仟万元整　　小写：20 000 000.00元

业务（产品种类）：异地转账　　凭证种类：000000　　凭证号码：000000

摘要：转款　　用途：购买公司股份

交易机构：0165780021　　记账柜员：00024　　交易代码：3324　　渠道：网上银行

客户备注：

（印章：中国工商银行股份有限公司东海支行 自助回单机专用章（01））

本回单为第1次打印，注意重复　　打印日期：2019年06月03日　　打印柜员：9　　验证码：25432885786

单据 4-11-1/1

长期股权投资损益调整表

2019年12月31日

公司名称	2019年净损益	持股比例	确认收益
鲁华电子设备有限公司	1 500 000	30%	450 000

注：对鲁华电子设备有限公司的长期股权投资采用权益法核算。

主管：赵一　　审核：于得水　　制表人：张力

单据 4-12-1/2

股权转让协议书

今由光华有限责任公司与济南祺瑞有限责任公司（以下简称“祺瑞公司”）签订协议，将其所持有的鲁华电子设备有限公司的30%股权全部转让给祺瑞公司。股权转让协议如下：

（1）股权转让协议在经光华有限责任公司和祺瑞公司的临时股东大会批准后生效；

（2）股权转让价款总额为2 100万元，协议生效日祺瑞公司支付股权转让价款总额的80%，股权过户手续办理完成支付股权转让价款总额的20%。

本协议自签字之日起生效，若一方违约，按有关法律条款处理。

转让方	接受转让方
单位名称（章）：光华有限责任公司	单位名称（章）：济南祺瑞有限责任公司
开户银行：工行山东省分行东海支行	开户银行：中国农业银行济南无影山路支行
账号：1603005836380366	账号：6228009222283333333
单位地址：东海市南京路677号	单位地址：山东省济南市无影山路478号
电话：0198-27606068	电话：0531-84074977
法人代表：鲁跃 进印	法人代表：赵文 超印
2020年06月30日	2020年06月30日

单据 4-12-2/2

ICBC 中国工商银行　　凭证

业务回单（收款）

币别：人民币　2020年06月30日　回单编号：162360009787

付款人户名：济南祺瑞有限责任公司　付款人开户行：中国农业银行济南无影山路支行

付款人账号（卡号）：6228009222283333333

收款人户名：光华有限责任公司　收款人开户行：齐鲁证券公司

收款人账号（卡号）：1601024709024588888

金额：贰仟壹佰万元整　小写：21 000 000.00元

业务（产品种类）：同城转账　凭证种类：000000　凭证号码：000000

摘要：转款　用途：购买股权

交易机构：0165780021　记账柜员：00024　交易代码：3324　渠道：网上银行

客户备注：

中国工商银行股份有限公司齐鲁证券公司 自助回单机专用章（01）

本回单为第1次打印，注意重复　打印日期：2020年06月30日　打印柜员：9　验证码：25433768542

三、实训要求

根据公司当月发生的各项经济业务填制记账凭证，并将原始单据附于记账凭证后面。

四、所需实训材料

序号	种类	数量	备注
	记账凭证	13 张	通用记账凭证或者用下列会计分录纸代替记账凭证

会计分录纸（代替记账凭证）

序号	摘要	会计科目	明细科目	记账	借方金额	贷方金额

续表

序号	摘要	会计科目	明细科目	记账	借方金额	贷方金额

五、实训答案

实训四答案

实训五

固定资产核算实训

一、实训目的

能正确地审核固定资产核算业务的原始凭证，能正确地编制固定资产折旧计算表并编制记账凭证。

二、实训资料

（一）公司概况

光华有限责任公司是增值税一般纳税人，增值税税率为 13%，有关情况如下。

出纳：丁凡；会计：张力；主管：赵一。

开户银行：工商银行东海支行；行号：37930。

账号：16030058363803366。

统一社会信用代码：913506030011122285。

联系电话：0198-27606068。

公司地址：东海市南京路 677 号。

（二）6 月有关总账账户期初余额（见表 5-1）

表 5-1

账户名称	期初余额
固定资产	20 000 000.00
固定资产清理	
累计折旧	850 000.00
在建工程——自营仓库工程	206 000.00 （其中材料费 120 000.00, 人工费 50 000.00, 其他费用 36 000.00）
工程物资	340 000.00

（三）有关固定资产的核算方法

固定资产采用平均年限法计提折旧，工程物资采用实际成本核算。

（四）6 月发生的有关经济业务（见单据 5-1 ~单据 5-17）

单据 5-1-1/4

ICBC 中国工商银行 凭证

业务回单（付款）

币别：人民币 2020年06月02日 回单编号：162360008674

付款人户名：光华有限责任公司 付款人开户行：工商银行东海支行

付款人账号（卡号）：16030058363803366

收款人户名：华洋电子设备厂 收款人开户行：农业银行南京路支行

收款人账号（卡号）：16061205867212

金额：壹拾万零伍仟叁佰元整 小写：105 300.00元

业务（产品种类）：同城转账 凭证种类：000000 凭证号码：000000

摘要：转款 用途：付购买电子设备款

交易机构：0165780021 记账柜员：00016 交易代码：3347 渠道：网上银行

客户备注：

本回单为第1次打印，注意重复 打印日期：2020年06月02日 打印柜员：9 验证码：25432847851

（印章：中国工商银行股份有限公司东海支行 自助回单机专用章（01））

单据 5-1-2/4

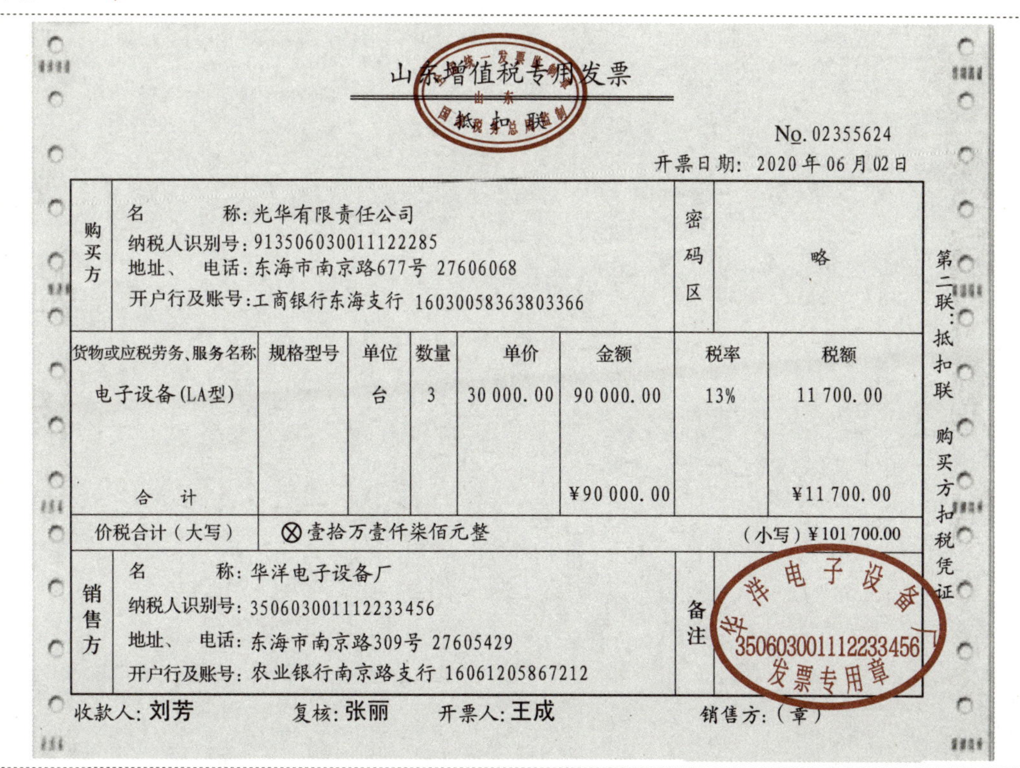

山东增值税专用发票

抵扣联

No. 02355624

开票日期：2020 年 06 月 02 日

购买方	名称：光华有限责任公司 纳税人识别号：913506030011122285 地址、电话：东海市南京路677号 27606068 开户行及账号：工商银行东海支行 16030058363803366					密码区	略
货物或应税劳务、服务名称	规格型号	单位	数量	单价	金额	税率	税额
电子设备(LA型)		台	3	30 000.00	90 000.00	13%	11 700.00
合计					¥90 000.00		¥11 700.00
价税合计（大写）	⊗壹拾万壹仟柒佰元整						（小写）¥101 700.00
销售方	名称：华洋电子设备厂 纳税人识别号：350603001112233456 地址、电话：东海市南京路309号 27605429 开户行及账号：农业银行南京路支行 16061205867212					备注	（印章：华洋电子设备厂 350603001112233456 发票专用章）

第二联：抵扣联 购买方扣税凭证

收款人：刘芳 复核：张丽 开票人：王成 销售方：（章）

单据 5-1-3/4

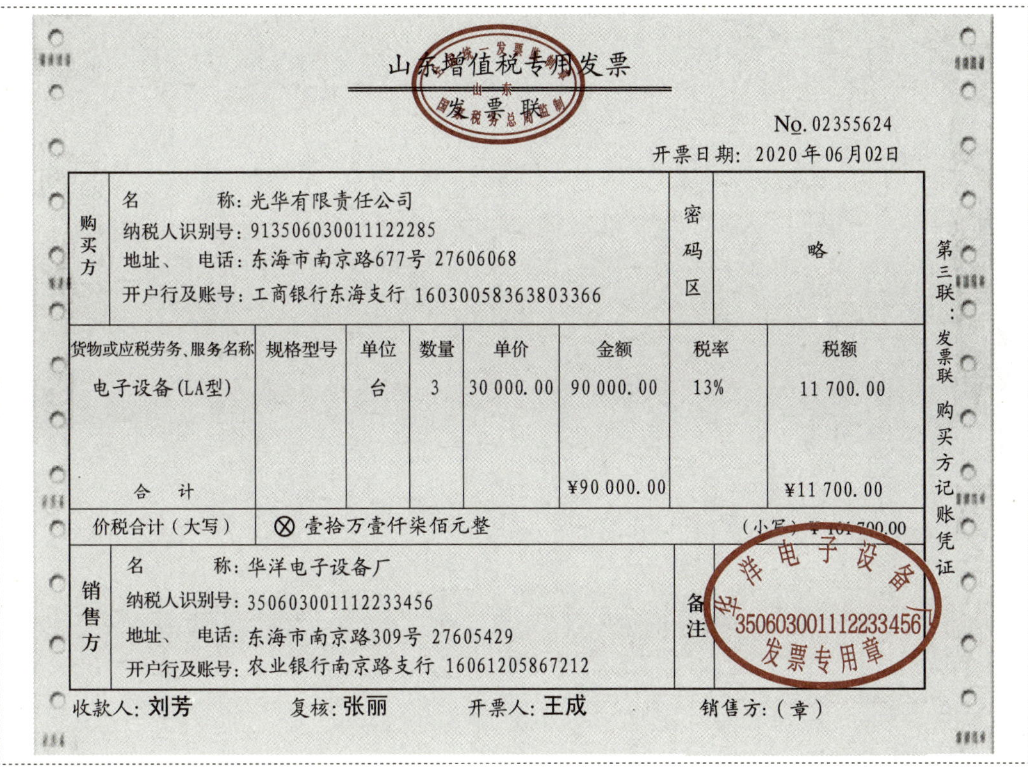

山东增值税专用发票

发票联

No. 02355624

开票日期：2020年06月02日

购买方	名　　称：光华有限责任公司 纳税人识别号：913506030011122285 地址、电话：东海市南京路677号 27606068 开户行及账号：工商银行东海支行 16030058363803366	密码区	略

货物或应税劳务、服务名称	规格型号	单位	数量	单价	金额	税率	税额
电子设备（LA型）		台	3	30 000.00	90 000.00	13%	11 700.00
合　计					¥90 000.00		¥11 700.00
价税合计（大写）	⊗壹拾万壹仟柒佰元整					（小写）¥101 700.00	

销售方	名　　称：华洋电子设备厂 纳税人识别号：350603001112233456 地址、电话：东海市南京路309号 27605429 开户行及账号：农业银行南京路支行 16061205867212	备注	

收款人：刘芳　　复核：张丽　　开票人：王成　　销售方：（章）

第三联：发票联　购买方记账凭证

单据 5-1-4/4

固定资产交接（验收）单

2020年6月2日

固定资产编号	名称	规格	型号	计量单位	数量	建造单位	建造编号	资金来源	附属技术资料
	生产车间		（LA型）	台	3	华洋电子设备厂			
总价（净值）	土建工程费	设备费	安装费	运杂费	包装费	其他	合计	预计年限	净残值率
								5	4%
附属设备或建筑						原值	90 000.00	已提折旧	
验收意见	合格，交生产使用	验收人签章		洪明		保管使用人签章		李力 王庆 张伟	

单据 5-2-1/3

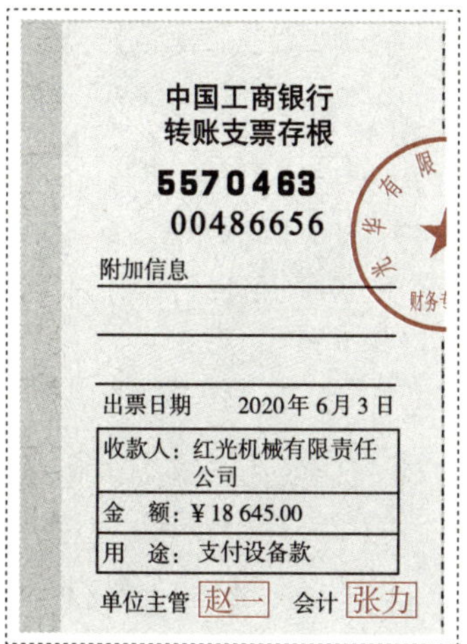

中国工商银行
转账支票存根
5570463
00486656
附加信息

出票日期 2020年6月3日

收款人：	红光机械有限责任公司
金 额：	¥18 645.00
用 途：	支付设备款

单位主管 赵一 会计 张力

单据 5-2-2/3

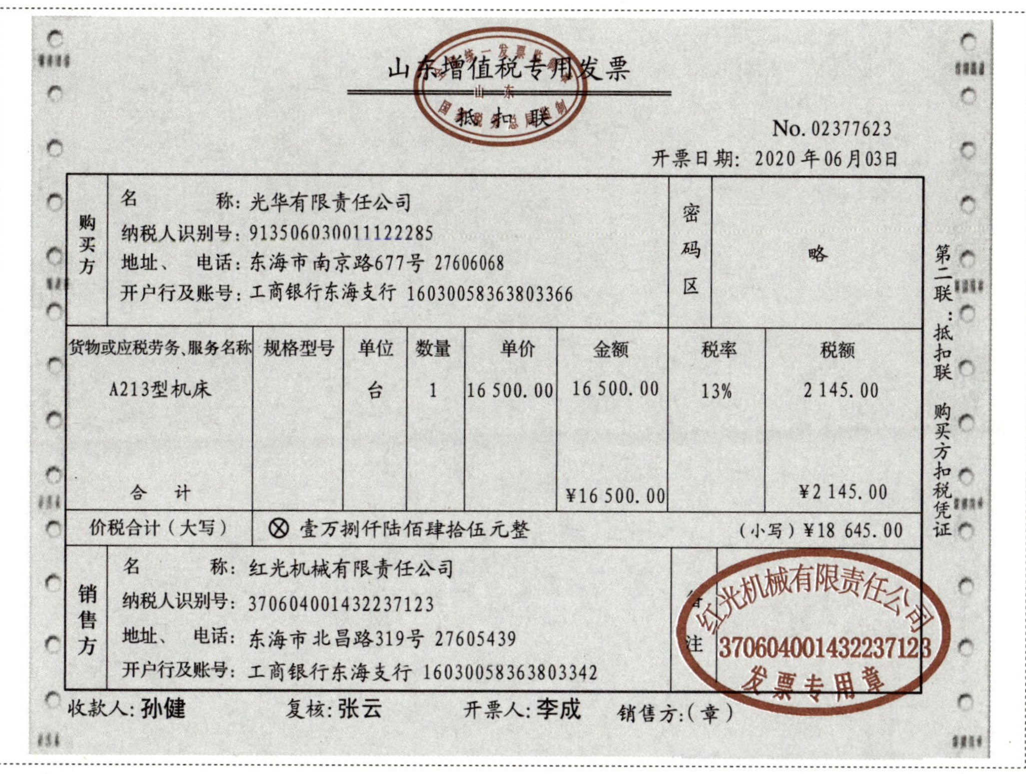

山东增值税专用发票

抵扣联

No. 02377623

开票日期：2020年06月03日

购买方	名称：光华有限责任公司 纳税人识别号：913506030011122285 地址、电话：东海市南京路677号 27606068 开户行及账号：工商银行东海支行 16030058363803366					密码区	略
货物或应税劳务、服务名称	规格型号	单位	数量	单价	金额	税率	税额
A213型机床		台	1	16 500.00	16 500.00	13%	2 145.00
合 计					¥16 500.00		¥2 145.00
价税合计（大写）	⊗ 壹万捌仟陆佰肆拾伍元整						（小写）¥18 645.00
销售方	名称：红光机械有限责任公司 纳税人识别号：370604001432237123 地址、电话：东海市北昌路319号 27605439 开户行及账号：工商银行东海支行 16030058363803342					备注	红光机械有限责任公司 370604001432237123 发票专用章

收款人：孙健 复核：张云 开票人：李成 销售方：（章）

第二联：抵扣联 购买方扣税凭证

单据 5-2-3/3

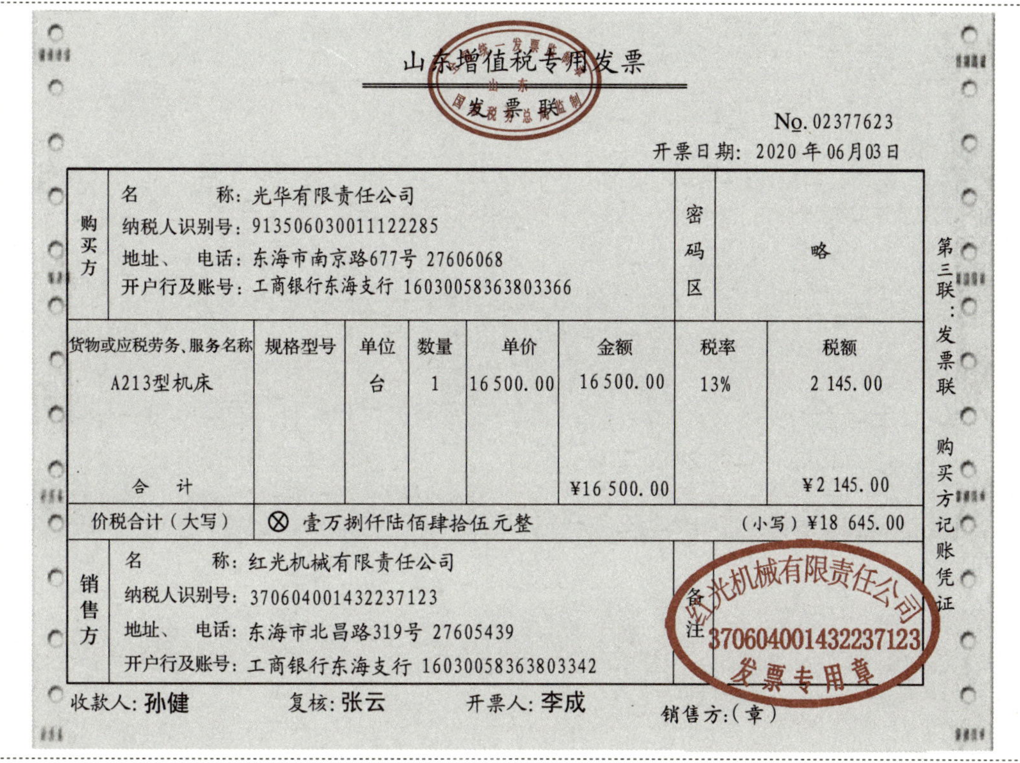

山东增值税专用发票

发票联

No. 02377623

开票日期：2020 年 06 月 03 日

购买方	名　　称：光华有限责任公司 纳税人识别号：913506030011122285 地址、电话：东海市南京路677号 27606068 开户行及账号：工商银行东海支行 16030058363803366					密码区	略
货物或应税劳务、服务名称	规格型号	单位	数量	单价	金额	税率	税额
A213型机床		台	1	16 500.00	16 500.00	13%	2 145.00
合　计					¥16 500.00		¥2 145.00
价税合计（大写）	⊗ 壹万捌仟陆佰肆拾伍元整						（小写）¥18 645.00
销售方	名　　称：红光机械有限责任公司 纳税人识别号：370604001432237123 地址、电话：东海市北昌路319号 27605439 开户行及账号：工商银行东海支行 16030058363803342					备注	

收款人：孙健　　复核：张云　　开票人：李成　　销售方：（章）

第三联：发票联　购买方记账凭证

单据 5-3-1/3

中国工商银行
转账支票存根

5570464
00486657

附加信息

出票日期　2020 年 6 月 8 日

收款人：东海市建筑安装有限责任公司

金　额：¥1 438.80

用　途：支付设备安装款

单位主管 赵一　会计 张力

单据 5-3-2/3

山东增值税专用发票

抵　扣　联

No. 0627855

开票日期：2020 年 06 月 08 日

购买方	名　　称：光华有限责任公司 纳税人识别号：913506030011122285 地址、电话：东海市南京路677号 27606068 开户行及账号：工商银行东海支行 16030058363803366					密码区	略
货物或应税劳务、服务名称	规格型号	单位	数量	单价	金额	税率	税额
设备安装费					1 320.00	9%	118.80
合　计					¥1 320.00		¥118.80
价税合计（大写）	⊗壹仟肆佰叁拾捌元捌角整					（小写）¥1 438.80	
销售方	名　　称：东海市建筑安装有限责任公司 纳税人识别号：913506030001112220 地址、电话：山东省东海市西城区西城路687号 3464251 开户行及账号：工商银行东海西城分行 62220457025768463					备注	东海市建筑安装有限责任公司 913506030001112220 发票专用章

收款人：王景阳　复核：李华成　开票人：姜海涛　销售方：（章）

第二联：抵扣联　购买方扣税凭证

单据 5-3-3/3

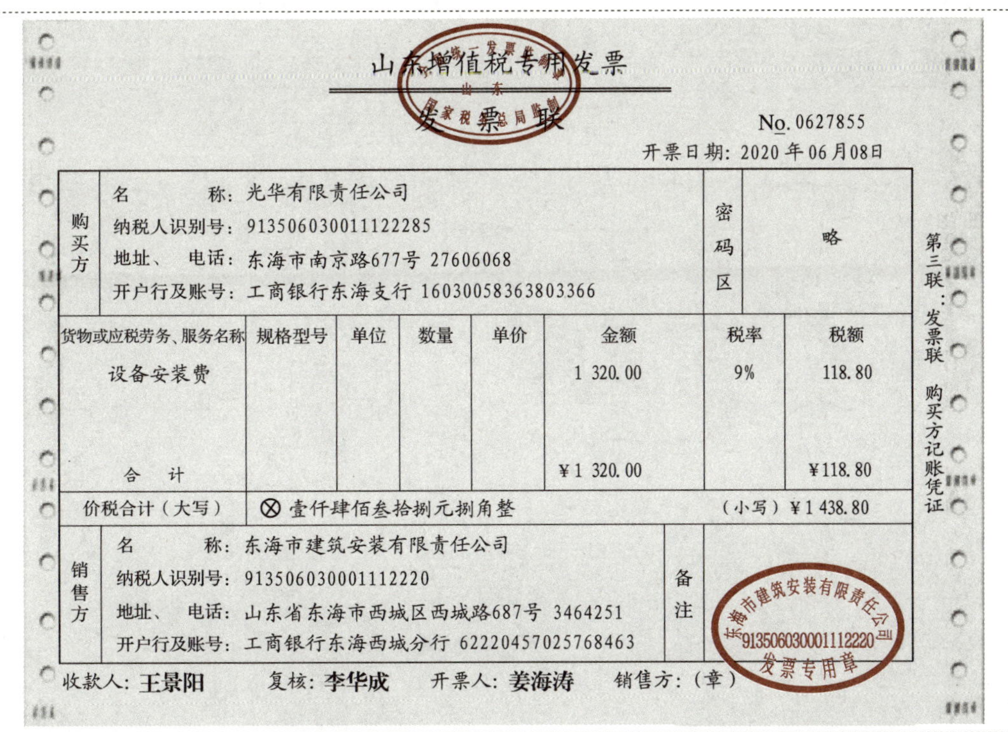

山东增值税专用发票

发　票　联

No. 0627855

开票日期：2020 年 06 月 08 日

购买方	名　　称：光华有限责任公司 纳税人识别号：913506030011122285 地址、电话：东海市南京路677号 27606068 开户行及账号：工商银行东海支行 16030058363803366					密码区	略
货物或应税劳务、服务名称	规格型号	单位	数量	单价	金额	税率	税额
设备安装费					1 320.00	9%	118.80
合　计					¥1 320.00		¥118.80
价税合计（大写）	⊗壹仟肆佰叁拾捌元捌角整					（小写）¥1 438.80	
销售方	名　　称：东海市建筑安装有限责任公司 纳税人识别号：913506030001112220 地址、电话：山东省东海市西城区西城路687号 3464251 开户行及账号：工商银行东海西城分行 62220457025768463					备注	东海市建筑安装有限责任公司 913506030001112220 发票专用章

收款人：王景阳　复核：李华成　开票人：姜海涛　销售方：（章）

第三联：发票联　购买方记账凭证

单据 5-4-1/1

固定资产交接（验收）单

2020年6月8日

固定资产编号	名称	规格	型号	计量单位	数量	建造单位	建造编号	资金来源	附属技术资料
20-7	机床			台	1			自有	
总价（净值）	土建工程费	设备费	安装费	运杂费	包装费	其他	合计	预计年限	净残值率
		16 500.00	1 320.00				17 820.00	10	5%
	附属设备或建筑					原值		已提折旧	
验收意见	合格、生产使用	验收人签章		王一		保管使用人签章		张雨	

（印章：××市建筑安装有限责任公司 财务专用章）

单据 5-5-1/3

工程物资领料单

编号：1

2020年6月9日

发料仓库	工程物资库	用途	自营仓库工程				
领料单位	工程队						
器材编号	物资名称	规格型号	单位	数量		实际价格	
				请领	实发	单价	总价
101-1	水泥	300#	千克	24 000	24 000	1.00	24 000.00
供应		发料 柳涛	领料单位主管	陈思	领料	胡凝	

三、转财务核算

单据 5-5-2/3

工程物资领料单

编号：2

2020 年 6 月 9 日

发料仓库	工程物资库	用途	自营仓库工程					
领料单位	工程队							
器材编号	物资名称	规格型号		单位	数量		实际价格	
					请领	实发	单价	总价
101-2	白灰			千克	5 000	5 000	1.80	9 000.00
供应		发料	柳　涛	领料单位主管	陈　思	领料	胡　凝	

三、转财务核算

单据 5-5-3/3

工程物资领料单

编号：3

2020 年 6 月 9 日

发料仓库	工程物资库	用途	自营仓库工程					
领料单位	工程队							
器材编号	物资名称	规格型号		单位	数量		实际价格	
					请领	实发	单价	总价
101-3	细砂			千克	10 000	10 000	1.20	12 000.00
供应		发料	柳　涛	领料单位主管	陈　思	领料	胡　凝	

三、转财务核算

单据 5-6-1/3

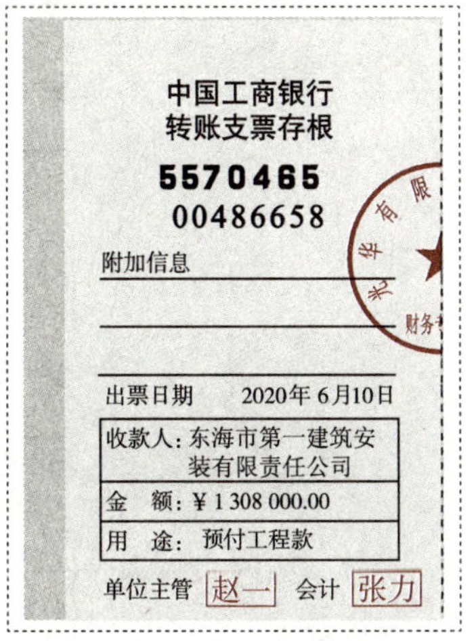
中国工商银行
转账支票存根
5570465
00486658
附加信息

出票日期　2020年 6月10日

收款人：东海市第一建筑安装有限责任公司

金　额：¥ 1 308 000.00

用　途：预付工程款

单位主管 赵一　会计 张力

单据 5-6-2/3

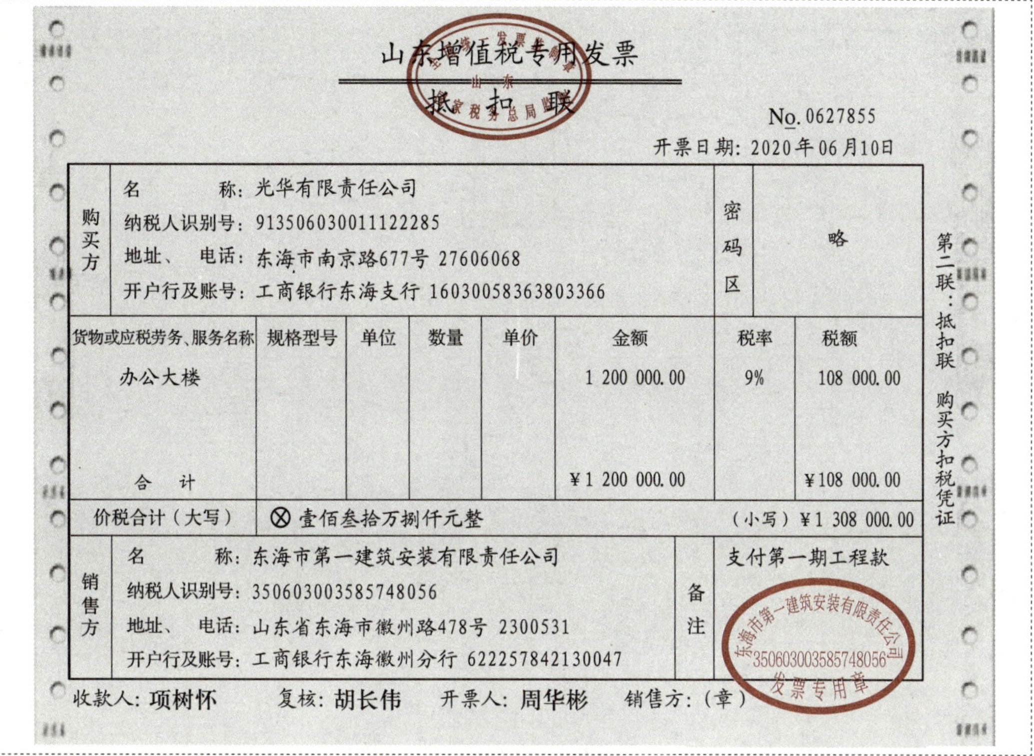

山东增值税专用发票

抵　扣　联

No. 0627855

开票日期：2020年06月10日

购买方	名　　称：光华有限责任公司 纳税人识别号：913506030011122285 地址、电话：东海市南京路677号 27606068 开户行及账号：工商银行东海支行 16030058363803366	密码区	略

货物或应税劳务、服务名称	规格型号	单位	数量	单价	金额	税率	税额
办公大楼					1 200 000.00	9%	108 000.00
合　计					¥1 200 000.00		¥108 000.00
价税合计（大写）	⊗ 壹佰叁拾万捌仟元整					（小写）¥1 308 000.00	

销售方	名　　称：东海市第一建筑安装有限责任公司 纳税人识别号：350603003585748056 地址、电话：山东省东海市徽州路478号 2300531 开户行及账号：工商银行东海徽州分行 622257842130047	备注	支付第一期工程款 东海市第一建筑安装有限责任公司 350603003585748056 发票专用章

收款人：项树怀　　复核：胡长伟　　开票人：周华彬　　销售方：（章）

第二联：抵扣联　购买方扣税凭证

单据 5-6-3/3

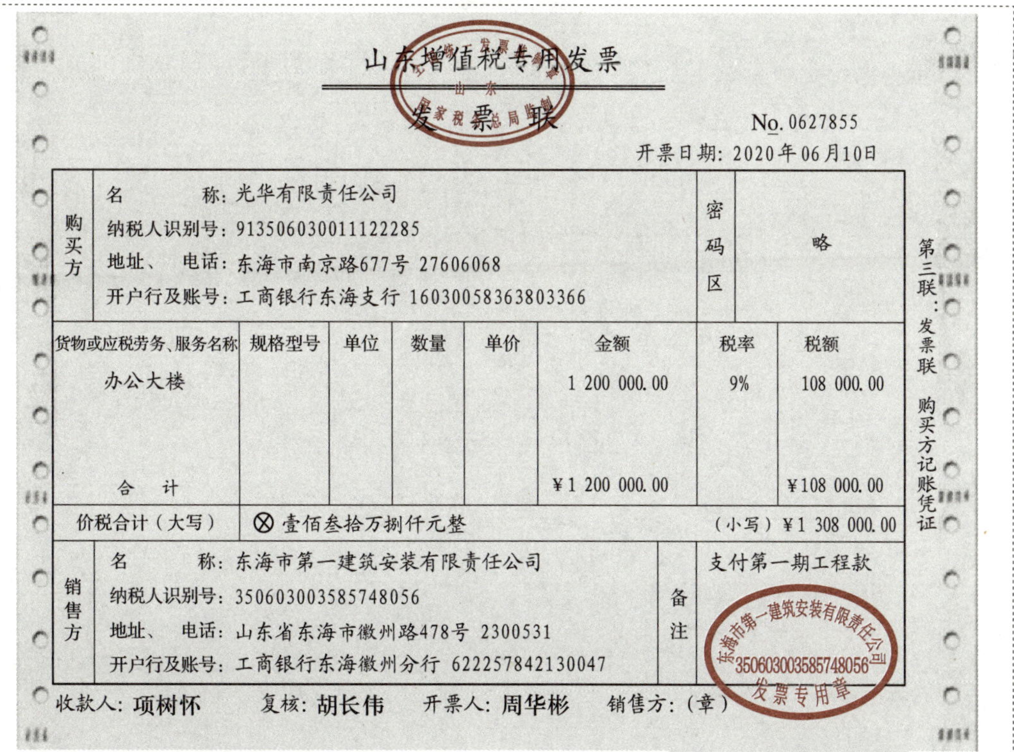

山东增值税专用发票

发　票　联

No. 0627855

开票日期：2020年06月10日

购买方	名　　称：光华有限责任公司 纳税人识别号：913506030011122285 地址、电话：东海市南京路677号 27606068 开户行及账号：工商银行东海支行 16030058363803366	密码区	略

货物或应税劳务、服务名称	规格型号	单位	数量	单价	金额	税率	税额
办公大楼					1 200 000.00	9%	108 000.00
合　计					¥1 200 000.00		¥108 000.00
价税合计（大写）	⊗ 壹佰叁拾万捌仟元整					（小写）¥1 308 000.00	

销售方	名　　称：东海市第一建筑安装有限责任公司 纳税人识别号：350603003585748056 地址、电话：山东省东海市徽州路478号 2300531 开户行及账号：工商银行东海徽州分行 622257842130047	备注	支付第一期工程款 东海市第一建筑安装有限责任公司 350603003585748056 发票专用章

收款人：项树怀　　复核：胡长伟　　开票人：周华彬　　销售方：（章）

第三联：发票联　购买方记账凭证

单据 5-7-1/2

工程物资领料单

编号：4

2020 年 6 月 12日

发料仓库	工程物资库	用途	自营仓库工程					
领料单位	工程队							
器材编号	物资名称	规格型号		单位	数量		实际价格	
					请领	实发	单价	总价
102-1	油漆	白色		桶	15	15	280.00	4 200.00
供应		发料	柳涛	领料单位主管	陈思	领料	石淼	

三、转财务核算

单据 5-7-2/2

工程物资领料单

编号：5

2020 年 6 月 12日

发料仓库	工程物资库	用途	自营仓库工程					
领料单位	工程队							
器材编号	物资名称	规格型号		单位	数量		实际价格	
					请领	实发	单价	总价
102-2	涂料			桶	20	20	200.00	4 000.00
供应		发料	柳涛	领料单位主管	陈思	领料	石淼	

三、转财务核算

单据 5-8-1/1

应付职工薪酬分配计算表

2020 年 6 月 20 日

班组	应付工资总额
第一建筑小组	28 000.00
第二建筑小组	30 000.00
工程管理人员	50 000.00
合计	108 000.00

记账　　　　复核　　　　制单 王加齐

单据 5-9-1/1

应付工程耗用水电费及其他费用分配表

2020 年 6 月 20 日

工程部门：自营仓库工程

项目	金额
水费	7 830.00
电费	91 467.00
其他有关费用	6 023.00
合计	105 320.00

记账　　复核　　制单 王加齐

单据 5-10-1/2

工程成本计算单

2020 年 6 月 20 日

工程部门：自营仓库工程　　单位：元

成本项目	工程物资	人工费	其他费用	合计
材料费				
人工费				
其他费用				
合　计				

会计主管：赵一　　审核：　　制单：

单据 5-10-2/2

固定资产交接（验收）单

2020年 6 月21日

固定资产编号	名称	规格	型号	计量单位	数量	建造单位	建造编号	资金来源	附属技术资料
20-1	成品仓库			座	1	本厂		自有	
总价（净值）	土建工程费	设备费	安装费	运杂费	包装费	其他	合计	预计年限	净残值率
								30	5%
附属设备或建筑						原值		已提折旧	
验收意见	合格，交销售科使用	验收人签章		王 丽		保管使用人签章		曹山	

单据 5-11-1/4

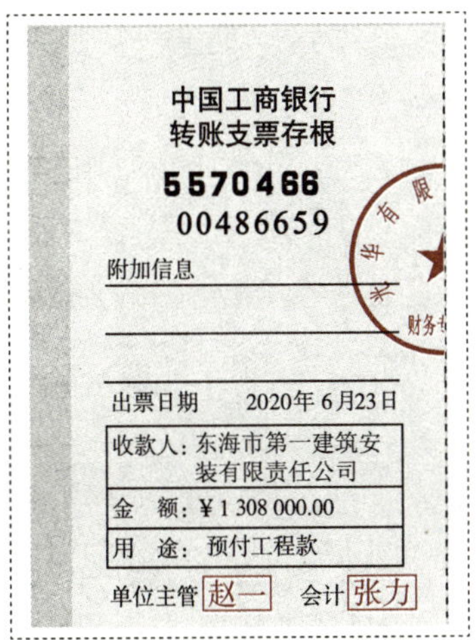

中国工商银行
转账支票存根
5570466
00486659
附加信息

出票日期　2020年6月23日

收款人:	东海市第一建筑安装有限责任公司
金　额:	¥1 308 000.00
用　途:	预付工程款

单位主管 赵一　会计 张力

单据 5-11-2/4

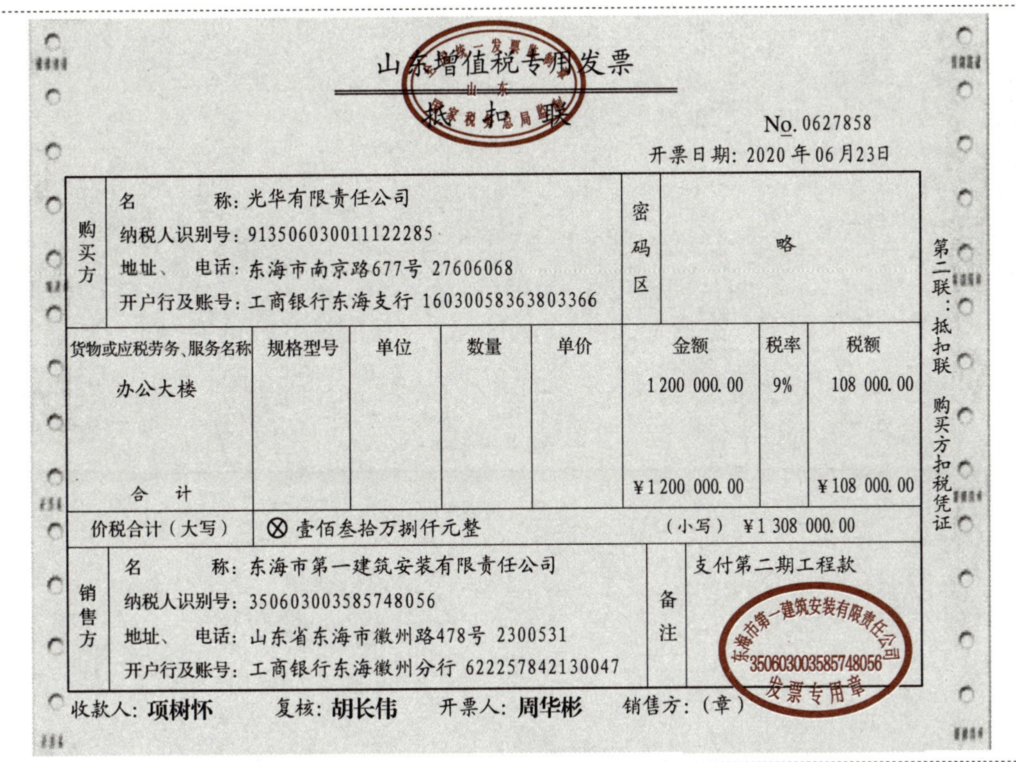

山东增值税专用发票

抵　扣　联

No. 0627858

开票日期: 2020年06月23日

购买方	名　称: 光华有限责任公司 纳税人识别号: 913506030011122285 地址、电话: 东海市南京路677号 27606068 开户行及账号: 工商银行东海支行 16030058363803366	密码区	略				
货物或应税劳务、服务名称	规格型号	单位	数量	单价	金额	税率	税额
办公大楼					1 200 000.00	9%	108 000.00
合　计					¥1 200 000.00		¥108 000.00
价税合计（大写）	⊗壹佰叁拾万捌仟元整				（小写）¥1 308 000.00		
销售方	名　称: 东海市第一建筑安装有限责任公司 纳税人识别号: 350603003585748056 地址、电话: 山东省东海市徽州路478号 2300531 开户行及账号: 工商银行东海徽州分行 622257842130047	备注	支付第二期工程款				

收款人: 项树怀　复核: 胡长伟　开票人: 周华彬　销售方:（章）

第二联：抵扣联　购买方扣税凭证

单据 5-11-3/4

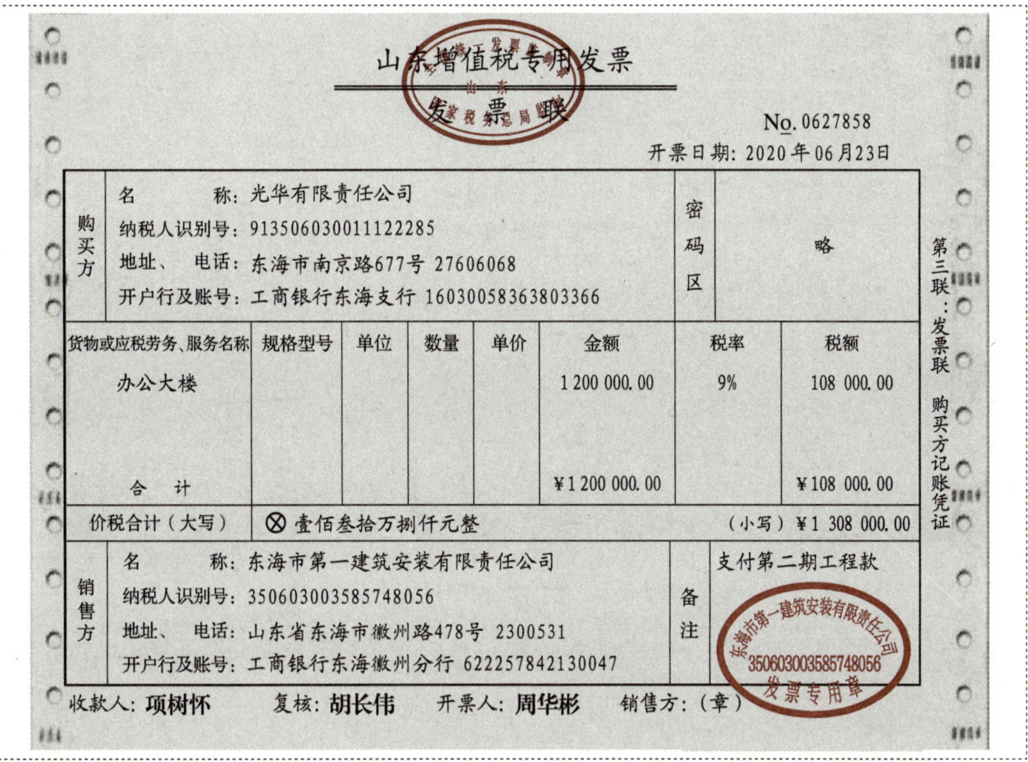

山东增值税专用发票

发　票　联

No. 0627858

开票日期：2020 年 06 月23日

购买方	名　称：光华有限责任公司 纳税人识别号：913506030011122285 地址、电话：东海市南京路677号 27606068 开户行及账号：工商银行东海支行 16030058363803366					密码区	略
货物或应税劳务、服务名称	规格型号	单位	数量	单价	金额	税率	税额
办公大楼					1 200 000.00	9%	108 000.00
合　计					¥1 200 000.00		¥108 000.00
价税合计（大写）	⊗壹佰叁拾万捌仟元整					（小写）	¥1 308 000.00
销售方	名　称：东海市第一建筑安装有限责任公司 纳税人识别号：350603003585748056 地址、电话：山东省东海市徽州路478号 2300531 开户行及账号：工商银行东海徽州分行 622257842130047					备注	支付第二期工程款

收款人：项树怀　　复核：胡长伟　　开票人：周华彬　　销售方：（章）

第三联：发票联　购买方记账凭证

单据 5-11-4/4

固定资产交接（验收）单

2020 年 6 月23 日

固定资产编号	名称	规格	型号	计量单位	数量	建造单位	建造编号	资金来源	附属技术资料
	办公大楼			座	1	东海市第一建筑公司		自有	
总价（净值）	土建工程费	设备费	安装费	运杂费	包装费	其他	合计	预计年限	净残值率
								30	5%
附属设备或建筑						原值	2 400 000.00	已提折旧	
验收意见	合格，交生产使用	验收人签章		杨光		保管使用人签章		张冰	

单据 5-12-1/1

接受捐赠固定资产登记表（代入账凭证）

2020 年 6 月 24 日　　字第　号

捐赠单位（人）：外商			接受捐赠日期：2017年6月24日	
接受捐赠固定资产	名称	原值（或评估价）	预计使用年限	已提折旧
	货车	150 000.00	30	
备注	全新		人民币合计（大写）：壹拾伍万元整	

接受单位　　主管：赵一　　会计：张力　　制表：胡云

单据 5-13-1/4

闲置废旧设备有偿转让评估划价表

2020 年 6 月 25 日

设备名称	A-102机床			数量	1台
原值	120 000.00	净值	40 000.00	处理价值	36 000.00
部门主管	专业技术管理科		专业技术管理科	经办人	
王伟	李强		孙江	刘清	

单据 5-13-2/4

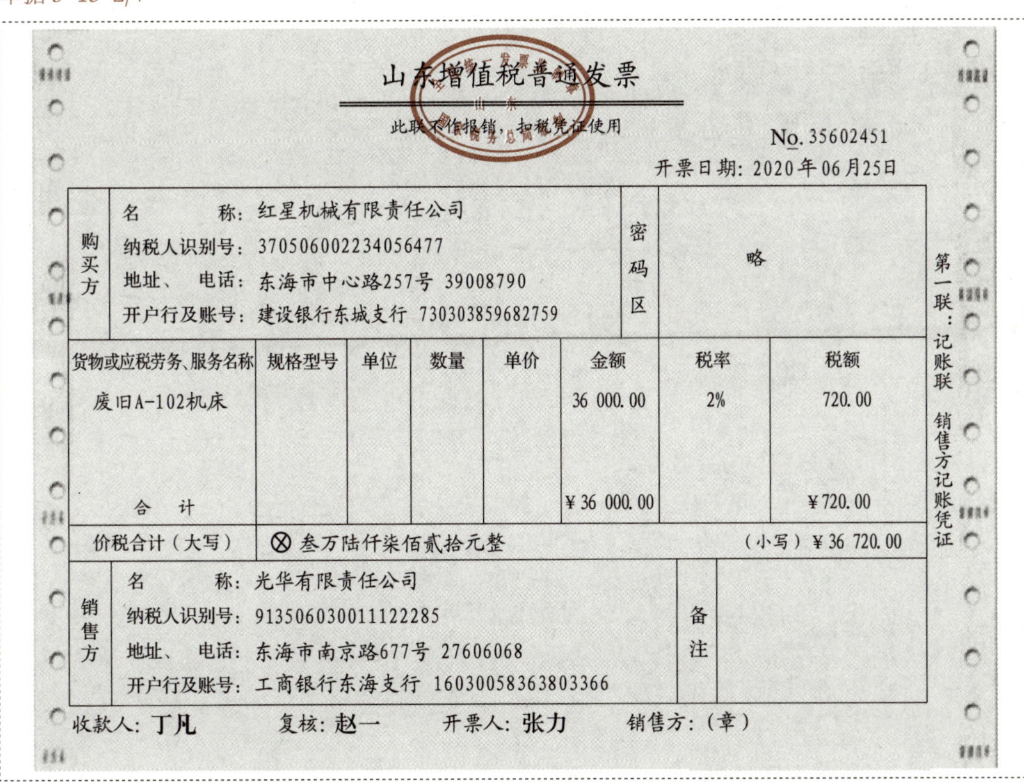

山东增值税普通发票

此联不作报销、扣税凭证使用

No. 35602451

开票日期：2020年06月25日

购买方	名称：红星机械有限责任公司 纳税人识别号：370506002234056477 地址、电话：东海市中心路257号 39008790 开户行及账号：建设银行东城支行 730303859682759				密码区	略	
货物或应税劳务、服务名称	规格型号	单位	数量	单价	金额	税率	税额
废旧A-102机床					36 000.00	2%	720.00
合　计					¥36 000.00		¥720.00
价税合计（大写）	⊗叁万陆仟柒佰贰拾元整						（小写）¥36 720.00
销售方	名称：光华有限责任公司 纳税人识别号：913506030011122285 地址、电话：东海市南京路677号 27606068 开户行及账号：工商银行东海支行 16030058363803366				备注		

收款人：丁凡　　复核：赵一　　开票人：张力　　销售方：（章）

第一联：记账联　销售方记账凭证

单据 5-13-3/4

中国工商银行进账单（收账通知） 3

№89723452

2020年6月25日 第138号

<table>
<tr><td rowspan="3">付款人</td><td>全　称</td><td>红星机械有限责任公司</td><td rowspan="3">收款人</td><td>全　称</td><td colspan="10">光华有限责任公司</td></tr>
<tr><td>账　号</td><td>730303859682759</td><td>账　号</td><td colspan="10">16030058363803366</td></tr>
<tr><td>开户银行</td><td>建设银行东城支行</td><td>开户银行</td><td colspan="10">工商银行东海支行</td></tr>
<tr><td rowspan="2">人民币（大写）</td><td colspan="4" rowspan="2">叁万陆仟柒佰贰拾元整</td><td>千</td><td>百</td><td>十</td><td>万</td><td>千</td><td>百</td><td>十</td><td>元</td><td>角</td><td>分</td></tr>
<tr><td></td><td></td><td>¥</td><td>3</td><td>6</td><td>7</td><td>2</td><td>0</td><td>0</td><td>0</td></tr>
<tr><td colspan="2">票据种类</td><td>转账支票</td><td colspan="12" rowspan="3">中国工商银行股份有限公司东海支行
2020.06.25
核算用章（1）

收款单位开户行盖章</td></tr>
<tr><td colspan="2">票据张数</td><td>1</td></tr>
<tr><td colspan="3">单位主管　　会计　　复核　　记账</td></tr>
</table>

此联是收款人开户银行交给收款人的收账通知

单据 5-13-4/4

固定资产清理损益计算表

2020年6月25 日

<table>
<tr><td>清理项目</td><td>A-102机床</td><td>清理原因</td><td>不需用</td></tr>
<tr><td colspan="2">固定资产清理借方发生额</td><td colspan="2">固定资产清理贷方发生额</td></tr>
<tr><td>清理支出内容</td><td>金额</td><td>清理收入内容</td><td>金额</td></tr>
<tr><td>固定资产净值</td><td>40 000.00</td><td>出售固定资产价款</td><td>36 720.00</td></tr>
<tr><td></td><td></td><td></td><td></td></tr>
<tr><td>借方合计</td><td>40 000.00</td><td>贷方合计</td><td>36 720.00</td></tr>
<tr><td colspan="4">固定资产清理 净收益/净损失 金额：人民币肆仟元整</td></tr>
</table>

复核　　　　制单 方华

单据 5-14-1/3

固定资产拆除报废申请单

单位：生产车间　　2020年6月27日　　第012号

固定资产名称	规格型号	单位	数量	预计使用年限	已使用年限	原值	已提折旧	预计净残值率
机床	A-107	台	1	10	10	160 000	156 800	2%
报废原因	已达到使用年限，不能继续使用 经办人：刘清							
技术鉴定意见	同意报废 鉴定负责人：李强							
审批意见	使用部门			固定资产管理部门			主管领导	
	同意 负责人：刘水			同意 负责人：柳涛			同意 签章：孙达	

单据 5-14-2/3

收　料　单

2020年6月27日　　第12号

供货户名：生产车间		发票号												
材料名称	送验数量	实收数量	单价	金额										
				千	百	十	万	千	百	十	元	角	分	
废旧A-107机床残料									6	0	0	0	0	
人民币合计（大写）陆佰元整								¥	6	0	0	0	0	
备注：			验收人签章											

会计：张力　出纳：丁凡　复核：赵一　记账：　制单：张梅

第二联　会计部门

单据 5-14-3/3

固定资产清理损益计算表

2020年6月27日

清理项目	A-107机床	清理原因	报废
固定资产清理借方发生额		固定资产清理贷方发生额	
清理支出内容	金额	清理收入内容	金额
固定资产净值	3 200.00	出售固定资产价款	600.00
借方合计	3 200.00	贷方合计	600.00
固定资产清理 ~~净收益~~ 净损失　金额：人民币贰仟陆佰元整			

复核　　　　制单 方华

单据 5-15-1/1

固定资产盘点盈亏报告表

2020年6月30日

固定资产名称	固定资产型号规格	盘盈		盘亏			原因
		数量	重置成本	数量	原始价值	已提折旧	
电子设备	A-116	1	5 000.00				账外资产
处理意见	清查小组	设备部门		领导审批			
	调整账面价值并报批 签章：吕 树	设备内部转移手续不完备所致 签章：于红叶		同意按以前年度损益调整处理。 签章： 2020年6月30日			

第一联　报批前记账

复核：　　　　制表：于 方

单据 5-16-1/1

固定资产盘点盈亏报告表

2020年6月30日

固定资产名称	固定资产型号规格	盘盈			盘亏			原因
		数量	重置价值	估计折旧	数量	原始价值	已提折旧	
笔记本电脑	联想				1	4 500.00	1 700.00	
处理意见	清查小组		设备部门		领导审批			
	调整账面价值并报批 签章：吕 树		内部转移手续不完备所致 签章：于红叶		同意转作营业外支出 签章：王一立　2020年6月30日			

第二联 报批后记账

复核：　　　制表：于 方

单据 5-17-1/1

固定资产折旧计算汇总表

2020年6月　　单位：元

使用部门	固定资产类别	上月计提折旧额	上月增加的固定资产应计提的折旧额	上月减少的固定资产应计提的折旧额	本月应计提的折旧额	备注
一车间	房屋及建筑物	3 000		500	2 500	
	机器设备	7 000	300		7 300	
	小计	10 000	300	500	9 800	
二车间	房屋及建筑物	2 000	200		2 200	
	机器设备	5 000		300	4 700	
	小计	7 000	200	300	6 900	
管理部门	房屋及建筑物	800		500	300	
	机器设备	200	100		300	
	小计	1 000	100	500	600	
合计		18 000	600	1 300	17 300	

复核：赵 一　　　制表：张 力

三、实训要求

根据上述经济业务的原始凭证编制记账凭证。

四、所需实训材料

序号	种类	数量	备注
	记账凭证	22 张	通用记账凭证或者用下列会计分录纸代替记账凭证

会计分录纸（代替记账凭证）

序号	摘要	会计科目	明细科目	记账	借方金额	贷方金额

续表

序号	摘要	会计科目	明细科目	记账	借方金额	贷方金额

五、实训答案

实训五答案

实训六

应付职工薪酬核算实训

一、实训目的

能正确地编制职工薪酬结算单、职工薪酬结算表及汇总表、职工薪酬费用分配表、社会保险及有关费用提存表，能够胜任职工薪酬核算岗位的会计工作。

二、实训资料

（一）光华有限责任公司职工薪酬核算基本情况

1. 实行职工计件薪酬制，各车间、工段生产工人的计件工资额由企管科根据完成的生产任务等有关资料计算后，通知财务科职工薪酬核算员，由职工薪酬核算员按工段、车间分别编制“职工薪酬结算单（表）”，作为职工薪酬核算的原始依据。

2. 各生产车间生产一种产品的，生产工人的职工薪酬作为直接费用，记入该产品“基本生产成本明细账”的直接人工项目；生产多种产品的，生产工人的职工薪酬作为间接费用，按各产品定额工时比例分配记入。

3. 二车间各产品定额工时为：甲产品 30 000 工时，乙产品 3 500 工时。

4. 企业负担的社会保险及有关费用提存比例为：养老保险 20%，医疗保险 10%，失业保险 1.5%，工伤保险 0.8%，生育保险 0.8%，住房公积金 8%，工会经费 2%，职工教育经费为 8%。

（二）2020 年 9 月有关工资计算和核算的资料（见单据 6–1 ～单据 6–4）

单据 6–1

工资、补贴通知单

财务科：

现将一车间二工段生产工人计件工资额和经常性生产奖金通知如下，请以此为依据，计算各工人本月应付工资。

2020 年 9 月　　单位：元

序号	姓名	基本工资	补贴	序号	姓名	基本工资	补贴
1	张卫华	4 500.00	900.00	6	李平平	4 500.00	900.00
2	赵永生	3 970.00	794.00	7	曾庆伟	5 150.00	1 030.00
3	张永红	3 502.00	700.40	8	邢雨茜	3 530.00	706.00
4	魏　平	4 463.00	892.60	9	刘立成	4 510.00	902.00
5	蒋雪儿	5 463.00	1 092.60	10	汤玛丽	5 475.00	1 095.00

部门负责人：张伟　　考勤员：冯兰　　报出日期：9 月 4 日

（其他车间的工资、补贴通知单略）

单据 6–2

职工个人负担的款项及个人所得税

单位：一车间　　2020 年 9 月　　单位：元

项目	姓名	养老保险	代扣医疗保险	代扣失业保险	代扣公积金	代扣个人所得税	代扣水电费	小计
1	张卫华	154.00	102.67	410.67	616.00	58.33	150.85	1 492.52
2	赵永生	115.83	77.22	308.88	463.32	10.83	370.76	1 346.84
3	张永红	171.60	114.40	457.59	686.39	116.99	240.68	1 787.65
4	魏　平	200.84	133.89	535.56	803.34	214.45	280.32	2 168.40
5	蒋雪儿	218.52	145.68	582.72	874.08	273.40	120.68	2 215.08
6	李平平	162.00	108.00	432.00	648.00	85.00	310.74	1 745.74
7	曾庆伟	166.00	110.67	442.67	664.00	98.33	190.25	1 671.92
8	邢雨茜	134.14	89.43	357.71	536.56	29.14	196.45	1 343.43
9	刘立成	216.48	144.32	577.28	865.92	266.60	147.58	2 218.18
10	汤玛丽	229.95	153.30	613.20	919.80	311.50	240.30	2 468.05

单据 6-3

考勤统计表

编报：二工段　　2020 年 9 月

序号	姓名	加班天数	加夜班	病事假天数	备注
1	张卫华	5（其中节日加班 1 天）	1	2	日工资按 21.75 天计算，节假日加班按三薪，夜间加班按双薪，病事假按日工资扣减
2	赵永生	2	2	3	
3	张永红	6（其中节日加班 1 天）	3	1	
4	魏　平	7（其中节日加班 1 天）			
5	蒋雪儿		2		
6	李平平				
7	曾庆伟	2	1		
8	邢雨茜	3		1	
9	刘立成	4（其中节日加班 1 天）	3		
10	汤玛丽	3	2	1	
合计					

部门负责人：张伟　　考勤员：冯兰　　审核单位盖章：二工段　　报出日期：9 月 30 日

单据 6-4

中国工商银行
现金支票存根
10503710
05146160
附加信息

出票日期　　年　月　日
收款人：
金　额：
用　途：
单位主管 赵一　会计

中国工商银行　现金支票　10503710　05146160

出票日期（大写）　　年　月　日　　付款行名称：
收款人：　　出票人账号：

人民币（大写）	亿	千	百	十	万	千	百	十	元	角	分

付款期限自出票之日起十天

用途＿＿＿＿＿＿　　密码＿＿＿＿＿＿

上列款项请从
我账户内支付
出票人签章　　复核　　记账

三、实训要求

1. 根据有关资料，计算二工段张卫华、赵永生两名工人的应付职工薪酬、代扣款项和实发薪酬，将计算结果填入“职工薪酬结算单”，完成“职工薪酬结算单”的编制工作。

2. 编制一车间“职工薪酬结算汇总表”。

3. 汇编公司“职工薪酬结算汇总表”，并签发现金支票，从银行提现发放职工薪酬，编制有关会计凭证。

4. 根据“职工薪酬结算汇总表”编制“职工薪酬分配表”（分配率保留小数点后 4 位），编制有关会计凭证。

5. 编制“社会保险费及有关经费提存表”（分配率保留小数点后 4 位数字），编制有关会计凭证。

职工薪酬结算单

部门：一车间二工段　　　　2020 年 9 月　　　　单位：元

序号	姓名	应付工资						代扣款项							实发工资
		基本工资	补贴	加班费	夜班费	病事假应扣工资	合计	养老保险	医疗保险	失业保险	住房公积金	个人所得税	水电费	小计	
1	张卫华														
2	赵永生														
3	张永红	3 502.00	700.40	933.87	700.40	116.73	5 719.94	171.60	114.40	457.59	686.39	116.99	240.68	1 787.65	3 932.29
4	魏　平	4 463.00	892.60	1 338.90	0.00	0.00	6 694.50	200.84	133.89	535.56	803.34	214.45	280.32	2 168.40	4 526.10
5	蒋雪儿	5 463.00	1 092.60	0.00	728.40	0.00	7 284.00	218.52	145.68	582.72	874.08	273.40	120.68	2 215.08	5 068.92
6	李平平	4 500.00	900.00	0.00	0.00	0.00	5 400.00	162.00	108.00	432.00	648.00	85.00	310.74	1 745.74	3 654.26
7	曾庆伟	4 150.00	830.00	276.67	276.67	0.00	5 533.34	166.00	110.67	442.67	664.00	98.33	190.25	1 671.92	3 861.42
8	邢雨茜	3 530.00	706.00	353.00	0.00	117.67	4 471.33	134.14	89.43	357.71	536.56	29.14	196.45	1 343.43	3 127.90
9	刘立成	4 510.00	902.00	902.00	902.00	0.00	7 216.00	216.48	144.32	577.28	865.92	266.60	147.58	2 218.18	4 997.82
10	汤玛丽	5 475.00	1 095.00	547.50	730.00	182.50	7 665.00	229.95	153.30	613.20	919.80	311.50	240.30	2 468.05	5 196.45
	合计														

部门主管：　　　　工资核算员：　　　　复核：　　　　编报日期：2020 年 9 月 30 日

职工薪酬结算汇总表

部门：一车间　　2020 年 9 月　　单位：元

部门	人数	应付工资						代扣款项							
		基本工资	补贴	加班费	夜班费	应扣病事假工资	合计	养老保险	医疗保险	失业保险	住房公积金	个人所得税	水电费	小计	实发工资
生产工人															
一工段	25	124 181.10	22 140.00	4 050.00	6 210.00	1 296.00	155 285.10	4 658.55	3 105.70	12 422.81	18 634.21	5 998.32	4 499.74	49 319.33	105 965.77
二工段	10														
三工段	18	82 787.40	14 760.00	2 700.00	4 140.00	864.00	103 523.40	3 105.70	2 070.47	8 281.87	12 422.81	3 998.88	2 999.83	32 879.56	70 643.84
四工段	27	137 381.09	24 493.40	4 480.50	6 870.10	0.00	173 225.09	5 153.74	3 435.83	13 743.31	20 614.96	6 635.92	4 978.04	54 561.80	118 663.29
五工段	20	97 735.13	17 425.00	3 187.50	4 887.50	1 020.00	122 215.13	3 666.45	2 444.30	9 777.21	14 665.82	4 720.90	3 541.46	38 816.14	83 398.99
小计															
管理人员	6	27 089.88	4 829.80	883.50	1 354.70	0.00	34 157.88	1 016.25	677.50	2 710.01	4 065.02	1 308.52	981.61	10 758.91	23 398.97
车间管理	4	16 465.49	2 935.60	537.00	823.40	171.84	20 589.65	617.69	411.79	1 647.17	2 470.76	795.33	596.63	6 539.37	14 050.28
工段管理	2	13 324.17	2 375.54	0.00	0.00	0.00	15 699.71	499.85	333.23	1 332.92	1 999.38	643.60	482.81	5 291.79	10 407.92
小计															
合计															

部门主管：　　工资核算员：　　复核：　　制表：

职工薪酬结算汇总表

2020 年 9 月

单位：元

部门	人数	应付工资						代扣款项							实发工资
		基本工资	补贴	加班费	夜班费	应扣病事假工资	合计	养老保险	医疗保险	失业保险	住房公积金	个人所得税	水电费	小计	
第一车间	生产工人														
	管理人员														
第二车间	生产工人	298 837.80	54 375.12	14 679.92	17 180.16	3 728.68	381 344.32	11 440.33	7 626.89	30 507.55	45 761.32	13 754.14	11 697.81	120 788.04	260 556.28
	管理人员	82 787.40	14 760.00	2 700.00	4 140.00	864.00	103 523.40	3 105.70	2 070.47	8 281.87	12 422.81	3 998.88	2 999.83	32 879.56	70 643.84
第三车间	生产工人	199 225.20	36 250.08	9 786.61	11 453.44	2 485.79	254 229.54	7 626.89	5 084.59	20 338.36	30 507.55	9 169.42	7 798.54	80 525.35	173 704.19
	管理人员	74 735.13	17 425.00	3 187.50	4 887.50	1 020.00	99 215.13	3 666.45	2 444.30	9 777.21	14 665.82	4 720.90	3 541.46	38 816.14	60 398.99
供电车间	生产工人	16 465.49	2 935.60	537.00	823.40	171.84	20 589.65	617.69	411.79	1 647.17	2 470.76	795.33	596.63	6 539.37	14 050.28
	管理人员	13 324.17	2 375.54	0.00	0.00	0.00	15 699.71	499.85	333.23	1 332.92	1 999.38	643.60	482.81	5 291.79	10 407.92
供水车间	生产工人	374 783.16	66 819.34	11 788.50	18 075.70	2 055.84	469 410.86	14 059.69	9 373.12	37 492.49	56 238.74	18 103.15	13 580.38	148 847.57	320 563.29
	管理人员	26 648.34	4 751.08	0.00	0.00	0.00	31 399.42	999.70	666.46	2 665.84	3 998.76	1 287.20	965.62	10 583.58	20 815.84
厂部管理人员		562 174.74	100 229.01	17 682.75	27 113.55	3 083.76	704 116.29	21 089.54	14 059.68	56 238.74	84 358.11	27 154.73	20 370.57	223 271.37	480 844.92
销售人员		331 149.60	59 040.00	10 800.00	16 560.00	3 456.00	414 093.60	12 422.80	8 281.88	33 127.48	49 691.24	15 995.52	11 999.32	131 518.24	282 575.36
在建工程		45 503.63	8 112.75	1 136.40	1 742.48	137.47	56 357.79	1 707.03	1 138.02	4 552.08	6 828.13	2 197.96	1 648.84	18 072.06	38 285.73
合计															

主管：　　　　审核：　　　　制表：

职工薪酬分配表

2020 年 9 月

单位：元

应借账户 \ 项目			生产工人			辅助生产车间人员	基本生产车间管理人员	厂部管理人员	销售人员	在建工程	合 计
			生产工时	分配比例	应付工资						
基本生产成本	一车间	丁产品									
	二车间	甲产品									
		乙产品									
		小计									
	三车间	丙产品									
	小　计										
辅助生产成本	供　电										
	供　水										
	小　计										
制造费用	一车间										
	二车间										
	三车间										
	小计										
管理费用											
销售费用											
在建工程											
合　计											

主管：　　　　审核：　　　　制表：

社会保险费及有关经费提存表

2020 年 9 月

单位：元

应借账户 \ 项目			计提基数	养老保险（20%）	医疗保险（10%）	失业保险（1.5%）	工伤保险（0.8%）	生育保险（0.8%）	住房公积金（8%）	工会经费（2%）	职工教育经费（8%）	合　计
基本生产成本	一车间	丁产品										
	二车间	甲产品										
		乙产品										
		小计										
	三车间	丙产品										
	小　计											
辅助生产成本	供　电											
	供　水											
	小　计											
制造费用	一车间											
	二车间											
	三车间											
	小计											
管理费用												
销售费用												
在建工程												
合　计												

主管：赵一　　审核：　　制表：

四、所需实训材料

序号	种类	数量	备注
	记账凭证	8 张	通用记账凭证或者用下列会计分录纸代替记账凭证

会计分录纸（代替记账凭证）

序号	摘要	会计科目	明细科目	记账	借方金额	贷方金额

续表

序号	摘要	会计科目	明细科目	记账	借方金额	贷方金额

五、实训答案

“职工薪酬结算单”

“职工薪酬结算汇总表”

发放工资及账务处理

“职工薪酬分配表”及账务处理

“社会保险费及有关经费提存表”及账务处理

实训七

应交税费核算实训

一、实训目的

能正确地进行应交税费的计算与核算，编制并审核有关税费计算的原始凭证，编制记账凭证。

二、实训资料

（一）光华有限责任公司 2020 年 9 月 1 日有关账户的余额

应交税费——应交增值税　　0

应交税费——未交增值税　　60 000

（二）光华有限责任公司 2020 年 9 月发生的经济业务（见单据 7-1 ～单据 7-18）

单据 7-1-1/6

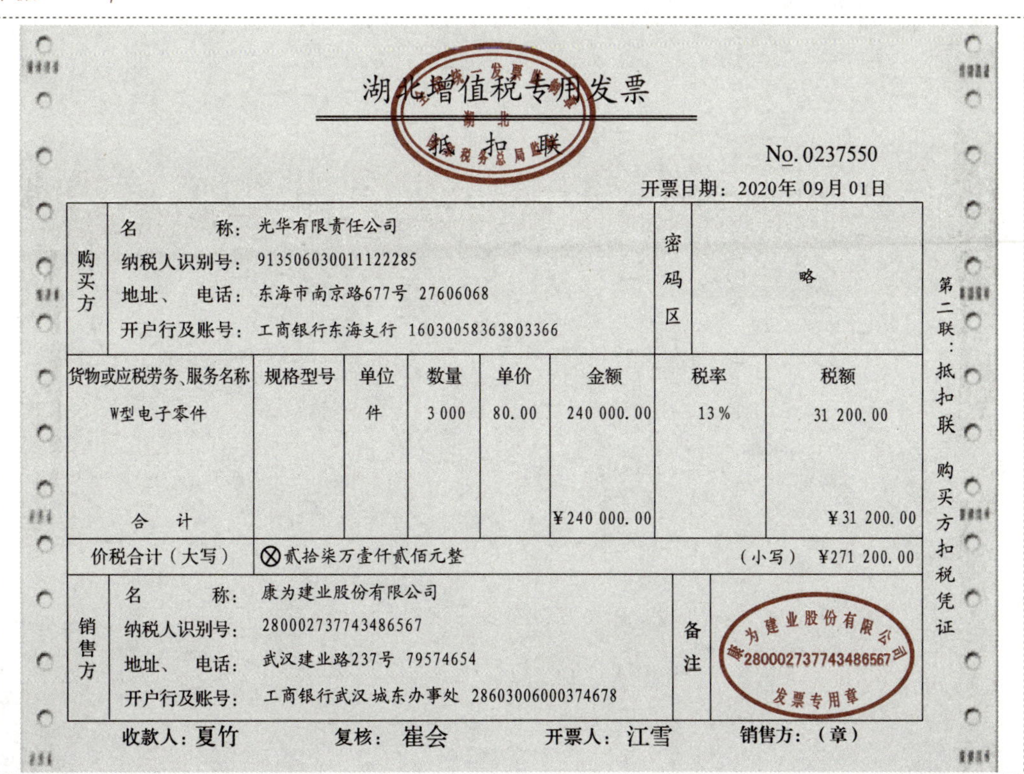

湖北增值税专用发票

抵扣联

No. 0237550

开票日期：2020年 09月 01日

购买方	名称：光华有限责任公司 纳税人识别号：913506030011122285 地址、电话：东海市南京路677号 27606068 开户行及账号：工商银行东海支行 16030058363803366					密码区	略
货物或应税劳务、服务名称	规格型号	单位	数量	单价	金额	税率	税额
W型电子零件		件	3 000	80.00	240 000.00	13%	31 200.00
合　计					¥240 000.00		¥31 200.00
价税合计（大写）	⊗贰拾柒万壹仟贰佰元整					（小写）	¥271 200.00
销售方	名称：康为建业股份有限公司 纳税人识别号：280002737743486567 地址、电话：武汉建业路237号 79574654 开户行及账号：工商银行武汉城东办事处 28603006000374678					备注	

收款人：夏竹　　复核：崔会　　开票人：江雪　　销售方：（章）

第二联：抵扣联　购买方扣税凭证

单据 7-1-2/6

湖北增值税专用发票

发 票 联

No. 0237550

开票日期：2020年 09月01日

购买方	名 称：光华有限责任公司 纳税人识别号：913506030011122285 地址、电话：东海市南京路677号 27606068 开户行及账号：工商银行东海支行 16030058363803366				密码区	略	
货物或应税劳务、服务名称	规格型号	单位	数量	单价	金额	税率	税额
W型电子零件		件	3 000	80.00	240 000.00	13%	31 200.00
合 计					¥240 000.00		¥31 200.00
价税合计（大写）	⊗贰拾柒万壹仟贰佰元整					（小写）	¥271 200.00
销售方	名 称：康为建业股份有限公司 纳税人识别号：280002737743486567 地址、电话：武汉建业路237号 79574654 开户行及账号：工商银行武汉城东办事处 28603006000374678				备注	康为建业股份有限公司 280002737743486567 发票专用章	

收款人：夏竹　　复核：崔会　　开票人：江雪　　销售方：（章）

第三联：发票联 购买方记账凭证

单据 7-1-3/6

湖北增值税专用发票

抵 扣 联

No. 02673845

开票日期：2020年09月01日

购买方	名 称：光华有限责任公司 纳税人识别号：913506030011122285 地址、电话：东海市南京路677号 27606068 开户行及账号：工商银行东海支行 16030058363803366				密码区	略	
货物或应税劳务、服务名称	规格型号	单位	数量	单价	金额	税率	税额
货物运输					6 000.00	9%	540.00
合 计					¥6 000.00		¥540.00
价税合计（大写）	⊗陆仟伍佰肆拾元整					（小写）	¥6 540.00
销售方	名 称：湖北省货路路通运输有限责任公司 纳税人识别号：937006000037482108 地址、电话：湖北省武汉市武昌区顺通路125号 3467125 开户行及账号：工商银行武昌分行 62220007852400247				备注	武汉市到东海市，鲁E57863J，W型电子零件 湖北省货路路通运输有限责任公司 937006000037482108 发票专用章	

收款人：刘海清　　复核：钱友河　　开票人：钟欣怡　　销售方：（章）

第二联：抵扣联 购买方扣税凭证

单据 7-1-4/6

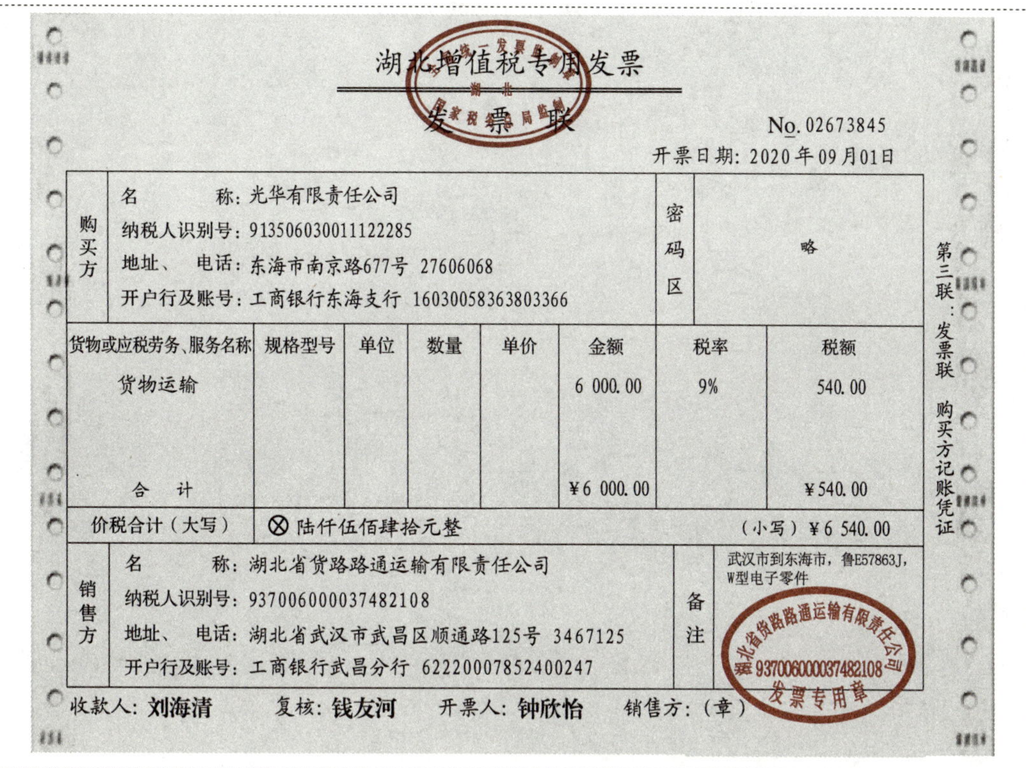

湖北增值税专用发票

发票联

No. 02673845

开票日期：2020年09月01日

购买方	名　　称：光华有限责任公司 纳税人识别号：913506030011122285 地址、电话：东海市南京路677号 27606068 开户行及账号：工商银行东海支行 16030058363803366
密码区	略

货物或应税劳务、服务名称	规格型号	单位	数量	单价	金额	税率	税额
货物运输					6 000.00	9%	540.00
合　计					¥6 000.00		¥540.00
价税合计（大写）	⊗陆仟伍佰肆拾元整				（小写）¥6 540.00		

销售方	名　　称：湖北省货路路通运输有限责任公司 纳税人识别号：937006000037482108 地址、电话：湖北省武汉市武昌区顺通路125号 3467125 开户行及账号：工商银行武昌分行 62220007852400247
备注	武汉市到东海市，鲁E57863J，W型电子零件

收款人：刘海清　复核：钱友河　开票人：钟欣怡　销售方：（章）

第三联：发票联　购买方记账凭证

单据 7-1-5/6

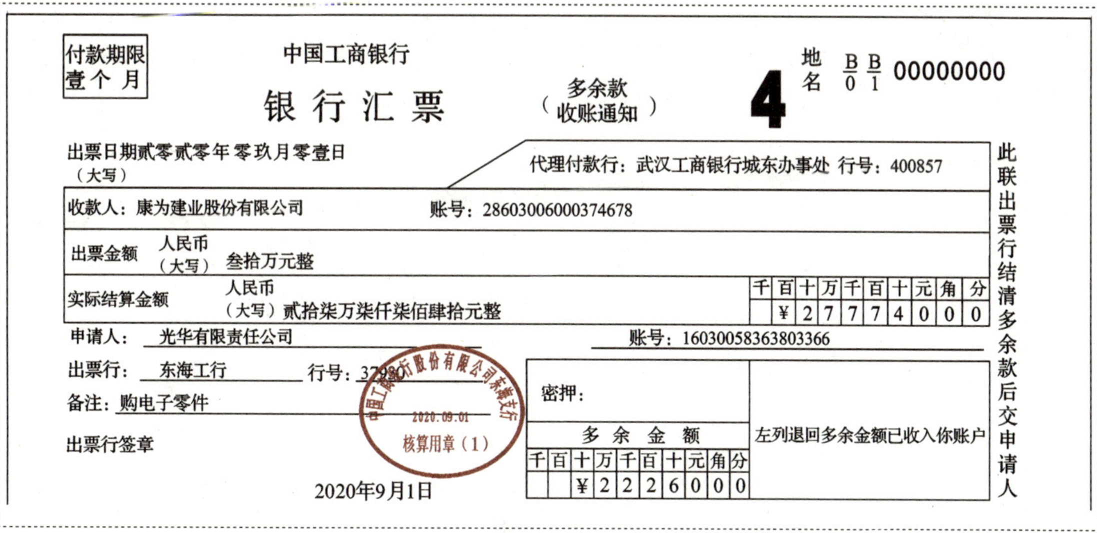

付款期限 壹个月

中国工商银行

银行汇票　多余款（收账通知）　4

地名 B/0 B/1 00000000

出票日期（大写）贰零贰零年零玖月零壹日

代理付款行：武汉工商银行城东办事处　行号：400857

收款人：康为建业股份有限公司　账号：28603006000374678

出票金额　人民币（大写）叁拾万元整

实际结算金额	人民币（大写）贰拾柒万柒仟柒佰肆拾元整	千	百	十	万	千	百	十	元	角	分
			¥	2	7	7	7	4	0	0	0

申请人：光华有限责任公司　账号：16030058363803366

出票行：东海工行　行号：3798

备注：购电子零件

出票行签章

2020年9月1日

密押：

千	百	十	万	千	百	十	元	角	分
		¥	2	2	2	6	0	0	0

（多余金额）

左列退回多余金额已收入你账户

此联出票行结清多余款后交申请人

单据 7-1-6/6

材 料 入 库 单

类别：原料及主要材料
库别：材料库　　　　2020 年 9 月 1 日　　　　№ 0026

材料编号	名称	规格及型号	计量单位	数量		实际成本				
				应收	实收	买价		运杂费	其他	合计
						单价	金额			
	W型电子零件		件	3 000	3 000	80.00	240 000.00	6 000.00		246 000.00
供应单位	康为建业股份有限公司			单据号码		0237550				
备注：										

第一联 记账联

主管：赵一　　验收：杨红　　采购：吴民　　制单：任晓飞

单据 7-2-1/2

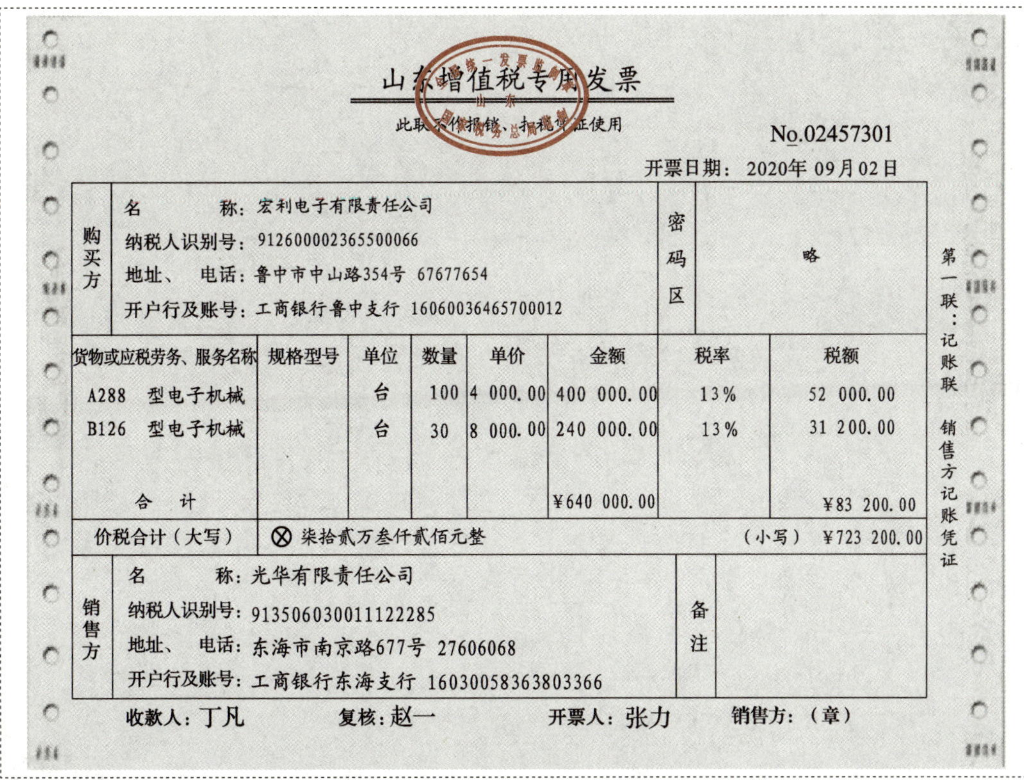

山东增值税专用发票

此联不作报销、扣税凭证使用

No.02457301

开票日期：2020年 09月 02日

购买方	名称：宏利电子有限责任公司 纳税人识别号：912600002365500066 地址、电话：鲁中市中山路354号 67677654 开户行及账号：工商银行鲁中支行 16060036465700012					密码区	略
货物或应税劳务、服务名称	规格型号	单位	数量	单价	金额	税率	税额
A288 型电子机械		台	100	4 000.00	400 000.00	13%	52 000.00
B126 型电子机械		台	30	8 000.00	240 000.00	13%	31 200.00
合计					¥640 000.00		¥83 200.00
价税合计（大写）	⊗ 柒拾贰万叁仟贰佰元整					（小写）	¥723 200.00
销售方	名称：光华有限责任公司 纳税人识别号：913506030011122285 地址、电话：东海市南京路677号 27606068 开户行及账号：工商银行东海支行 16030058363803366					备注	

第一联：记账联　销售方记账凭证

收款人：丁凡　　复核：赵一　　开票人：张力　　销售方：（章）

单据 7-2-2/2

中国工商银行　进账单（回单）1

2020年9月2日　　　　第0610号

<table>
<tr><td rowspan="3">付款人</td><td>全　称</td><td>宏利电子有限责任公司</td><td rowspan="3">收款人</td><td>全　称</td><td>光华有限责任公司</td></tr>
<tr><td>账　号</td><td>16060036465700012</td><td>账　号</td><td>16030058363803366</td></tr>
<tr><td>开户银行</td><td>工商银行鲁中支行</td><td>开户银行</td><td>工商银行东海支行</td></tr>
<tr><td colspan="3" rowspan="2">人民币（大写）柒拾贰万叁仟贰佰元整</td><td colspan="3">千 百 十 万 千 百 十 元 角 分</td></tr>
<tr><td colspan="3">¥ 7 2 3 2 0 0 0 0</td></tr>
<tr><td colspan="2">票据种类</td><td>银行汇票</td><td colspan="3" rowspan="4">中国工商银行股份有限公司东海支行
2020.09.02
核算用章（1）
收款单位开户行盖章</td></tr>
<tr><td colspan="2">票据张数</td><td>1</td></tr>
<tr><td colspan="3"></td></tr>
<tr><td colspan="3">单位主管　　会计　　复核　　记账</td></tr>
</table>

此联是收款人开户银行给收款人的回单

单据 7-3-1/2

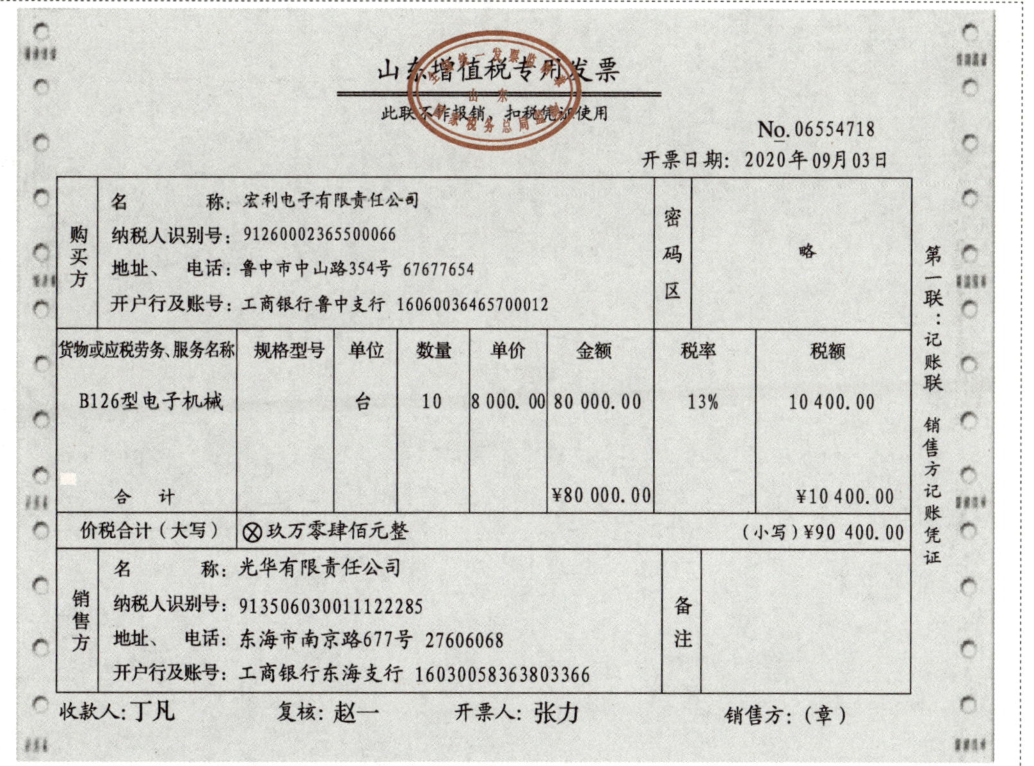

山东增值税专用发票

此联不作报销、扣税凭证使用

No. 06554718

开票日期：2020年09月03日

<table>
<tr><td rowspan="4">购买方</td><td colspan="5">名　称：宏利电子有限责任公司</td><td rowspan="4">密码区</td><td colspan="2" rowspan="4">略</td></tr>
<tr><td colspan="5">纳税人识别号：91260002365500066</td></tr>
<tr><td colspan="5">地址、电话：鲁中市中山路354号 67677654</td></tr>
<tr><td colspan="5">开户行及账号：工商银行鲁中支行 16060036465700012</td></tr>
<tr><td colspan="2">货物或应税劳务、服务名称</td><td>规格型号</td><td>单位</td><td>数量</td><td>单价</td><td>金额</td><td>税率</td><td>税额</td></tr>
<tr><td colspan="2">B126型电子机械</td><td></td><td>台</td><td>10</td><td>8 000.00</td><td>80 000.00</td><td>13%</td><td>10 400.00</td></tr>
<tr><td colspan="2">合　计</td><td></td><td></td><td></td><td></td><td>¥80 000.00</td><td></td><td>¥10 400.00</td></tr>
<tr><td colspan="2">价税合计（大写）</td><td colspan="5">⊗玖万零肆佰元整</td><td colspan="2">（小写）¥90 400.00</td></tr>
<tr><td rowspan="4">销售方</td><td colspan="5">名　称：光华有限责任公司</td><td rowspan="4">备注</td><td colspan="2" rowspan="4"></td></tr>
<tr><td colspan="5">纳税人识别号：913506030011122285</td></tr>
<tr><td colspan="5">地址、电话：东海市南京路677号 27606068</td></tr>
<tr><td colspan="5">开户行及账号：工商银行东海支行 16030058363803366</td></tr>
</table>

收款人：丁凡　　复核：赵一　　开票人：张力　　销售方：（章）

第一联：记账联　销售方记账凭证

单据 7-3-2/2

中国工商银行 进账单（回单）1

2020年9月3日 第0619号

付款人	全称	宏利电子有限责任公司	收款人	全称	光华有限责任公司
	账号	16060036465700012		账号	16030058363803366
	开户银行	工商银行鲁中支行		开户银行	工商银行东海支行
人民币（大写）	⊗玖万零肆佰元整			千百十万千百十元角分	¥ 9 0 4 0 0 0 0
票据种类	转账支票				
票据张数	1				
单位主管 赵一 会计 复核 记账			收款单位开户行盖章		

（印章：中国工商银行股份有限公司东海支行 2020.09.03 核算用章（1））

此联是收款人开户银行给收款人的回单

单据 7-4-1/4

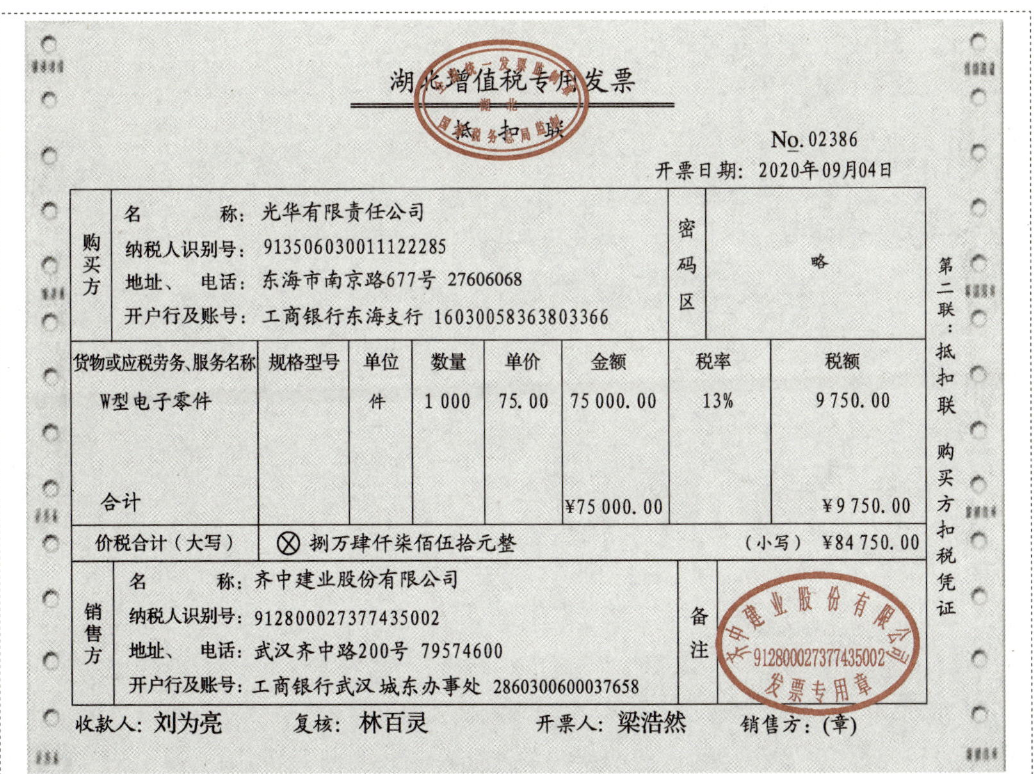

湖北增值税专用发票

抵扣联

No. 02386

开票日期：2020年09月04日

购买方	名称：光华有限责任公司 纳税人识别号：913506030011122285 地址、电话：东海市南京路677号 27606068 开户行及账号：工商银行东海支行 16030058363803366				密码区	略	
货物或应税劳务、服务名称	规格型号	单位	数量	单价	金额	税率	税额
W型电子零件		件	1 000	75.00	75 000.00	13%	9 750.00
合计					¥75 000.00		¥9 750.00
价税合计（大写）	⊗捌万肆仟柒佰伍拾元整					（小写）	¥84 750.00
销售方	名称：齐中建业股份有限公司 纳税人识别号：912800027377435002 地址、电话：武汉齐中路200号 79574600 开户行及账号：工商银行武汉城东办事处 2860300600037658				备注		

收款人：刘为亮 复核：林百灵 开票人：梁浩然 销售方：（章）

（印章：齐中建业股份有限公司 912800027377435002 发票专用章）

第二联：抵扣联 购买方扣税凭证

单据 7-4-2/4

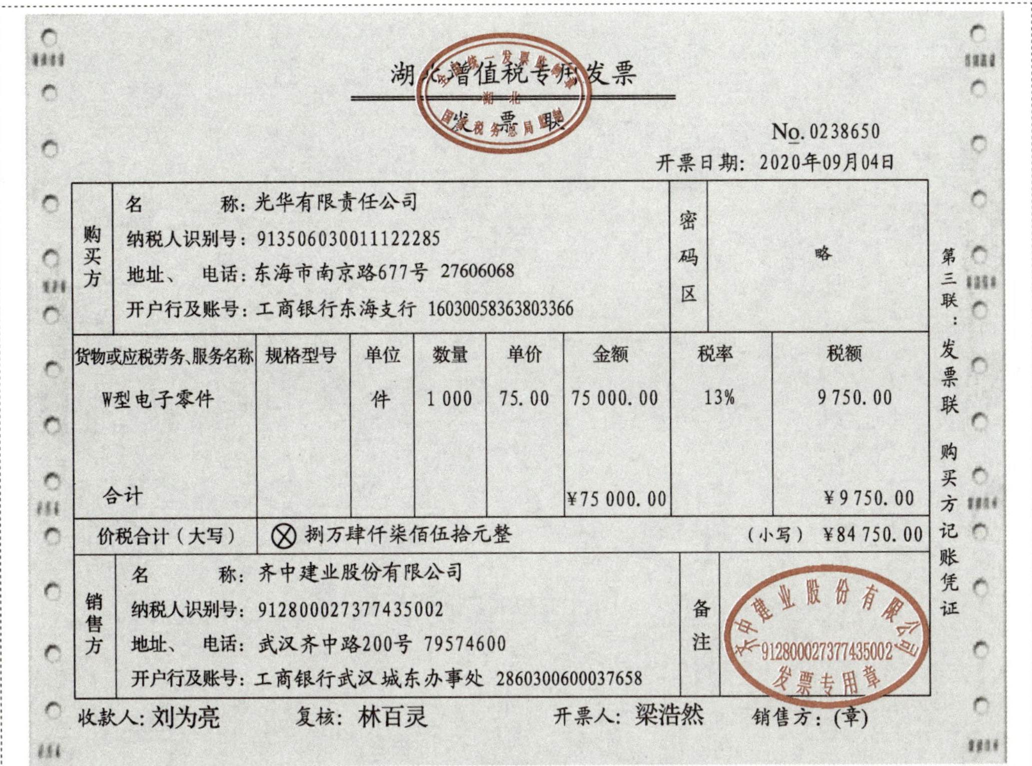

湖北增值税专用发票

发票联

No. 0238650

开票日期：2020年09月04日

购买方	名称：光华有限责任公司 纳税人识别号：913506030011122285 地址、电话：东海市南京路677号 27606068 开户行及账号：工商银行东海支行 16030058363803366	密码区	略

货物或应税劳务、服务名称	规格型号	单位	数量	单价	金额	税率	税额
W型电子零件		件	1 000	75.00	75 000.00	13%	9 750.00
合计					¥75 000.00		¥9 750.00
价税合计（大写）	⊗ 捌万肆仟柒佰伍拾元整					（小写）	¥84 750.00

销售方	名称：齐中建业股份有限公司 纳税人识别号：912800027377435002 地址、电话：武汉齐中路200号 79574600 开户行及账号：工商银行武汉城东办事处 2860300600037658	备注	

收款人：刘为亮 复核：林百灵 开票人：梁浩然 销售方：（章）

第三联：发票联 购买方记账凭证

单据 7-4-3/4

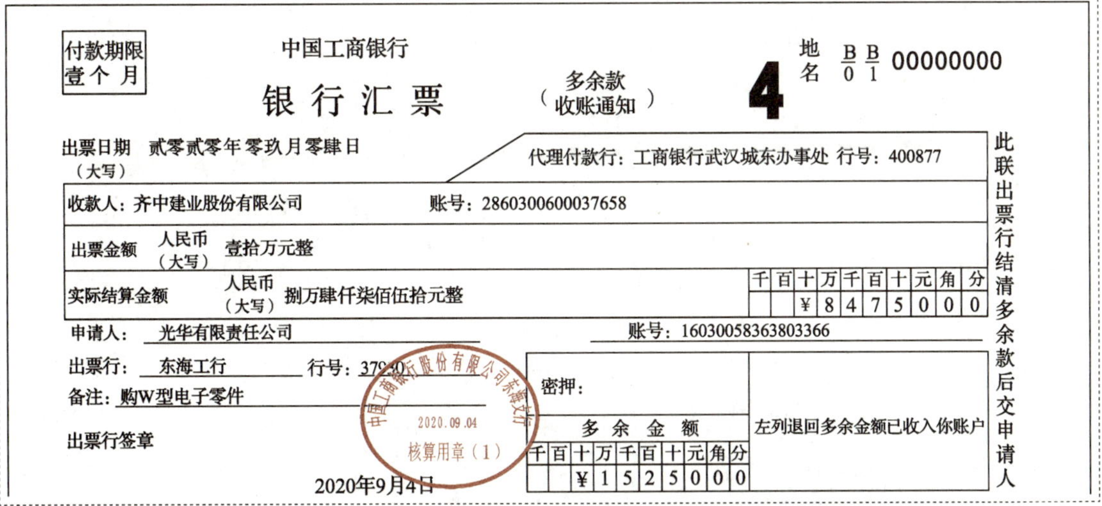

付款期限 壹个月

中国工商银行

银行汇票 （多余款收账通知） 4

地名 B/0 B/1 00000000

出票日期（大写） 贰零贰零年零玖月零肆日

代理付款行：工商银行武汉城东办事处 行号：400877

收款人：齐中建业股份有限公司 账号：2860300600037658

出票金额 人民币（大写） 壹拾万元整

实际结算金额 人民币（大写） 捌万肆仟柒佰伍拾元整

千	百	十	万	千	百	十	元	角	分
		¥	8	4	7	5	0	0	0

申请人：光华有限责任公司 账号：16030058363803366

出票行：东海工行 行号：37900

备注：购W型电子零件

密押：

多余金额

千	百	十	万	千	百	十	元	角	分
		¥	1	5	2	5	0	0	0

左列退回多余金额已收入你账户

出票行签章

2020年9月4日

此联出票行结清多余款后交申请人

单据 7-4-4/4

材料入库单

类别：原料及主要材料
库别：材料库

2020 年 9 月 4 日 No 0027

材料编号	名称	规格及型号	计量单位	数量		实际成本				
				应收	实收	买价		运杂费	其他	合计
						单价	金额			
	W型电子零件		件	1 000	1 000	75	75 000.00			75 000.00
供应单位	齐中建业股份有限公司			单据号码		0238650				
备注：										

第三联 记账联

主管：赵一 验收：杨红 采购：吴民 制单：任晓飞

单据 7-5-1/3

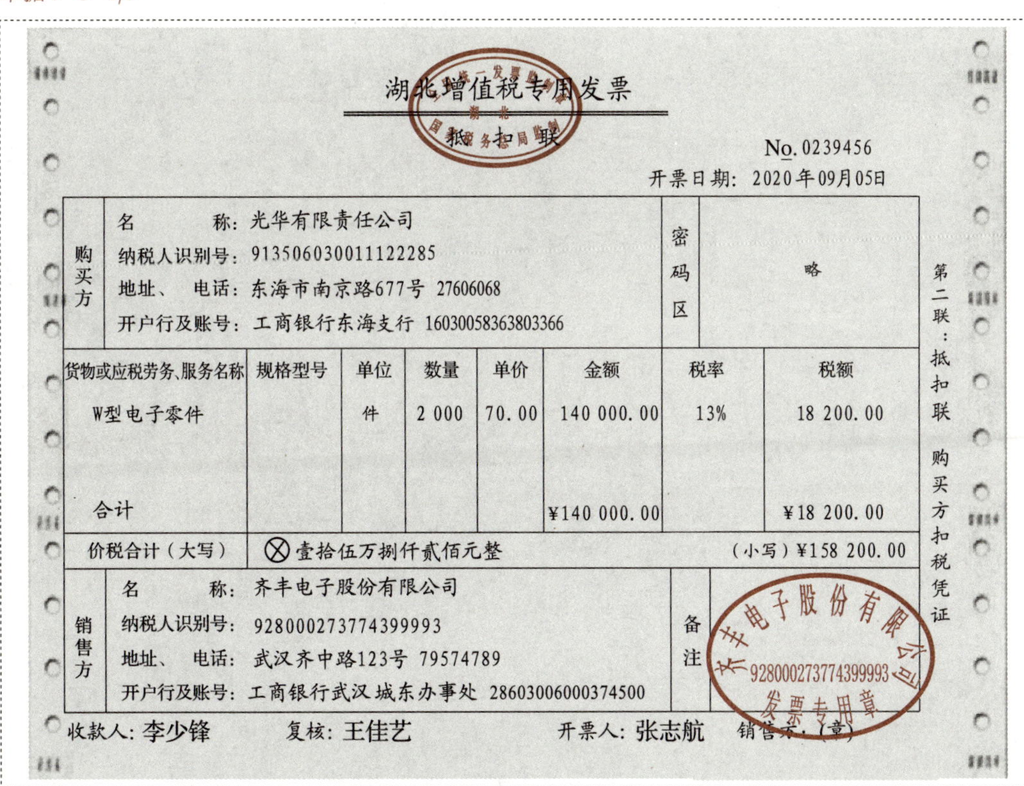

湖北增值税专用发票

抵扣联

No 0239456

开票日期：2020年09月05日

购买方	名称：光华有限责任公司 纳税人识别号：913506030011122285 地址、电话：东海市南京路677号 27606068 开户行及账号：工商银行东海支行 16030058363803366					密码区	略
货物或应税劳务、服务名称	规格型号	单位	数量	单价	金额	税率	税额
W型电子零件		件	2 000	70.00	140 000.00	13%	18 200.00
合计					¥140 000.00		¥18 200.00
价税合计（大写）	⊗壹拾伍万捌仟贰佰元整					（小写）¥158 200.00	
销售方	名称：齐丰电子股份有限公司 纳税人识别号：928000273774399993 地址、电话：武汉齐中路123号 79574789 开户行及账号：工商银行武汉城东办事处 28603006000374500					备注	

第二联：抵扣联 购买方扣税凭证

收款人：李少锋 复核：王佳艺 开票人：张志航 销售方：（章）

单据 7-5-2/3

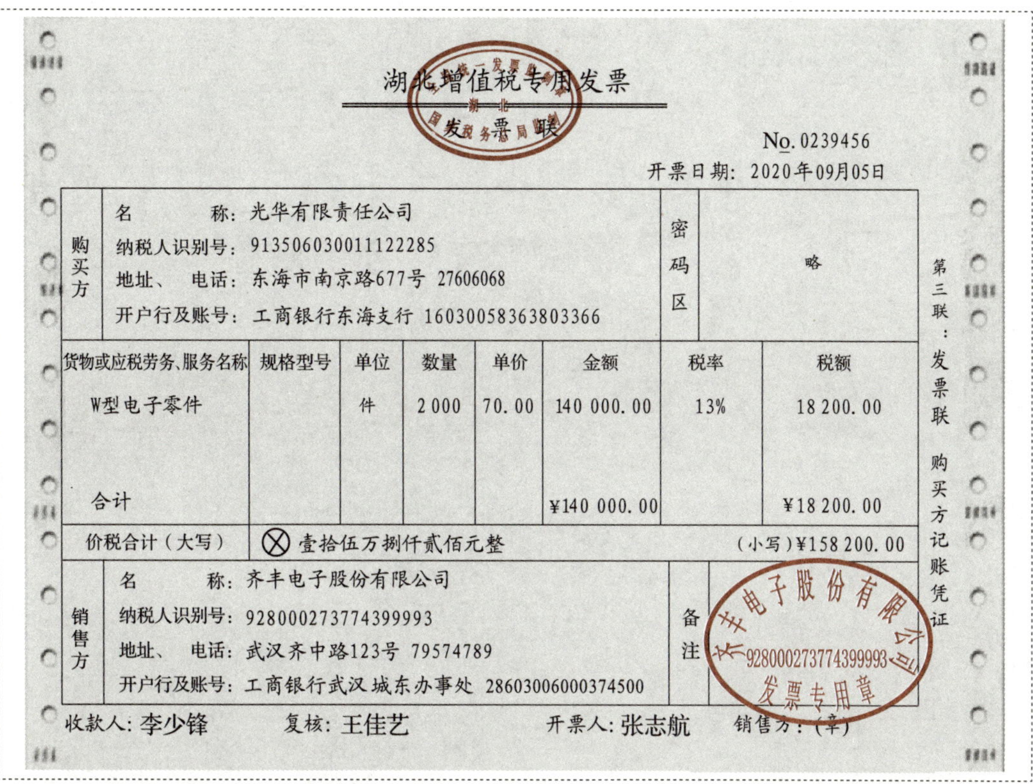

湖北增值税专用发票

发票联

No.0239456

开票日期：2020年09月05日

购买方	名　　称：光华有限责任公司 纳税人识别号：913506030011122285 地址、电话：东海市南京路677号 27606068 开户行及账号：工商银行东海支行 16030058363803366					密码区	略
货物或应税劳务、服务名称	规格型号	单位	数量	单价	金额	税率	税额
W型电子零件		件	2 000	70.00	140 000.00	13%	18 200.00
合计					¥140 000.00		¥18 200.00
价税合计（大写）	⊗壹拾伍万捌仟贰佰元整				（小写）¥158 200.00		
销售方	名　　称：齐丰电子股份有限公司 纳税人识别号：928000273774399993 地址、电话：武汉齐中路123号 79574789 开户行及账号：工商银行武汉城东办事处 28603006000374500					备注	

收款人：李少锋　复核：王佳艺　开票人：张志航　销售方：（章）

第三联：发票联　购买方记账凭证

单据 7-5-3/3

材 料 入 库 单

类别：原料及主要材料
库别：材料库　　　　2020 年 9 月 5 日　　　　No 0028

材料编号	名　称	规格及型　号	计量单位	数量		实际成本				
				应收	实收	买价		运杂费	其他	合计
						单价	金额			
	W型电子零件		件	2 000	1 990	70.00	139 300.00			139 300.00
供应单位	齐丰电子股份有限公司			单据号码		0239456				
备注：缺少10件电子产品，属非正常损耗，原因待查。										

主管：赵一　　验收：杨红　　采购：吴民　　制单：任晓飞

第三联　记账联

单据 7-6-1/4

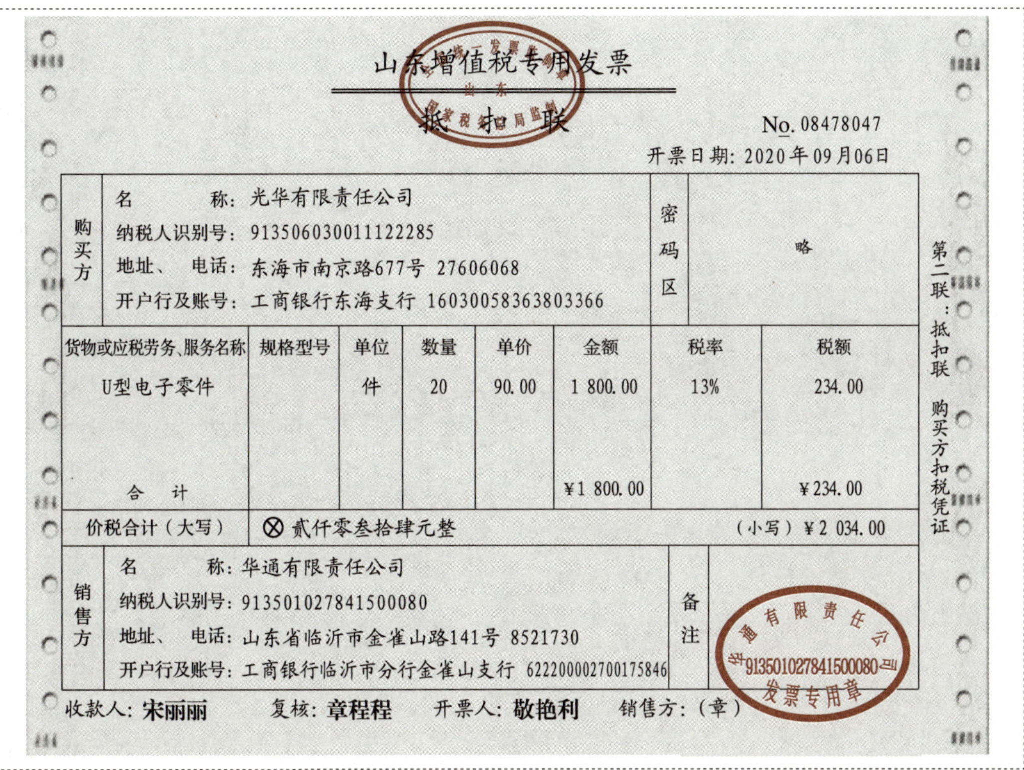

山东增值税专用发票

抵扣联

No. 08478047

开票日期：2020年09月06日

购买方	名称：光华有限责任公司 纳税人识别号：913506030011122285 地址、电话：东海市南京路677号 27606068 开户行及账号：工商银行东海支行 16030058363803366				密码区	略	
货物或应税劳务、服务名称	规格型号	单位	数量	单价	金额	税率	税额
U型电子零件		件	20	90.00	1 800.00	13%	234.00
合计					¥1 800.00		¥234.00
价税合计（大写）	⊗贰仟零叁拾肆元整					（小写）¥2 034.00	
销售方	名称：华通有限责任公司 纳税人识别号：913501027841500080 地址、电话：山东省临沂市金雀山路141号 8521730 开户行及账号：工商银行临沂市分行金雀山支行 622200002700175846				备注		

收款人：宋丽丽　复核：章程程　开票人：敬艳利　销售方：（章）

第二联：抵扣联　购买方扣税凭证

单据 7-6-2/4

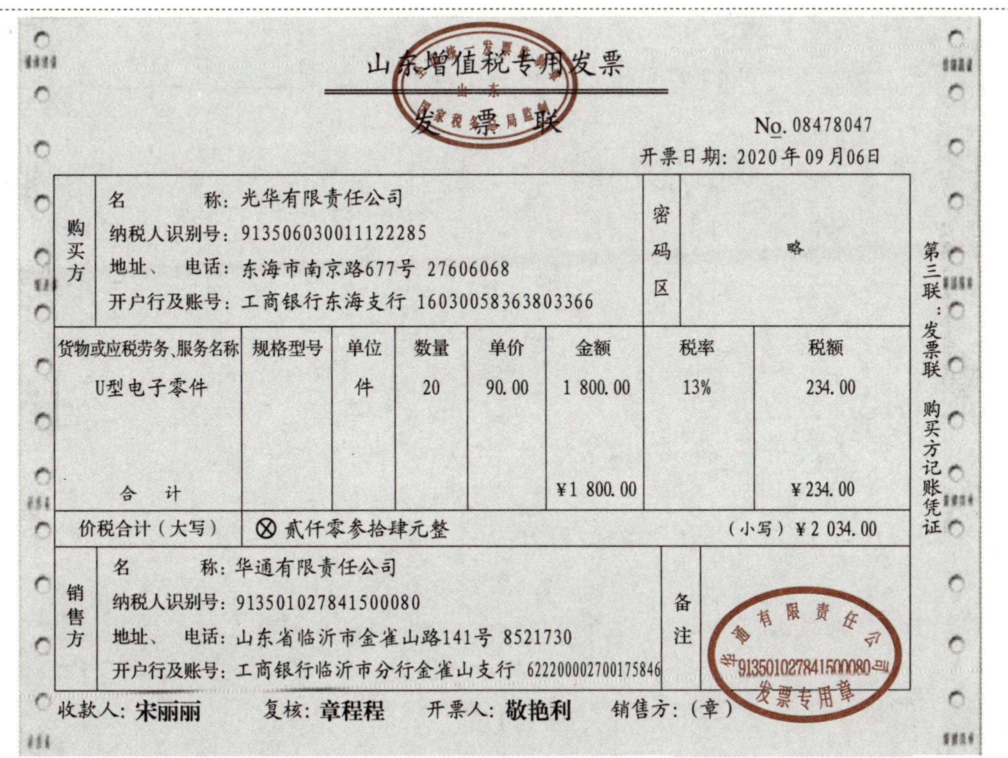

山东增值税专用发票

发票联

No. 08478047

开票日期：2020年09月06日

购买方	名称：光华有限责任公司 纳税人识别号：913506030011122285 地址、电话：东海市南京路677号 27606068 开户行及账号：工商银行东海支行 16030058363803366				密码区	略	
货物或应税劳务、服务名称	规格型号	单位	数量	单价	金额	税率	税额
U型电子零件		件	20	90.00	1 800.00	13%	234.00
合计					¥1 800.00		¥234.00
价税合计（大写）	⊗贰仟零叁拾肆元整					（小写）¥2 034.00	
销售方	名称：华通有限责任公司 纳税人识别号：913501027841500080 地址、电话：山东省临沂市金雀山路141号 8521730 开户行及账号：工商银行临沂市分行金雀山支行 622200002700175846				备注		

收款人：宋丽丽　复核：章程程　开票人：敬艳利　销售方：（章）

第三联：发票联　购买方记账凭证

单据 7-6-3/4

中国工商银行
转账支票存根
08098646
00486661
附加信息

出票日期 2020年9月6日

收款人：华通有限责任公司
金 额：¥2 034.00
用 途：货款
单位主管 赵一 会计 张力

单据 7-6-4/4

材料入库单

类别：原料及主要材料
库别：材料库

2020 年 9 月 6 日 No 0029

材料编号	名称	规格及型号	计量单位	数量		实际成本				
				应收	实收	买价		运杂费	其他	合计
						单价	金额			
	U型电子零件		件	20	20	90	1 800.00			1 800.00
供应单位	华通有限责任公司			单据号码		27378200				
备注										

第三联 记账联

主管：赵一 验收：杨红 采购：吴民 制单：任晓飞

单据 7-7-1/2

山东增值税专用发票

此联不作报销、扣税凭证使用

No. 02457302

开票日期：2020年09月07日

购买方	名称：太丰有限责任公司 纳税人识别号：926000023655008072 地址、电话：鲁中市南京路369号 67688656 开户行及账号：工商银行鲁中支行 16060036465700099	密码区	略

货物或应税劳务、服务名称	规格型号	单位	数量	单价	金额	税率	税额
A288型电子机械		台	60	4 100	246 000.00	13%	31 980.00
B126型电子机械		台	40	8 000	320 000.00	13%	41 600.00
合计					¥566 000.00		¥73 580.00
价税合计（大写）	⊗陆拾叁万玖仟伍佰捌拾元整					（小写）¥639 580.00	

销售方	名称：光华有限责任公司 纳税人识别号：913506030011122285 地址、电话：东海市南京路677号 27606068 开户行及账号：工商银行东海支行 16030058363803366	备注	

收款人：丁凡　　复核：赵一　　开票人：张力　　销售方：（章）

第一联：记账联　销售方记账凭证

单据 7-7-2/2

中国工商银行　进账单（回单）1

2020年9月7日　　第0658号

付款人	全称	太丰有限责任公司	收款人	全称	光华有限责任公司
	账号	16060036465700099		账号	16030058363803366
	开户银行	工商银行鲁中支行		开户银行	工商银行东海支行

人民币（大写）	千	百	十	万	千	百	十	元	角	分
陆拾叁万玖仟伍佰捌拾元整		¥	6	3	9	5	8	0	0	0

票据种类	银行汇票	收款单位开户行盖章
票据张数	1	

单位主管　　会计　　复核　　记账

（印章：中国工商银行股份有限公司东海支行 2020.09.07 核算用章（1））

此联是收款人开户银行给收款人的回单

单据 7-8-1/2

山东增值税专用发票

此联不作报销、扣税凭证使用

No.02457303

开票日期：2020年09月08日

购买方	名　称：洁玉有限责任公司 纳税人识别号：926000023655009072 地址、电话：鲁中市南京路360号 67688660 开户行及账号：工商银行鲁中支行 16060036465700088					密码区	略
货物或应税劳务、服务名称	规格型号	单位	数量	单价	金额	税率	税额
A288型电子机械		台	6	4 100	24 600.00	13%	3 198.00
B126型电子机械		台	4	8 000	32 000.00	13%	4 160.00
合计					¥56 600.00		¥7 358.00
价税合计（大写）	⊗ 陆万叁仟玖佰伍拾捌元整						（小写）¥63 958.00
销售方	名　称：光华有限责任公司 纳税人识别号：913506030011122285 地址、电话：东海市南京路677号 27606068 开户行及账号：工商银行东海支行 16030058363803366					备注	

收款人：丁凡　复核：赵一　开票人：张力　销售方：（章）

第一联：记账联　销售方记账凭证

单据 7-8-2/2

ICBC 中国工商银行　凭证

业务回单（收款）

币别：人民币　2020年09月08日　回单编号：162360007894

付款人户名：洁玉有限责任公司　付款人开户行：工商银行鲁中支行

付款人账号（卡号）：16006003646570008 8

收款人户名：光华有限责任公司　收款人开户行：工商银行东海支行

收款人账号（卡号）：16030058363803366

金额：陆万叁仟玖佰伍拾捌元整　小写：63 958.00元

业务（产品种类）：异地转账　凭证种类：000000　凭证号码：000000

摘要：转款　用途：付购买材料费

交易机构：0165780021　记账柜员：00023　交易代码：3324　渠道：网上银行

客户备注：

本回单为第1次打印，注意重复　打印日期：2020年09月08日　打印柜员：7　验证码：254322458578

中国工商银行股份有限公司东海支行 自动回单机专用章 (01)

单据 7–9–1/2

山东增值税专用发票

此联不作报销、扣税凭证使用

No. 02457304

开票日期：2020年09月09日

购买方	名称：星明有限责任公司 纳税人识别号：926000023655007788 地址、电话：鲁中市南京路36号 67688677 开户行及账号：工商银行鲁中支行 16060036465700077	密码区	略

货物或应税劳务、服务名称	规格型号	单位	数量	单价	金额	税率	税额
A288型电子机械		台	3	4 100.00	12 300.00	13%	1 599.00
B126型电子机械		台	2	8 000.00	16 000.00	13%	2 080.00
合计					¥28 300.00		¥3 679.00
价税合计（大写）	⊗ 叁万壹仟玖佰柒拾玖元整					（小写）	¥31 979.00

销售方	名称：光华有限责任公司 纳税人识别号：913506030011122285 地址、电话：东海市南京路677号 27606068 开户行及账号：工商银行东海支行 16030058363803366	备注	

收款人：丁凡　　复核：赵一　　开票人：张力　　销售方：（章）

第一联：记账联 销售方记账凭证

单据 7–9–2/2

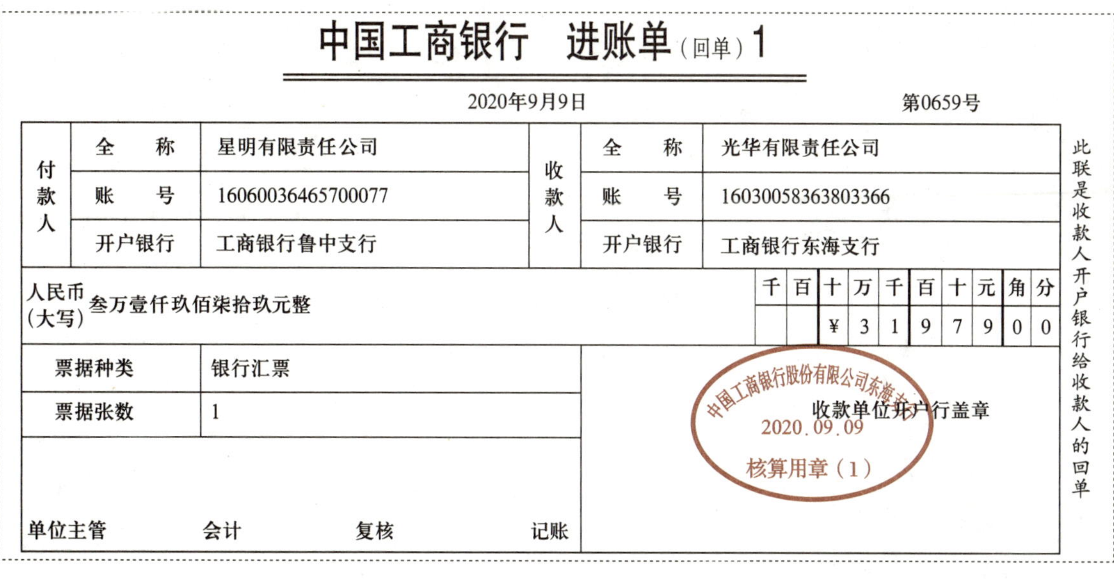

中国工商银行 进账单（回单）1

2020年9月9日　　第0659号

付款人			收款人		
	全称	星明有限责任公司		全称	光华有限责任公司
	账号	16060036465700077		账号	16030058363803366
	开户银行	工商银行鲁中支行		开户银行	工商银行东海支行

人民币（大写）	千	百	十	万	千	百	十	元	角	分
叁万壹仟玖佰柒拾玖元整			¥	3	1	9	7	9	0	0

票据种类	银行汇票
票据张数	1

收款单位开户行盖章

中国工商银行股份有限公司东海支行 2020.09.09 核算用章（1）

单位主管　　会计　　复核　　记账

此联是收款人开户银行给收款人的回单

单据 7-10-1/1

工商银行电子缴税付款凭证

转账日期：2020年9月7日　　　　凭证字号：370011006366355652

纳税人全称及纳税人识别号	350603001112228			
付款人全称	光华有限责任公司			
付款人账号	16030058363803366	征收机关名称	东海区国税局	
付款人开户银行	工商银行东海支行	收缴国库名称	国家金库东海支库	
小写（合计）金额	60 000.00	缴款书交易流水号	111006366355652000	
大写（合计）金额	陆万元整		税票号码	370011006366355652
税（费）种名称	所属时期			实缴金额
增值税	20200801 － 20200831			60 000.00
第　次打印	打印时间			

第二联作付款回单（无银行收讫章无效）　　复核　　记账

（印章：中国工商银行股份有限公司东海支行 2020.09.07 核算用章（1））

单据 7-11-1/3

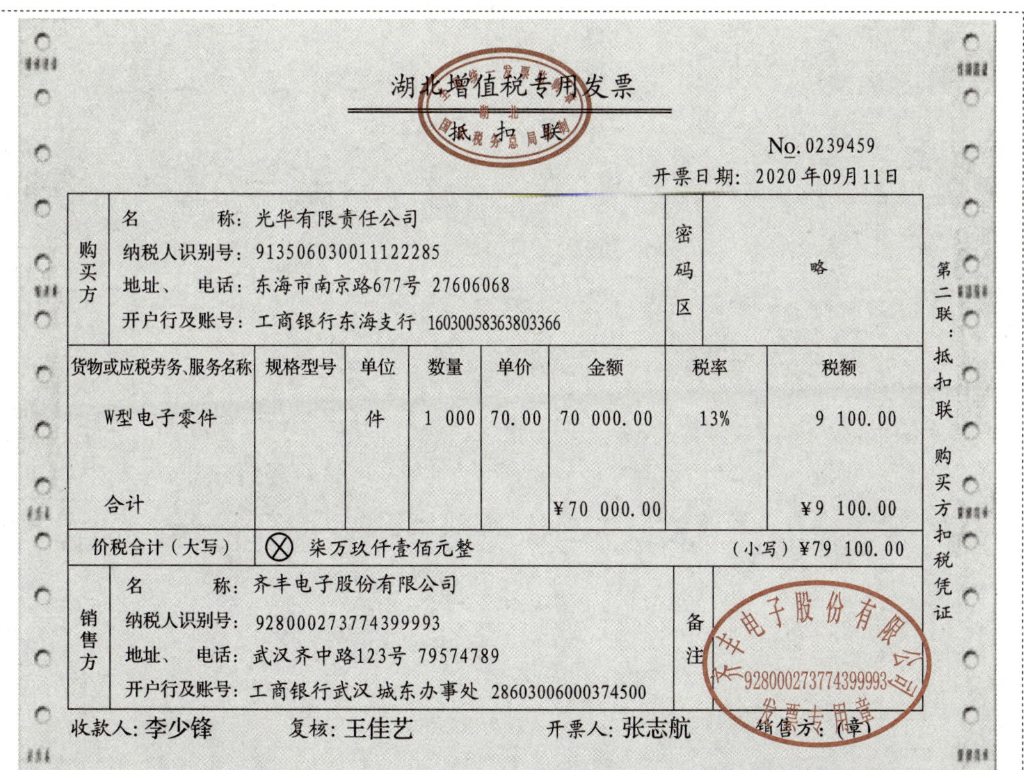

湖北增值税专用发票

抵扣联

No.0239459

开票日期：2020年09月11日

购买方	名称：光华有限责任公司 纳税人识别号：913506030011122285 地址、电话：东海市南京路677号 27606068 开户行及账号：工商银行东海支行 16030058363803366	密码区	略				
货物或应税劳务、服务名称	规格型号	单位	数量	单价	金额	税率	税额
W型电子零件		件	1 000	70.00	70 000.00	13%	9 100.00
合计					¥70 000.00		¥9 100.00
价税合计（大写）	⊗柒万玖仟壹佰元整				（小写）¥79 100.00		
销售方	名称：齐丰电子股份有限公司 纳税人识别号：928000273774399993 地址、电话：武汉齐中路123号 79574789 开户行及账号：工商银行武汉城东办事处 28603006000374500	备注	（印章：齐丰电子股份有限公司 928000273774399993 发票专用章）				

收款人：李少锋　　复核：王佳艺　　开票人：张志航　　销售方：（章）

第二联：抵扣联　购买方扣税凭证

单据 7-11-2/3

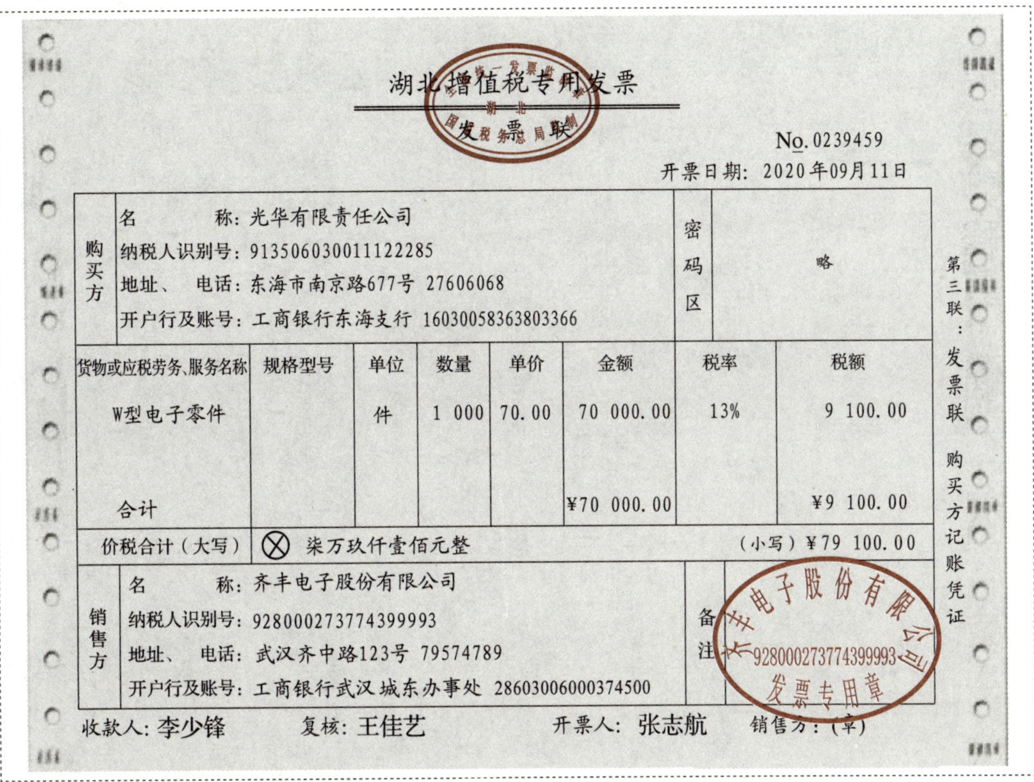

湖北增值税专用发票

发票联

No. 0239459

开票日期：2020年09月11日

购买方	名称：光华有限责任公司 纳税人识别号：913506030011122285 地址、电话：东海市南京路677号 27606068 开户行及账号：工商银行东海支行 16030058363803366					密码区	略
货物或应税劳务、服务名称	规格型号	单位	数量	单价	金额	税率	税额
W型电子零件		件	1 000	70.00	70 000.00	13%	9 100.00
合计					¥70 000.00		¥9 100.00
价税合计（大写）	⊗ 柒万玖仟壹佰元整					（小写）¥79 100.00	
销售方	名称：齐丰电子股份有限公司 纳税人识别号：928000273774399993 地址、电话：武汉齐中路123号 79574789 开户行及账号：工商银行武汉城东办事处 28603006000374500					备注	

收款人：李少锋　　复核：王佳艺　　开票人：张志航　　销售方：（章）

第三联：发票联　购买方记账凭证

单据 7-11-3/3

材 料 入 库 单

类别：原料及主要材料
库别：材料库　　　　2020 年 9 月 11 日　　　　No 0031

材料编号	名称	规格及型号	计量单位	数量		实际成本				
				应收	实收	买价		运杂费	其他	合计
						单价	金额			
	电子零件		件	1 000	1 000	70.00	70 000.00			70 000.00
供应单位	齐丰电子股份有限公司			单据号码		0239459				
备注：款未付										

主管：赵一　　记账：杨红　　采购：吴民　　制单：任晓飞

第一联　记账联

提示：货款未付。

单据 7-12-1/2

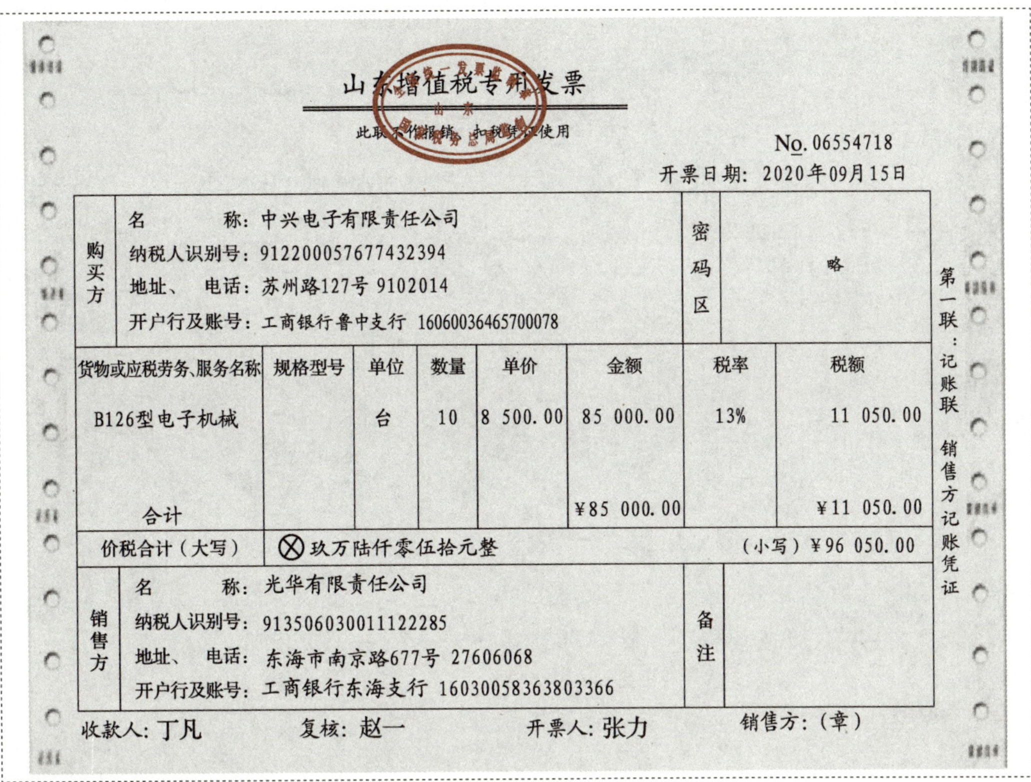

山东增值税专用发票

此联不作报销、扣税凭证使用

No. 06554718

开票日期：2020年09月15日

购买方	名　　称：中兴电子有限责任公司 纳税人识别号：912200057677432394 地址、电话：苏州路127号 9102014 开户行及账号：工商银行鲁中支行 16060036465700078	密码区	略

货物或应税劳务、服务名称	规格型号	单位	数量	单价	金额	税率	税额
B126型电子机械		台	10	8 500.00	85 000.00	13%	11 050.00
合计					¥85 000.00		¥11 050.00
价税合计（大写）	⊗玖万陆仟零伍拾元整					（小写）¥96 050.00	

销售方	名　　称：光华有限责任公司 纳税人识别号：913506030011122285 地址、电话：东海市南京路677号 27606068 开户行及账号：工商银行东海支行 16030058363803366	备注	

收款人：丁凡　　复核：赵一　　开票人：张力　　销售方：（章）

第一联：记账联　销售方记账凭证

单据 7-12-2/2

中国工商银行　进账单（回单）**1**

2020年9月15日　　第0610号

付款人	全　称	中兴电子有限责任公司	收款人	全　称	光华有限责任公司
	账　号	16060036465700078		账　号	16030058363803366
	开户银行	工商银行鲁中支行		开户银行	工商银行东海支行

人民币（大写）	千	百	十	万	千	百	十	元	角	分
玖万陆仟零伍拾元整			¥	9	6	0	5	0	0	0

票据种类	转账支票
票据张数	1

中国工商银行股份有限公司东海支行 2020.09.15 核算用章（1）

收款单位开户行盖章

单位主管　　会计　　复核　　记账

此联是收款人开户银行给收款人的回单

单据 7-13-1/4

山东增值税专用发票

（印章：全国统一发票监制章 山东 国家税务总局监制）

抵 扣 联

No. 08478124

开票日期：2020年09月17日

购买方	名称：光华有限责任公司 纳税人识别号：913506030011122285 地址、电话：东海市南京路677号 27606068 开户行及账号：工商银行东海支行 16030058363803366	密码区	略

货物或应税劳务、服务名称	规格型号	单位	数量	单价	金额	税率	税额
U型电子零件		件	100	85.00	8 500.00	13%	1 105.00
合　计					¥8 500.00		¥1 105.00
价税合计（大写）	⊗玖仟陆佰零伍元整					（小写）	¥9 605.00

销售方	名称：华通有限责任公司 纳税人识别号：913501027841500080 地址、电话：山东省临沂市金雀山路141号 296121 开户行及账号：工商银行临沂市分行金雀山支行 622200002700175846	备注	

收款人：宋丽丽　　复核：章程程　　开票人：敬艳利　　销售方：（章）

第二联：抵扣联 购买方扣税凭证

单据 7-13-2/4

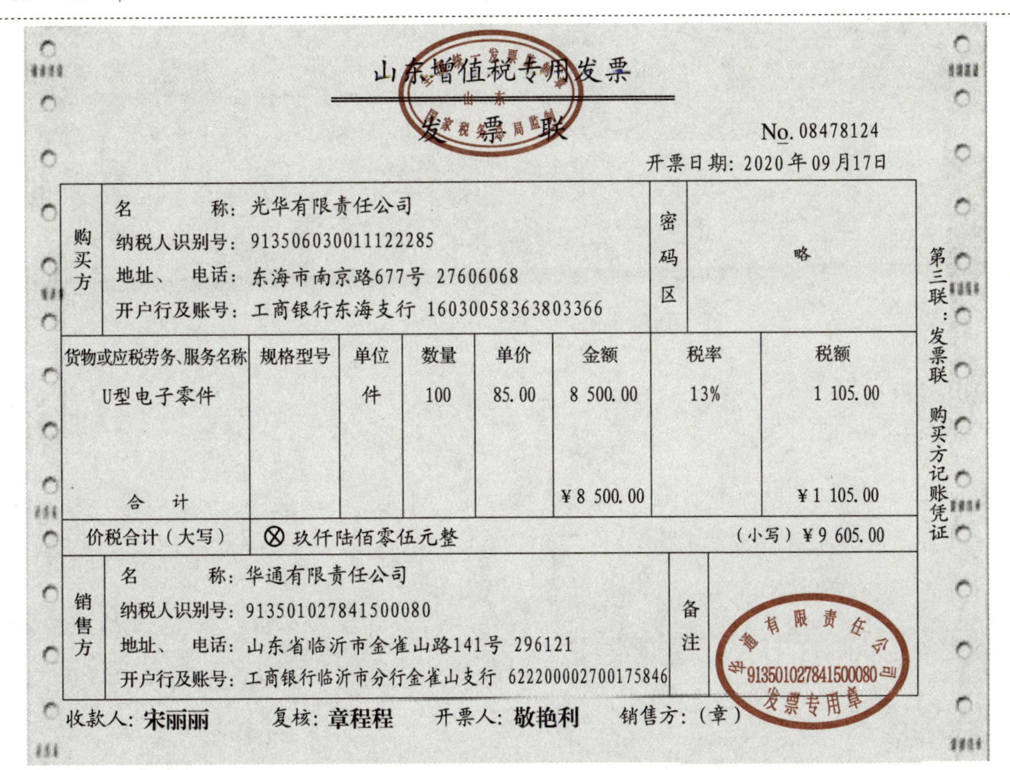

山东增值税专用发票

（印章：全国统一发票监制章 山东 国家税务总局监制）

发 票 联

No. 08478124

开票日期：2020年09月17日

购买方	名称：光华有限责任公司 纳税人识别号：913506030011122285 地址、电话：东海市南京路677号 27606068 开户行及账号：工商银行东海支行 16030058363803366	密码区	略

货物或应税劳务、服务名称	规格型号	单位	数量	单价	金额	税率	税额
U型电子零件		件	100	85.00	8 500.00	13%	1 105.00
合　计					¥8 500.00		¥1 105.00
价税合计（大写）	⊗玖仟陆佰零伍元整					（小写）	¥9 605.00

销售方	名称：华通有限责任公司 纳税人识别号：913501027841500080 地址、电话：山东省临沂市金雀山路141号 296121 开户行及账号：工商银行临沂市分行金雀山支行 622200002700175846	备注	（印章：华通有限责任公司 913501027841500080 发票专用章）

收款人：宋丽丽　　复核：章程程　　开票人：敬艳利　　销售方：（章）

第三联：发票联 购买方记账凭证

单据 7-13-3/4

中国工商银行
转账支票存根
08098649
00486662
附加信息

出票日期 2020年9月17日

收款人：华通有限责任公司
金 额：¥9 605.00
用 途：货款
单位主管 赵一 会计 张力

单据 7-13-4/4

材 料 入 库 单

类别：原料及主要材料
库别：材料库

2020年9月17日 №0031

材料编号	名 称	规格及型 号	计量单位	数量		实际成本				
				应收	实收	买价		运杂费	其他	合计
						单价	金额			
	U型电子零件		件	100	100	85.00	8 500.00			8 500.00
供应单位	华通有限责任公司			单据号码		27378345				
备注：										

第一联 记账联

主管：赵一 验收：杨红 采购：吴民 制单：任晓飞

单据 7-14-1/6

湖北增值税专用发票

抵扣联

No. 0239470

开票日期：2020年09月20日

购买方	名　称：光华有限责任公司 纳税人识别号：913506030011122285 地址、电话：东海市南京路677号 27606068 开户行及账号：工商银行东海支行 16030058363803366	密码区	略

货物或应税劳务、服务名称	规格型号	单位	数量	单价	金额	税率	税额
W型电子零件		件	3 000	70.00	210 000.00	13%	27 300.00
合计					¥210 000.00		¥27 300.00
价税合计（大写）	⊗贰拾叁万柒仟叁佰元整				（小写）¥237 300.00		

销售方	名　称：齐丰电子股份有限公司 纳税人识别号：928000273774399993 地址、电话：武汉齐中路123号 79574789 开户行及账号：工商银行武汉城东办事处 28603006000374500	备注	齐丰电子股份有限公司 928000273774399993 发票专用章

收款人：李少锋　复核：王佳艺　开票人：张志航　销售方：（章）

第二联：抵扣联　购买方扣税凭证

单据 7-14-2/6

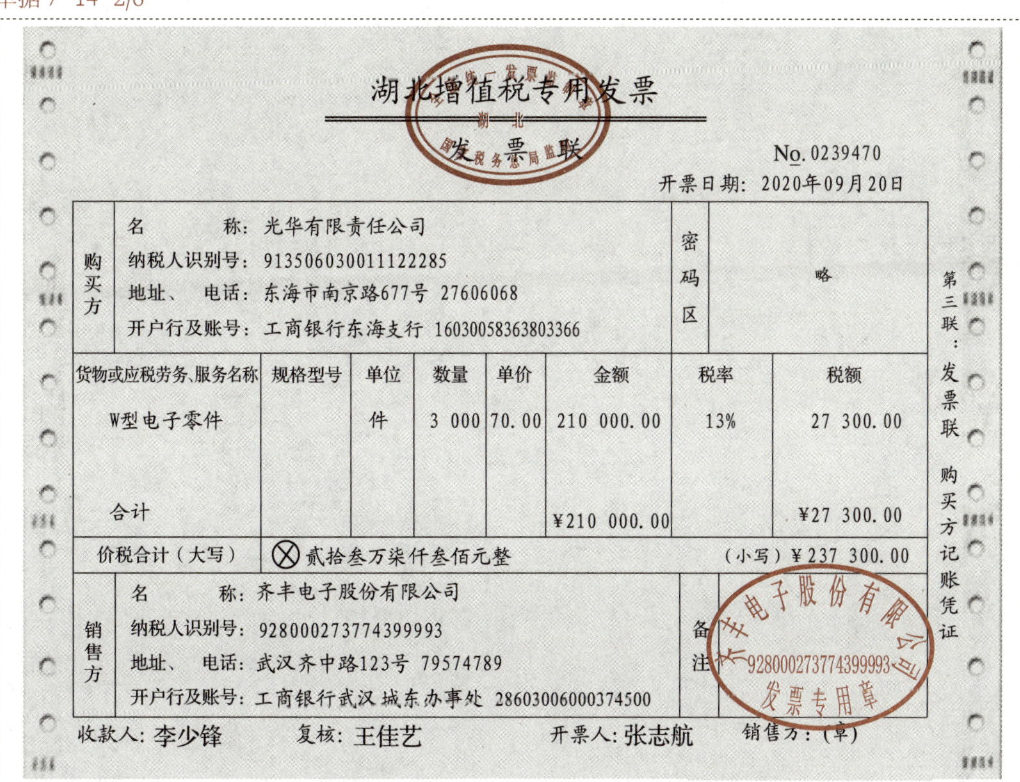

湖北增值税专用发票

发票联

No. 0239470

开票日期：2020年09月20日

购买方	名　称：光华有限责任公司 纳税人识别号：913506030011122285 地址、电话：东海市南京路677号 27606068 开户行及账号：工商银行东海支行 16030058363803366	密码区	略

货物或应税劳务、服务名称	规格型号	单位	数量	单价	金额	税率	税额
W型电子零件		件	3 000	70.00	210 000.00	13%	27 300.00
合计					¥210 000.00		¥27 300.00
价税合计（大写）	⊗贰拾叁万柒仟叁佰元整				（小写）¥237 300.00		

销售方	名　称：齐丰电子股份有限公司 纳税人识别号：928000273774399993 地址、电话：武汉齐中路123号 79574789 开户行及账号：工商银行武汉城东办事处 28603006000374500	备注	齐丰电子股份有限公司 928000273774399993 发票专用章

收款人：李少锋　复核：王佳艺　开票人：张志航　销售方：（章）

第三联：发票联　购买方记账凭证

单据 7-14-3/6

山东增值税专用发票

抵 扣 联

No. 02630814

开票日期：2020年09月20日

购买方	名　　称：光华有限责任公司 纳税人识别号：913506030011122285 地址、电话：东海市南京路677号 27606068 开户行及账号：工商银行东海支行 16030058363803366					密码区	略
货物或应税劳务、服务名称	规格型号	单位	数量	单价	金额	税率	税额
货物运输					3 200.00	9%	288.00
合　计					¥3 200.00		¥288.00
价税合计（大写）	⊗叁仟肆佰捌拾捌元整						（小写）¥3 488.00
销售方	名　　称：湖北省武汉市鸿运物流有限责任公司 纳税人识别号：420000275057584074 地址、电话：湖北省武汉市武昌区东湖路65号 8776729 开户行及账号：工商银行水果湖支行 62220007857000672					备注	武汉市到东海市，鄂A52473J，W型电子零件

收款人：魏致远　复核：江鹤涛　开票人：于一重　销售方：（章）

第二联：抵扣联 购买方扣税凭证

单据 7-14-4/6

山东增值税专用发票

发 票 联

No. 02630814

开票日期：2020年09月20日

购买方	名　　称：光华有限责任公司 纳税人识别号：913506030011122285 地址、电话：东海市南京路677号 27606068 开户行及账号：工商银行东海支行 16030058363803366					密码区	略
货物或应税劳务、服务名称	规格型号	单位	数量	单价	金额	税率	税额
货物运输					3 200.00	9%	288.00
合　计					¥3 200.00		¥288.00
价税合计（大写）	⊗叁仟肆佰捌拾捌元整						（小写）¥3 488.00
销售方	名　　称：湖北省武汉市鸿运物流有限责任公司 纳税人识别号：420000275057584074 地址、电话：湖北省武汉市武昌区东湖路65号 8776729 开户行及账号：工商银行水果湖支行 62220007857000672					备注	武汉市到东海市，鄂A52473J，W型电子零件

收款人：魏致远　复核：江鹤涛　开票人：于一重　销售方：（章）

第三联：发票联 购买方记账凭证

单据 7-14-5/6

中国工商银行托收凭证（付款通知） 5

委托日期2020年9月20日

委托号码

				付款期限 年 月 日		
业务类型	委托收款（□邮划 ☑电划）			托收承付（□邮划 □电划）		
付款人	全称	光华有限责任公司	收款人	全称	齐丰电子股份有限责任公司	
	账号	16030058363803366		账号	28603006000374500	
	地址	山东省东海市/县 开户行 工商银行东海支行		地址	山东省东海市/县 开户行 工商银行城东办事处	
金额	人民币（大写）贰拾肆万零柒佰捌拾捌元整			千 百 十 万 千 百 十 元 角 分	¥ 2 4 0 7 8 8 0 0	
款项内容	货款	托收凭据名称	发票	附寄单证张数	2	
商品发运情况	已经发运		合同名称号码	01-24756		
备注： 付款人开户行收款日期 年 月 日 复核 记账		中国工商银行股份有限公司东海支行 2020.09.20 核算用章（1） 付款人开户银行签章 2020年9月20日		付款人注意： 1.应于见票当日通知开户银行划款 2.如需拒付，应在规定期限内将拒付理由书并附债务证明提交银行		

此联为付款人开户银行给付款人的付款通知

单据 7-14-6/6

材 料 入 库 单

类别：原料及主要材料
库别：材料库

2020 年 9 月 20 日 №0032

材料编号	名 称	规格及型号	计量单位	数量 应收	数量 实收	买价 单价	买价 金额	运杂费	其他	合计
	W型电子零件		件	3 000	3 000	70.00	210 000.00	3 200.00		213 200.00
供应单位	齐丰电子股份有限公司			单据号码	0239470					
备注：										

主管：赵一 记账：杨红 采购：吴民 制单：任晓飞

第二联 记账联

单据 7-15-1/2

山东增值税专用发票

此联不作报销、扣税凭证使用

No. 02457305

开票日期：2020年09月27日

购买方	名　　称：太丰有限责任公司 纳税人识别号：926000023655008044 地址、电话：鲁中市南京路369号 67688656 开户行及账号：工商银行鲁中支行 16060036465700099	密码区	略

货物或应税劳务、服务名称	规格型号	单位	数量	单价	金额	税率	税额
A288型电子机械		台	10	4 100.00	41 000.00	13%	5 330.00
B126型电子机械		台	10	8 000.00	80 000.00	13%	10 400.00
合计					¥121 000.00		¥15 730.00
价税合计（大写）	⊗壹拾叁万陆仟柒佰叁拾元整						（小写）¥136 730.00

销售方	名　　称：光华有限责任公司 纳税人识别号：913506030011122285 地址、电话：东海市南京路677号 27606068 开户行及账号：工商银行东海支行 16030058363803366	备注	

收款人：丁凡　　复核：赵一　　开票人：张力　　销售方：（章）

第一联：记账联　销售方记账凭证

单据 7-15-2/2

中国工商银行　进账单（回单）1

2020年9月27日　　第0619号

付款人	全　称	太丰有限责任公司	收款人	全　称	光华有限责任公司
	账　号	16060036465700099		账　号	16030058363803366
	开户银行	工商银行鲁中支行		开户银行	工商银行东海支行

人民币（大写）	千	百	十	万	千	百	十	元	角	分
壹拾叁万陆仟柒佰叁拾元整		¥	1	3	6	7	3	0	0	0

票据种类	银行汇票
票据张数	1

单位主管　　会计　　复核　　记账

收款单位开户行盖章

中国工商银行股份有限公司东海支行　2020.09.27　核算用章（1）

此联是收款人开户银行给收款人的回单

单据 7-16-1/1

原材料盘点报告表

2020 年 9 月 30 日

原材料	单位	账存		实存		盘盈		盘亏		备注
		数量	金额/元	数量	金额/元	数量	金额/元	数量	金额/元	
W型电子零件	件	1 000	70 000.00	980	68 600.00			20	1 400.00	毁损
合计									¥1 400.00	
领导审批	作为管理费用处理									

盘点人：赵一、杨红、巩建林

单据 7-17-1/1

应交增值税计算表

2020 年 9 月 30 日

借方			贷方			
进项税额	已交税金	转出未交增值税	销项税额	出口退税	进项税额转出	转出多交增值税

单据 7-18-1/1

城市维护建设税、教育费附加计算表

2020 年 9 月 30 日

税种	计税依据			税率	应纳税金额
	增值税	消费税	合计		
城市维护建设税				7%	
教育费附加				3%	
合计					

三、实训要求

1. 根据资料（二）提供的原始凭证编制记账凭证。
2. 登记“应交税费——应交增值税”明细分类账。

四、所需实训材料

序号	种类	数量	备注
1	记账凭证	22 张	通用记账凭证或者用下列会计分录纸代替记账凭证
2	增值税专用发票	1 页	单面计算

1. 会计分录纸（代替记账凭证）

序号	摘要	会计科目	明细科目	记账	借方金额	贷方金额

续表

序号	摘要	会计科目	明细科目	记账	借方金额	贷方金额

2. 应交税费（增值税）明细账

应交增值税
明细账

应交税费（增值税）明细账

年		凭证		摘要	借方																																				贷方																																				借或贷	余额							
					合计								进项税额								已交税金								转出未交增值税								合计								销项税额								出口退税								进项税额转出																
月	日	种类	编号		十	万	千	百	十	元	角	分	十	万	千	百	十	元	角	分	十	万	千	百	十	元	角	分	十	万	千	百	十	元	角	分	十	万	千	百	十	元	角	分	十	万	千	百	十	元	角	分	十	万	千	百	十	元	角	分	十	万	千	百	十	元	角	分		十	万	千	百	十	元	角	分

五、实训答案

记账凭证

应交增值税
明细账

实训八

收入、费用和利润核算实训

一、实训目的

能正确审核收入、费用和利润业务所涉及的原始凭证，编制记账凭证。正确进行利润结转和利润分配。

二、实训资料

（一）光华有限责任公司基本情况

光华有限责任公司是增值税一般纳税人，增值税税率为 13%，所得税税率为 25%，生产销售四种产品的售价及成本见表 8-1：

表 8-1　　　　单位：元

产品名称	售价	成本
A288 型电子机械	3 580	2 140
B126 型电子机械	7 860	5 360
W Ⅰ型五金工具	45	30
W Ⅱ型五金工具	26	18

出纳：丁凡；会计：张力；主管：赵一。

开户银行：工商银行东海支行。

账号：16030058363803366。

统一社会信用代码：913506030011122285。

联系电话：0198-27606068。

公司地址：东海市南京路 677 号。

（二）11 月月末“本年利润”和“利润分配”账户的余额

“本年利润”账户贷方余额 825 000.00 元；

“利润分配——未分配利润”账户贷方余额 23 800.00 元。

（三）光华有限责任公司 2020 年 12 月经济业务的原始凭证（见单据 8-1 ～单据 8-24）

单据 8-1-1/2

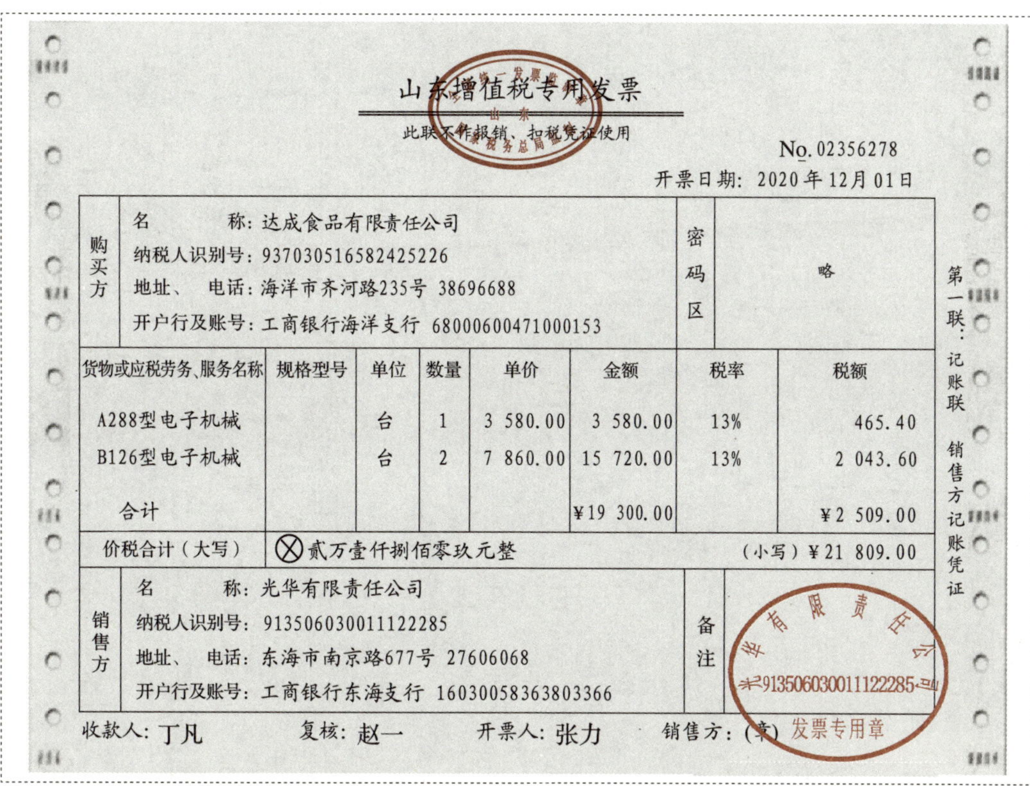

山东增值税专用发票

此联不作报销、扣税凭证使用

No. 02356278

开票日期：2020年12月01日

购买方	名　　称：达成食品有限责任公司 纳税人识别号：937030516582425226 地址、电话：海洋市齐河路235号 38696688 开户行及账号：工商银行海洋支行 68000600471000153	密码区	略

货物或应税劳务、服务名称	规格型号	单位	数量	单价	金额	税率	税额
A288型电子机械		台	1	3 580.00	3 580.00	13%	465.40
B126型电子机械		台	2	7 860.00	15 720.00	13%	2 043.60
合计					¥19 300.00		¥2 509.00
价税合计（大写）	⊗贰万壹仟捌佰零玖元整						（小写）¥21 809.00

销售方	名　　称：光华有限责任公司 纳税人识别号：913506030011122285 地址、电话：东海市南京路677号 27606068 开户行及账号：工商银行东海支行 16030058363803366	备注	

收款人：丁凡　　复核：赵一　　开票人：张力　　销售方：（章）

第一联：记账联　销售方记账凭证

单据 8-1-2/2

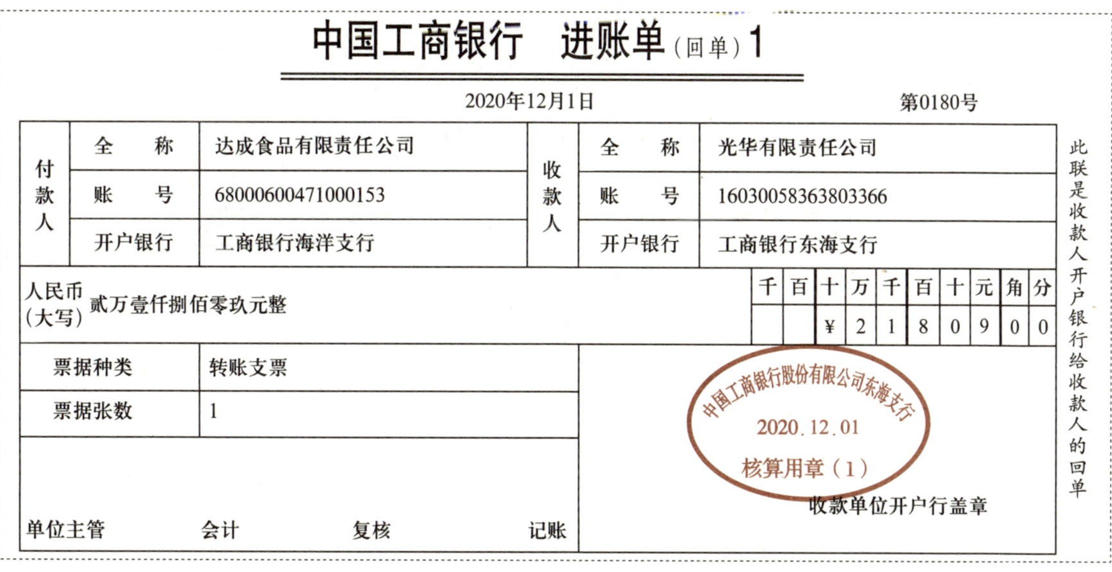

中国工商银行　进账单（回单）1

2020年12月1日　　第0180号

付款人	全　称	达成食品有限责任公司	收款人	全　称	光华有限责任公司
	账　号	68000600471000153		账　号	16030058363803366
	开户银行	工商银行海洋支行		开户银行	工商银行东海支行

人民币（大写）	千	百	十	万	千	百	十	元	角	分
贰万壹仟捌佰零玖元整			¥	2	1	8	0	9	0	0

票据种类	转账支票	收款单位开户行盖章
票据张数	1	

单位主管　　会计　　复核　　记账

此联是收款人开户银行给收款人的回单

单据 8-2-1/3

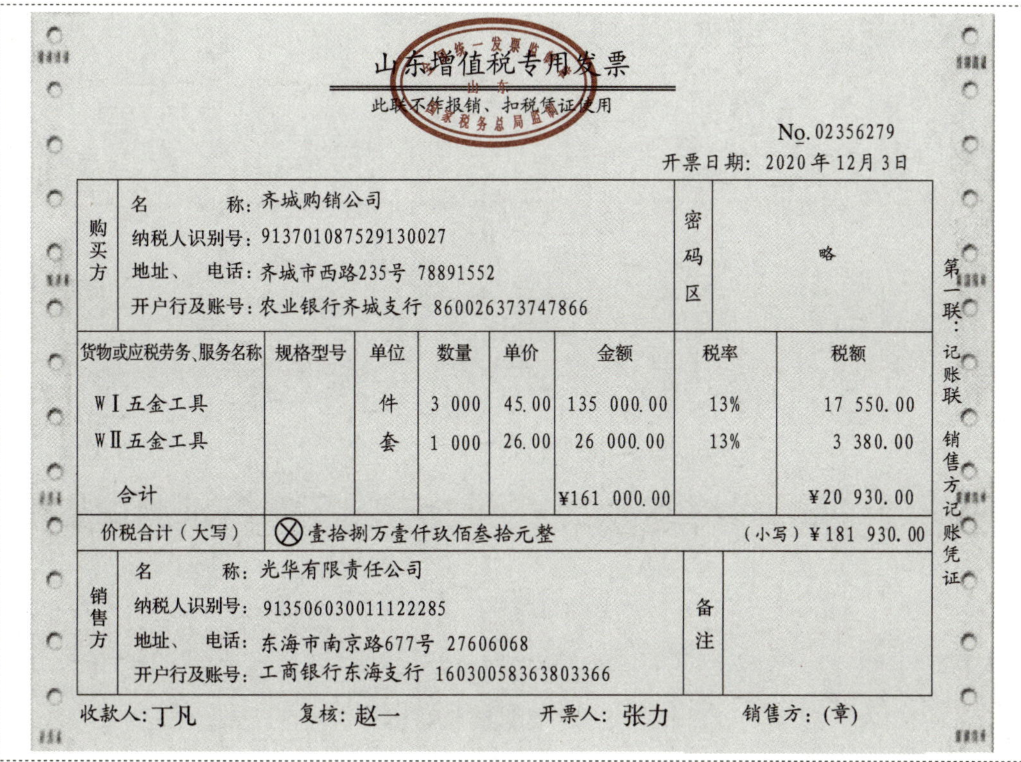

山东增值税专用发票

此联不作报销、扣税凭证使用

No. 02356279

开票日期：2020年12月3日

购买方	名称：齐城购销公司 纳税人识别号：913701087529130027 地址、电话：齐城市西路235号 78891552 开户行及账号：农业银行齐城支行 860026373747866	密码区	略				
货物或应税劳务、服务名称	规格型号	单位	数量	单价	金额	税率	税额
WⅠ五金工具		件	3 000	45.00	135 000.00	13%	17 550.00
WⅡ五金工具		套	1 000	26.00	26 000.00	13%	3 380.00
合计					¥161 000.00		¥20 930.00
价税合计（大写）	⊗壹拾捌万壹仟玖佰叁拾元整				（小写）¥181 930.00		
销售方	名称：光华有限责任公司 纳税人识别号：913506030011122285 地址、电话：东海市南京路677号 27606068 开户行及账号：工商银行东海支行 16030058363803366	备注					

收款人：丁凡 复核：赵一 开票人：张力 销售方：（章）

第一联：记账联 销售方记账凭证

单据 8-2-2/3

中国工商银行
转账支票存根

08098650
00486680

附加信息

出票日期 2020年12月3日

收款人：联运公司

金 额：¥3 800.00

用 途：代垫运杂费

单位主管 赵一 会计 张力

单据 8-2-3/3

中国工商银行托收凭证（受理回单）

委托日期2020年12月4日　　　　1　委托号码

业务类型		委托收款（□邮划　□电划）				托收承付（□邮划　☑电划）			
付款人	全称	齐城购销公司			收款人	全称	光华有限责任公司		
	账号	860026373747866				账号	16030058363803366		
	地址	山东省淄博市/县	开户行	农业银行齐城支行		地址	山东省东海市/县	开户行	工商银行东海支行
金额	人民币（大写）壹拾捌万伍仟柒佰叁拾元整					千 百 十 万 千 百 十 元 角 分	¥ 1 8 5 7 3 0 0 0		
款项内容	货款	托收凭据名称	发票			附寄单证张数	2		
商品发运情况	已发运			合同名称号码	F00142				
备注： 复核　记账		款项收妥日期 中国工商银行股份有限公司东海支行 2020.12.4 核算用章（1） 2020年12月4日				收款人开户行盖章 年　月　日			

此联为收款人开户银行给收款人的受理回单

单据 8-3-1/3

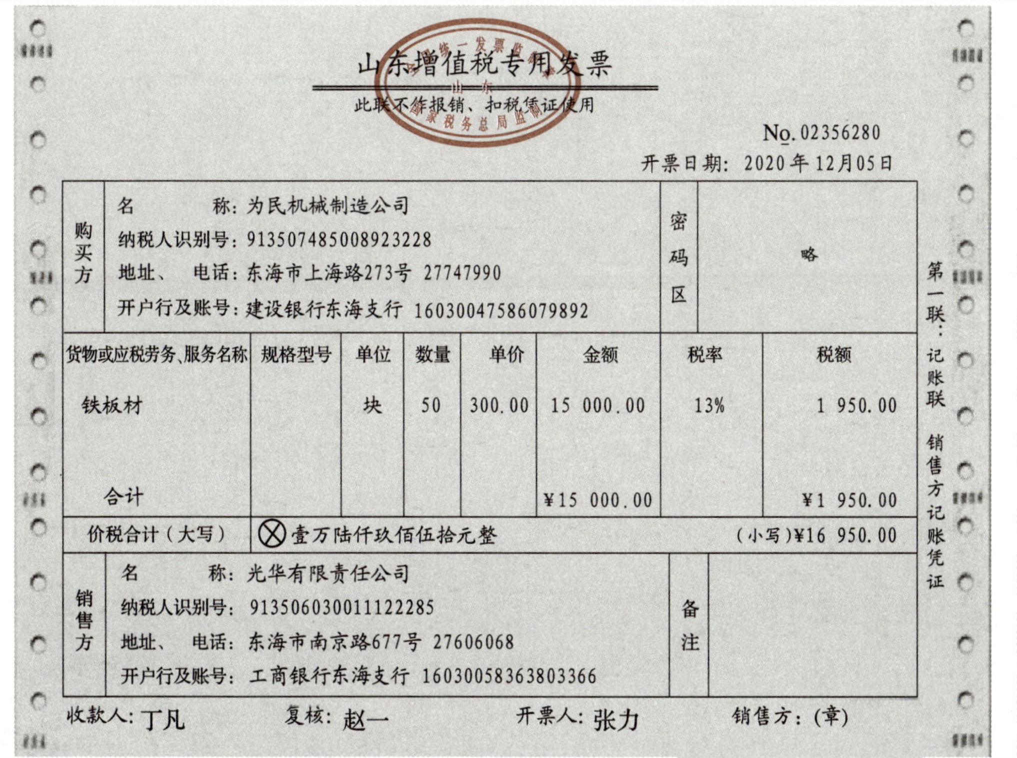

山东增值税专用发票

此联不作报销、扣税凭证使用

No. 02356280

开票日期：2020年12月05日

购买方	名　　称：为民机械制造公司 纳税人识别号：913507485008923228 地址、电话：东海市上海路273号 27747990 开户行及账号：建设银行东海支行 16030047586079892					密码区	略
货物或应税劳务、服务名称	规格型号	单位	数量	单价	金额	税率	税额
铁板材		块	50	300.00	15 000.00	13%	1 950.00
合计					¥15 000.00		¥1 950.00
价税合计（大写）	⊗壹万陆仟玖佰伍拾元整					（小写）¥16 950.00	
销售方	名　　称：光华有限责任公司 纳税人识别号：913506030011122285 地址、电话：东海市南京路677号 27606068 开户行及账号：工商银行东海支行 16030058363803366					备注	

收款人：丁凡　　复核：赵一　　开票人：张力　　销售方：（章）

第一联：记账联　销售方记账凭证

单据 8-3-2/3

领料单

字第 3609 号

领料部门：销售部门 用途：销售 2020 年12月 5日

品名	规格型号	单位	数量		单价	金额
			请领	实领		
铁板材		块	50		220.00	11 000.00
备注：	因改变生产计划，材料不再使用。					

领料部门负责人： 领料人：孙 序 会计：张 力 发料人：陈 卫

单据 8-3-3/3

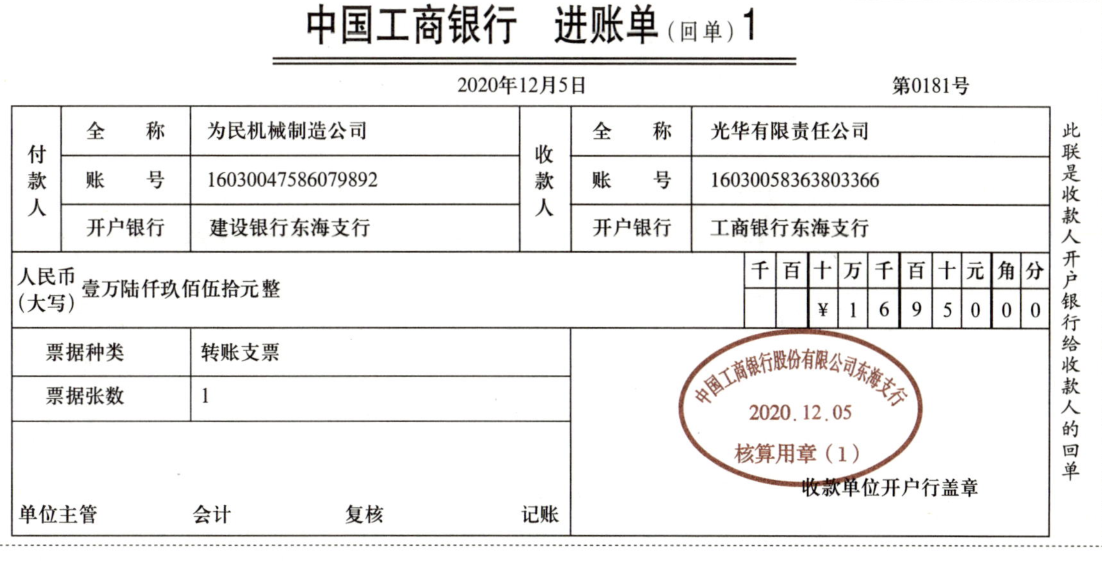

中国工商银行 进账单（回单）1

2020年12月5日 第0181号

付款人	全　称	为民机械制造公司	收款人	全　称	光华有限责任公司
	账　号	16030047586079892		账　号	16030058363803366
	开户银行	建设银行东海支行		开户银行	工商银行东海支行

人民币（大写）	千	百	十	万	千	百	十	元	角	分
壹万陆仟玖佰伍拾元整			¥	1	6	9	5	0	0	0

票据种类	转账支票
票据张数	1

单位主管 会计 复核 记账

中国工商银行股份有限公司东海支行 2020.12.05 核算用章（1）

收款单位开户行盖章

此联是收款人开户银行给收款人的回单

单据 8-4-1/3

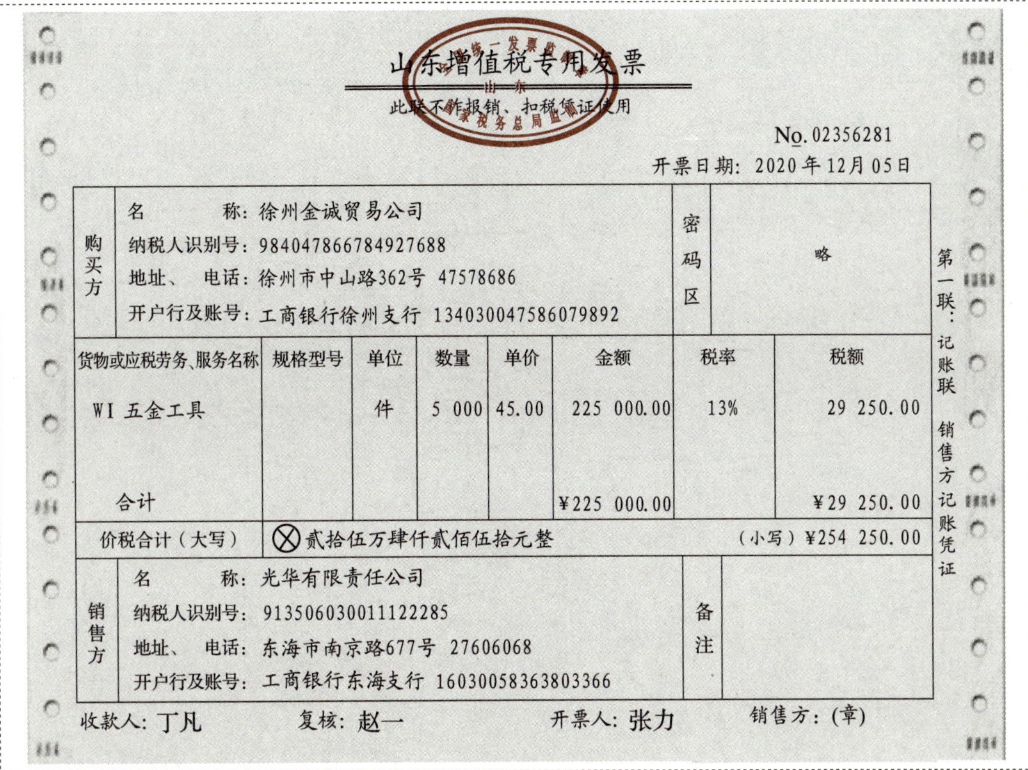

山东增值税专用发票

此联不作报销、扣税凭证使用

No.02356281

开票日期：2020 年 12 月 05 日

购买方	名　　称：徐州金诚贸易公司 纳税人识别号：984047866784927688 地址、电话：徐州市中山路362号 47578686 开户行及账号：工商银行徐州支行 134030047586079892					密码区	略
货物或应税劳务、服务名称	规格型号	单位	数量	单价	金额	税率	税额
WI 五金工具		件	5 000	45.00	225 000.00	13%	29 250.00
合计					¥225 000.00		¥29 250.00
价税合计（大写）	⊗贰拾伍万肆仟贰佰伍拾元整						（小写）¥254 250.00
销售方	名　　称：光华有限责任公司 纳税人识别号：913506030011122285 地址、电话：东海市南京路677号 27606068 开户行及账号：工商银行东海支行 160300583638033366					备注	

第一联：记账联　销售方记账凭证

收款人：丁凡　复核：赵一　开票人：张力　销售方：（章）

单据 8-4-2/3

中国工商银行
转账支票存根

586776009
00486681

附加信息

出票日期　2020年12月5日

收款人：东海市联运公司

金　额：¥5 789.00

用　途：代垫运杂费

单位主管 赵一　会计 张力

单据 8-4-3/3

购销合同

甲方：光华有限责任公司

乙方：徐州金诚贸易公司

为保护甲、乙双方的合法权益，根据《中华人民共和国合同法》，经协商一致同意签订本合同。

一、商品

品名	单位	不含税单价	数量	金额
WⅠ五金工具	件	45.00	5 000	¥225 000.00

合计人民币（大写）：贰拾贰万伍仟元整（¥225 000.00）

二、交货及验收

1. 交货实行发货制，即：甲方应按订单所规定的时间将商品发运至乙方所指定的交货地点并交予乙方。运输费由乙方承担。

2. 货到现场时乙方收货人员仅点收箱数量或件数，以后乙方开箱时如发现商品数量、质量等不符合本合同的约定，则由甲方负责。

三、结算方式

1. 甲方向乙方发出商品后，采用汇兑方式向乙方收取货款。

2. 双方约定的现金折扣条件为：2/10，1/20，n/30, 现金折扣只针对货款，不包括增值税税额。

……

四、本合同经双方签字盖章后生效，一式四份，甲、乙双方各执一份。

甲方：光华有限责任公司　　乙方：徐州金诚贸易公司

法人代表：赵鸿宇　　法人代表：刘双双

签订日期：2020.12.05　　签订日期：2020.12.05

（印章：光华有限责任公司；徐州金诚贸易公司）

单据 8-5-1/2

委托代销发出商品出库单

受托代销单位：星光商贸有限责任公司　　2020年12月5日　　委销出字第020号

商品名称及规格	单位	数量	实际成本	金额 百	十	万	千	百	十	元	角	分	备注
A288型电子机械	台	100	2 140		2	1	4	0	0	0	0	0	按售价收取10%的手续费
合　计				¥	2	1	4	0	0	0	0	0	

第二联：会计记账

主管：赵一　　记账：　　保管：钱红　　制单：孙海

单据 8-5-2/2

代销协议

甲方(委托方)：光华有限责任公司

乙方(代销方)：星光商贸有限责任公司

甲、乙双方经友好协商，在平等合作、互惠互利的基础上，就甲方有关商品代销事宜，达成协议如下：

乙方根据每月的实际销售情况于每月 10 日前进行结算，甲方应根据协议规定办理相关结算手续并支付相关的费用，协议自 2020 年 12 月 1 日起至 2021 年 12 月 31 日止，协议未到期，如要提前终止协议，需先通知对方，协商一致后可终止协议。

一、协议内容

1. 甲、乙双方经营须遵守国家相关法律法规，不得违法经营。

2. 甲方须给乙方颁发销售代理授权书，并签订本协议。

3. 乙方须接受甲方颁发的销售代理授权书，并签订本协议。

4. 甲方须以书面等方式向乙方提供可靠、全面的公司和产品宣传资料。

5. 甲方以既定的代理价格供货给乙方，乙方承诺以不超过甲方提供的建议零售限额的价格销售，代销手续费为售价（不含税）的 10%。

6. 甲方须保证由乙方代销的 A288 型电子机械均为合格产品，无劣质产品。

7. 甲方委托乙方销售的产品如下：

产品名称	建议售价	数量	金额
A288 型电子机械	3 580.00	100	¥358 000.00

合计人民币(大写)：叁拾伍万捌仟元整（¥358 000.00）

8. 甲、乙双方须共同遵守商议价格，双方各自监督，任何一方不得擅自调整价格。

9. 本协议未尽事宜双方协商解决，自双方签字之日起开始生效。

二、免责条款

1. 因不可抗力因素（战争、自然灾害等）致使甲、乙双方任何一方不能履行本协议时，免责。

2. 因甲、乙公司突发状况，严重影响经营，甲、乙双方可单方面解除本协议。

3. 甲、乙双方协商一致，可以解除本协议，无须承担违约责任。

甲方：光华有限责任公司　　　　乙方：星光商贸有限责任公司

法人代表：赵鸿宇　　　　法人代表：李程皓

日期：2020 年 12 月 1 日　　　　日期：2020 年 12 月 1 日

代销协议

单据 8-6-1/4

分期收款销售发出商品出库单

购货单位：嘉诚股份有限公司　　2020年12月12日　　分销出字第001号

商品名称及规格	单位	数量	实际成本	百	十	万	千	百	十	元	角	分	备注
B126型电子机械	台	100	5 360		5	3	6	0	0	0	0	0	按合同规定，增值税一次收取，按不含税售价分三期收款
合　计				¥	5	3	6	0	0	0	0	0	

第二联：会计记账

主管：赵一　　记账：　　保管：钱红　　制单：孙海

单据 8-6-2/4

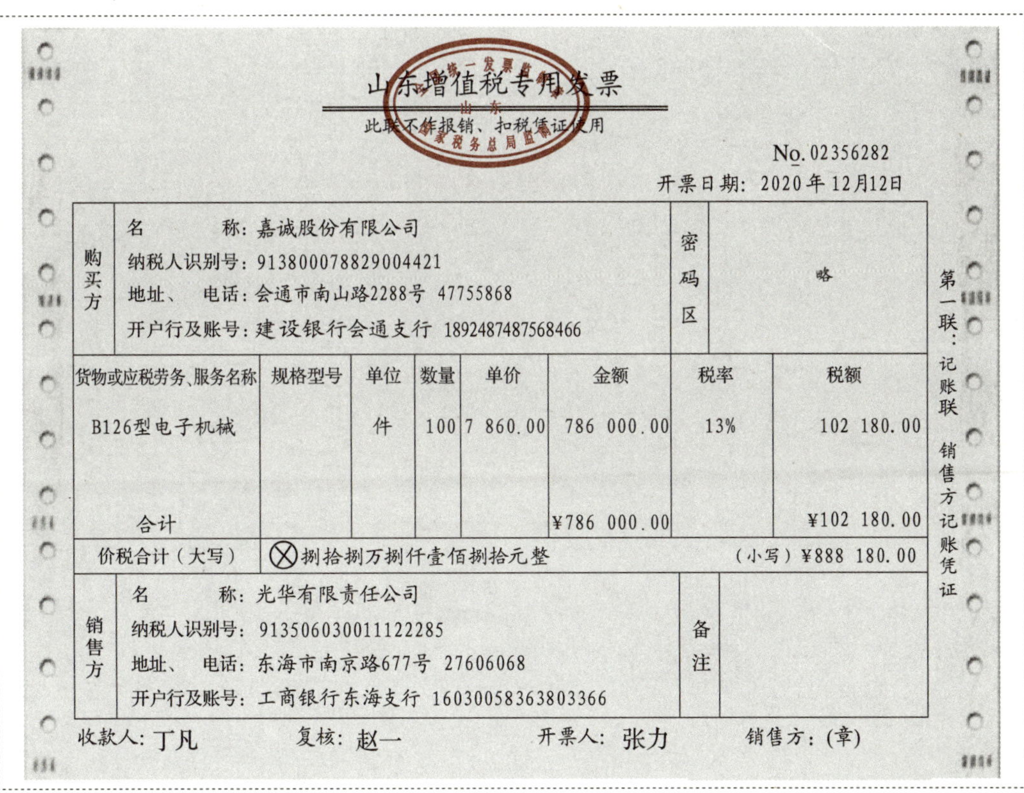

山东增值税专用发票

此联不作报销、扣税凭证使用

No. 02356282

开票日期：2020年12月12日

购买方	名称：嘉诚股份有限公司 纳税人识别号：913800078829004421 地址、电话：会通市南山路2288号 47755868 开户行及账号：建设银行会通支行 1892487487568466	密码区	略

货物或应税劳务、服务名称	规格型号	单位	数量	单价	金额	税率	税额
B126型电子机械		件	100	7 860.00	786 000.00	13%	102 180.00
合计					¥786 000.00		¥102 180.00
价税合计（大写）	⊗捌拾捌万捌仟壹佰捌拾元整					（小写）¥888 180.00	

销售方	名称：光华有限责任公司 纳税人识别号：913506030011122285 地址、电话：东海市南京路677号 27606068 开户行及账号：工商银行东海支行 16030058363803366	备注	

第一联：记账联　销售方记账凭证

收款人：丁凡　　复核：赵一　　开票人：张力　　销售方：(章)

单据 8-6-3/4

中国工商银行 进账单（回单）1

2020年12月12日　　　　第0182号

付款人	全　称	嘉诚股份有限公司	收款人	全　称	光华有限责任公司
	账　号	1892487487568466		账　号	16030058363803366
	开户银行	建设银行会通支行		开户银行	工商银行东海支行

人民币（大写）	千	百	十	万	千	百	十	元	角	分
肆拾壹万陆仟伍佰捌拾元整		¥	4	1	6	5	8	0	0	0

票据种类	银行汇票
票据张数	1

单位主管　　会计　　复核　　记账

中国工商银行股份有限公司东海支行 2020.12.12 核算用章（1）

收款单位开户行盖章

此联是收款人开户银行给收款人的回单

单据 8-6-4/4

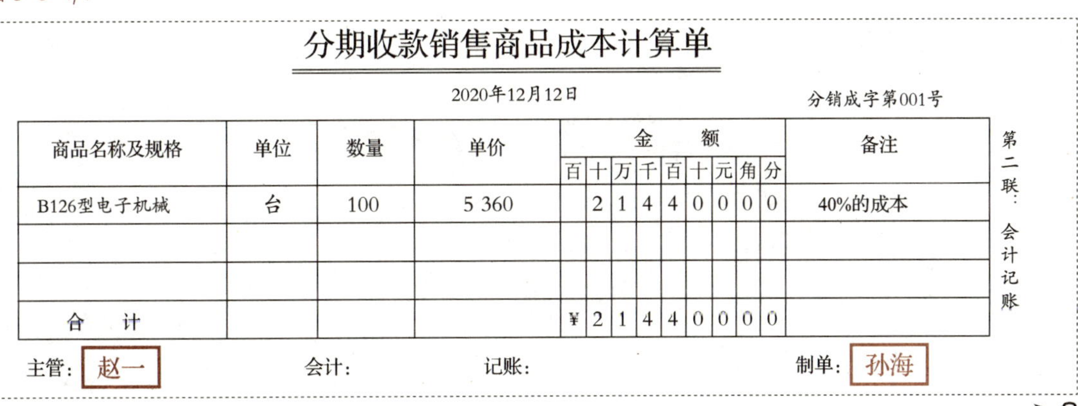

分期收款销售商品成本计算单

2020年12月12日　　　　分销成字第001号

商品名称及规格	单位	数量	单价	百	十	万	千	百	十	元	角	分	备注
B126型电子机械	台	100	5 360		2	1	4	4	0	0	0	0	40%的成本
合　计				¥	2	1	4	4	0	0	0	0	

（金额栏：百十万千百十元角分）

主管：赵一　　会计：　　记账：　　制单：孙海

第二联：会计记账

单据 8-7-1/1

中国工商银行 银行往来账凭证（收账通知）

委托日期2020年12月14日　　　　No：0289350

第0801号

收款人	全　称	光华有限责任公司		汇款人	全　称	徐州金诚贸易公司		
	账号或住址	16030058363803366			账号或住址	134030047586079892		
	汇出地点	山东东海市	汇出行名称：工商银行东海支行		汇入地点	江苏省徐州市	汇入行名称	工商银行徐州支行

金额	亿	千	百	十	万	千	百	十	元	角	分
人民币（大写）贰拾伍万伍仟伍佰叁拾玖元整			¥	2	5	5	5	3	9	0	0

汇款用途：购货款

上列款项已转账，如有疑问，请持此单来行面洽。

中国工商银行股份有限公司东海支行 2020.12.14 核算用章（1）

收款单位开户银行

此联是收款人开户银行交给收款人的收账通知

单据 8–8–1/1

中国工商银行托收凭证（收款通知）　4

委托日期2020年12月17日　　委托号码2884884

付款期限2020年12月17日

业务类型	委托收款（□邮划　□电划）				托收承付（□邮划　☑电划）			
付款人	全称	齐城购销公司		收款人	全称	光华有限责任公司		
	账号	860026373747866			账号	16030058363803366		
	地址	山东省淄博市/县	开户行：农业银行齐城支行		地址	山东省东海市/县	开户行：工商银行东海支行	
金额	人民币（大写）壹拾捌万伍仟柒佰叁拾元整				千 百 十 万 千 百 十 元 角 分	¥ 1 8 5 7 3 0 0 0		
款项内容	货款	托收凭据名称	发票		附寄单证张数	2		
商品发运情况	已发运		合同名称号码		BF178			
备注： 复核　　记账		上列款项已划回收入方账户内 中国工商银行股份有限公司东海支行 2020.12.17 核算用章（1） 收款人开户银行签章 2020年12月17日						

此联为收款人开户银行给收款人的收款通知

单据 8–9–1/3

星光商贸有限责任公司

代销商品清单

2020年12月22日　　No：300431

委托单位	光华有限责任公司					
代销商品品名	单位	数量	单价	金额	税率	增值税
A288型电子机械	台	50	3 580	179 000.00	13%	23 270.00
代销金额	179 000.00		手续费率	10%	¥17 900.00	
说明	共委托代销100台		备注：	手续费按不含税价计算		

星光商贸有限责任公司 380002664530998 发票专用章

会计主管：卫青　　复核：张红　　经办人：吴为

三联记账

单据 8-9-2/3

山东增值税专用发票

此联不作报销、扣税凭证使用

No.02356283

开票日期：2020 年 12 月 22日

购买方	名　　称：星光商贸有限责任公司 纳税人识别号：938000266453099843 地址、电话：东岳市泰山路386号 65886898 开户行及账号：工商银行泰山分理处 2100060035765846					密码区	略
货物或应税劳务、服务名称	规格型号	单位	数量	单价	金额	税率	税额
A288型电子机械		台	50	3 580.00	179 000.00	13%	23 270.00
合计					¥179 000.00		¥23 270.00
价税合计（大写）	⊗贰拾万贰仟贰佰柒拾元整				（小写） ¥202 270.00		
销售方	名　　称：光华有限责任公司 纳税人识别号：913506030011122285 地址、电话：东海市南京路677号 27606068 开户行及账号：工商银行东海支行 16030058363803366					备注	

收款人：丁凡　　复核：赵一　　开票人：张力　　销售方：（章）

第一联：记账联　销售方记账凭证

单据 8-9-3/3

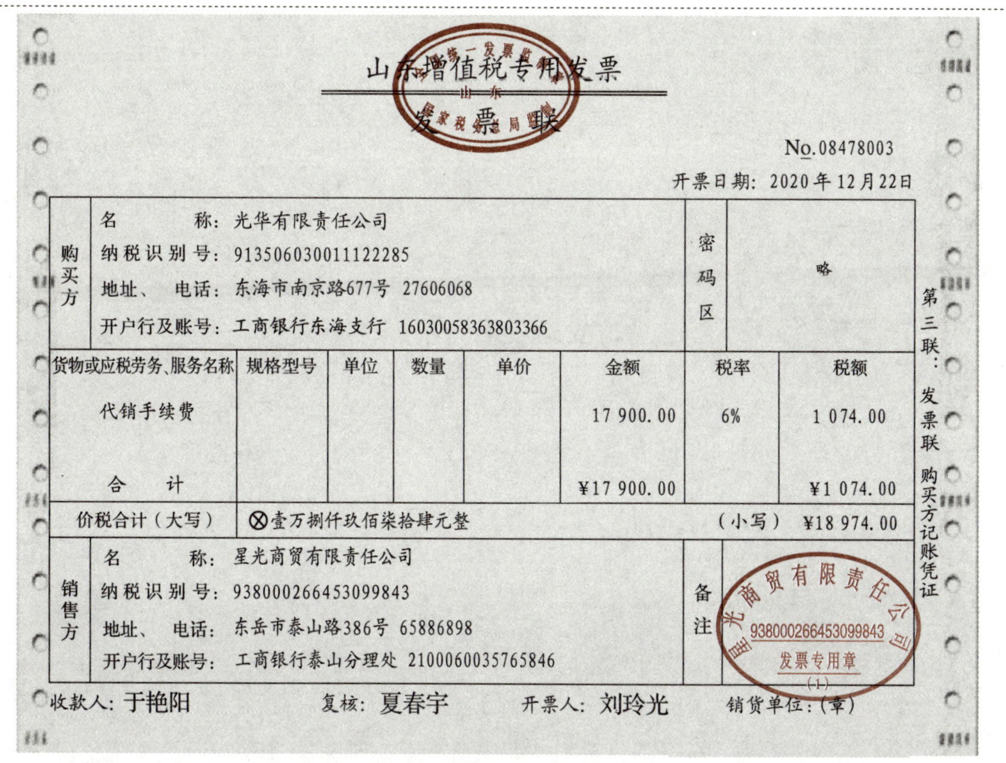

山东增值税专用发票

发　票　联

No.08478003

开票日期：2020 年 12 月22日

购买方	名　　称：光华有限责任公司 纳税识别号：913506030011122285 地址、电话：东海市南京路677号 27606068 开户行及账号：工商银行东海支行 16030058363803366					密码区	略
货物或应税劳务、服务名称	规格型号	单位	数量	单价	金额	税率	税额
代销手续费					17 900.00	6%	1 074.00
合　计					¥17 900.00		¥1 074.00
价税合计（大写）	⊗壹万捌仟玖佰柒拾肆元整				（小写） ¥18 974.00		
销售方	名　　称：星光商贸有限责任公司 纳税识别号：938000266453099843 地址、电话：东岳市泰山路386号 65886898 开户行及账号：工商银行泰山分理处 2100060035765846					备注	星光商贸有限责任公司 938000266453099843 发票专用章

收款人：于艳阳　　复核：夏春宇　　开票人：刘玲光　　销货单位：（章）

第三联：发票联　购买方记账凭证

注：委托代销 100 台，已销售 50 台，代销手续费按不含税代销额的 10% 计算，抵扣代销款。

单据 8-10-1/1

中国工商银行 进账单(回单)1

2020年12月26日 第0183号

付款人	全称	星光商贸有限责任公司	收款人	全称	光华有限责任公司
	账号	2100060035765846		账号	16030058363803366
	开户银行	工商银行泰山分理处		开户银行	工商银行东海支行

人民币(大写)	千	百	十	万	千	百	十	元	角	分
壹拾捌万叁仟贰佰玖拾陆元整		¥	1	8	3	2	9	6	0	0

票据种类	银行汇票
票据张数	1

单位主管 会计 复核 记账

收款单位开户行盖章

中国工商银行股份有限公司东海支行 2020.12.26 核算用章(1)

此联是收款人开户银行给收款人的回单

单据 8-11-1/1

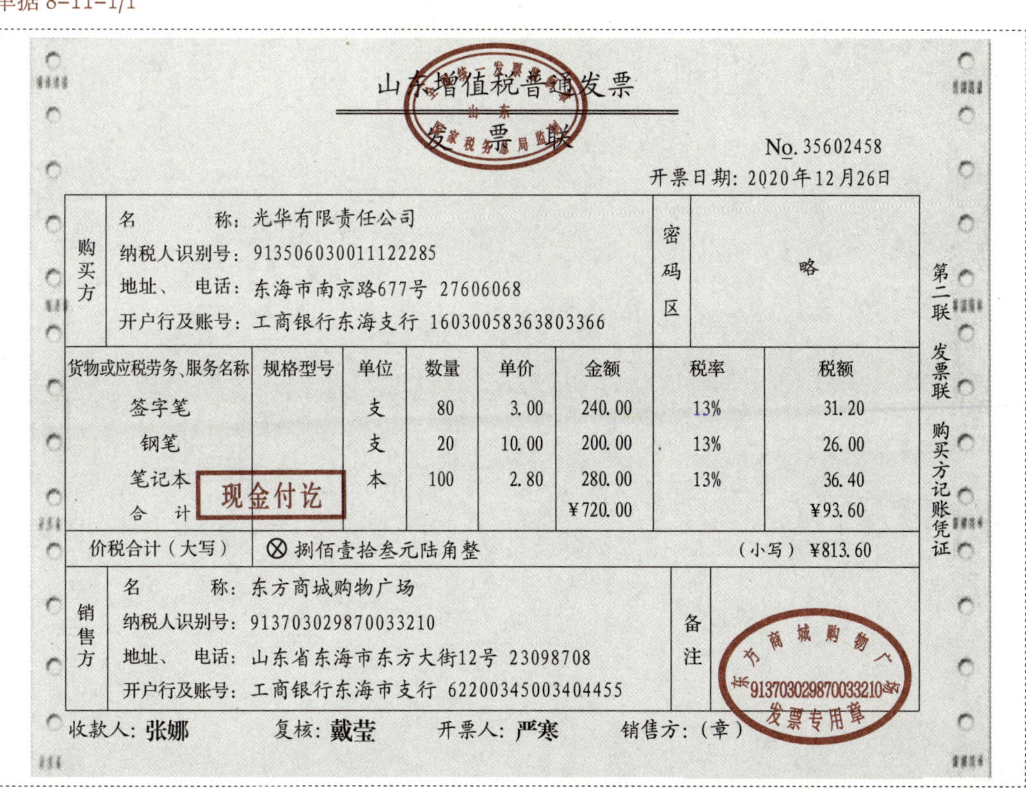

山东增值税普通发票

发票联

No. 35602458

开票日期: 2020年12月26日

购买方	名称: 光华有限责任公司 纳税人识别号: 913506030011122285 地址、电话: 东海市南京路677号 27606068 开户行及账号: 工商银行东海支行 16030058363803366	密码区	略

货物或应税劳务、服务名称	规格型号	单位	数量	单价	金额	税率	税额
签字笔		支	80	3.00	240.00	13%	31.20
钢笔		支	20	10.00	200.00	13%	26.00
笔记本		本	100	2.80	280.00	13%	36.40
合计					¥720.00		¥93.60
价税合计(大写)	⊗捌佰壹拾叁元陆角整					(小写)	¥813.60

销售方	名称: 东方商城购物广场 纳税人识别号: 913703029870033210 地址、电话: 山东省东海市东方大街12号 23098708 开户行及账号: 工商银行东海市支行 62200345003404455	备注	东方商城购物广场 913703029870033210 发票专用章

现金付讫

收款人: 张娜 复核: 戴莹 开票人: 严寒 销售方:(章)

第二联 发票联 购买方记账凭证

单据 8-12-1/2

山东行政事业性收费政府性基金收款收据 4

填制日期：2020年12月27日 执收单位名称：NO1013035700067

缴款人：光华有限责任公司 执收单位编号：5738

项目编号	项目名称	单位	数量	收费标准	金额
03-3213	仲裁费				16 574.00
合计金额人民币（大写）壹万陆仟伍佰柒拾肆元整		（小写）¥16 574.00			

收款人：李东 制单：刘红

第二联发票联

单据 8-12-2/2

中国工商银行
转账支票存根
586776010
00486682

附加信息

出票日期 2020年12月27日

收款人：东海市仲裁委员会

金 额：¥16 574.00

用 途：付仲裁费

单位主管 赵一 会计 张力

单据 8-13-1/1

山东法院系统诉讼费专用票据

执行法院名称：东海市人民法院

2020年12月12日　　　　执行法院编码：0335

缴款人	原告：红光股份有限公司		案号（2005）东执字第308号	
被告：光华有限责任公司			案由	标的额：
项目编号	项目名称	金额	省国库（25%）	市县（区）（75%）
0335—2621	案件受理费	3 300.00	825.00	2 475.00
		现金付讫		
合计金额人民币（大写）	叁仟叁佰元整		（小写）¥3 300.00	

制单：李辉　　　　东海市人民法院财务专用章

单据 8-14-1/2

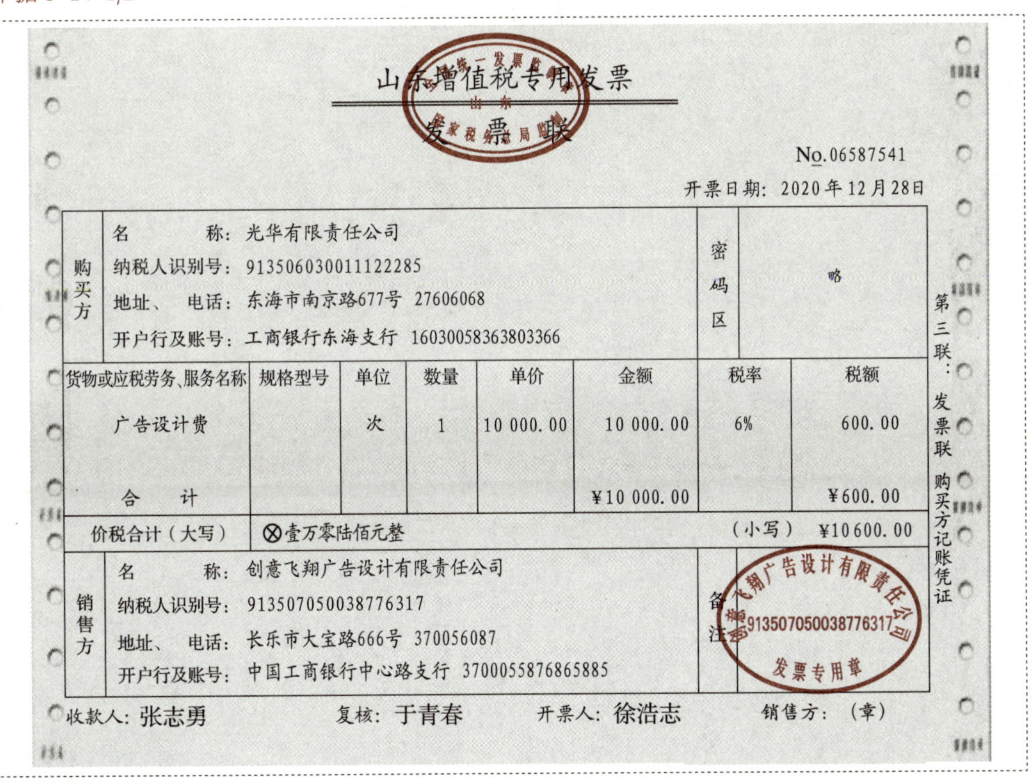

山东增值税专用发票

发票联

No.06587541

开票日期：2020年12月28日

购买方	名称：光华有限责任公司 纳税人识别号：913506030011122285 地址、电话：东海市南京路677号 27606068 开户行及账号：工商银行东海支行 16030058363803366					密码区	略
货物或应税劳务、服务名称	规格型号	单位	数量	单价	金额	税率	税额
广告设计费		次	1	10 000.00	10 000.00	6%	600.00
合计					¥10 000.00		¥600.00
价税合计（大写）	⊗壹万零陆佰元整					（小写）	¥10600.00
销售方	名称：创意飞翔广告设计有限责任公司 纳税人识别号：913507050038776317 地址、电话：长乐市大宝路666号 370056087 开户行及账号：中国工商银行中心路支行 3700055876865885					备注	创意飞翔广告设计有限责任公司 913507050038776317 发票专用章

收款人：张志勇　　复核：于青春　　开票人：徐浩志　　销售方：（章）

第三联：发票联 购买方记账凭证

（抵扣联略）

单据 8–14–2/2

中国工商银行
转账支票存根

586776012
00486684

附加信息

出票日期 2020年12月28日

收款人：创意飞翔广告设计有限责任公司

金 额：¥10 600.00

用 途：付广告费

单位主管 赵一 会计 张力

单据 8–15–1/3

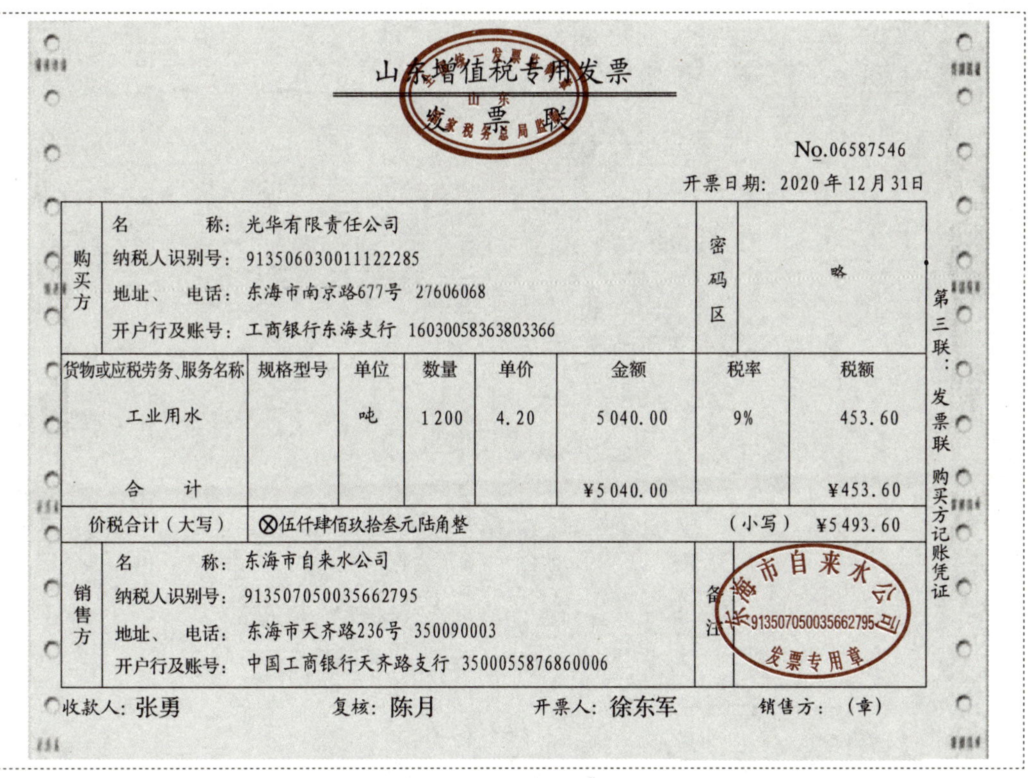

山东增值税专用发票

发票联

No.06587546

开票日期：2020年12月31日

购买方	名称：光华有限责任公司 纳税人识别号：913506030011122285 地址、电话：东海市南京路677号 27606068 开户行及账号：工商银行东海支行 16030058363803366	密码区	略

货物或应税劳务、服务名称	规格型号	单位	数量	单价	金额	税率	税额
工业用水		吨	1 200	4.20	5 040.00	9%	453.60
合 计					¥5 040.00		¥453.60
价税合计（大写）	⊗伍仟肆佰玖拾叁元陆角整				（小写）	¥5 493.60	

销售方	名称：东海市自来水公司 纳税人识别号：913507050035662795 地址、电话：东海市天齐路236号 350090003 开户行及账号：中国工商银行天齐路支行 3500055876860006	备注	

收款人：张勇 复核：陈月 开票人：徐东军 销售方：（章）

第三联：发票联 购买方记账凭证

（抵扣联略）

单据 8-15-2/3

外购水费分配表

2020年12月31日　　金额单位：元

受益对象	耗用量	分配率	分配金额
生产车间	1 100		
公司管理部门	100		
合计	1 200		

单据 8-15-3/3

中国工商银行
转账支票存根
586776012
00486685
附加信息

出票日期　2020年12月31日

收款人：东海市自来水公司
金　额：¥5 493.60
用　途：付水费

单位主管 赵一　会计 张力

单据 8-16-1/3

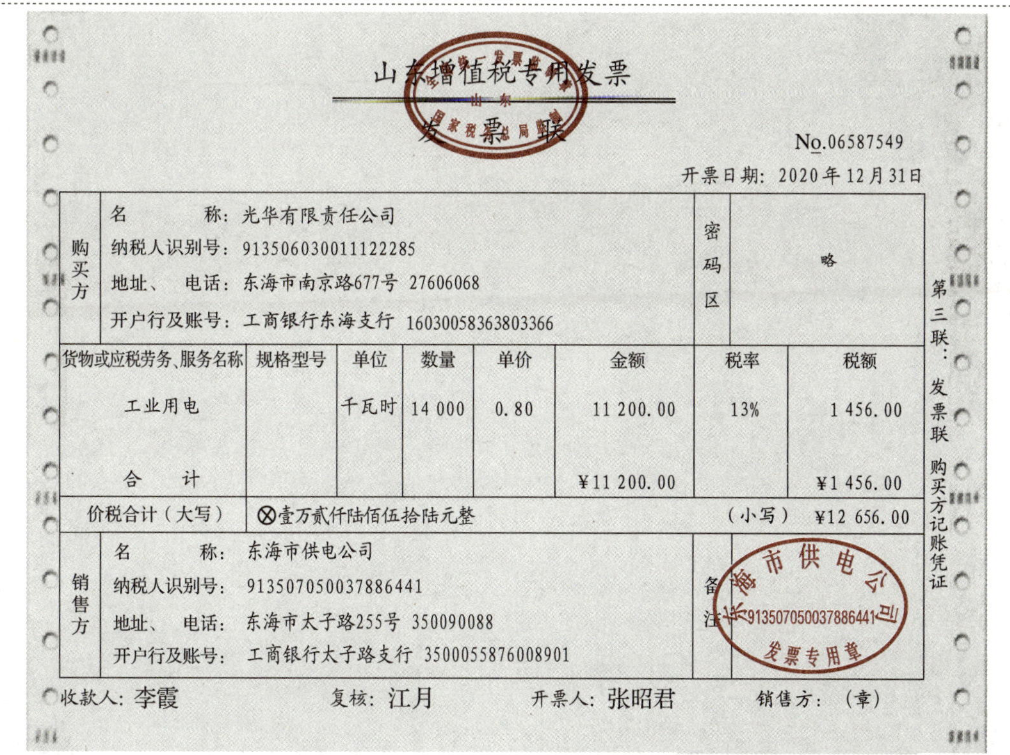
山东增值税专用发票
发　票　联

No.06587549

开票日期：2020年12月31日

购买方	名　称：光华有限责任公司 纳税人识别号：913506030011122285 地址、电话：东海市南京路677号 27606068 开户行及账号：工商银行东海支行 16030058363803366					密码区	略
货物或应税劳务、服务名称	规格型号	单位	数量	单价	金额	税率	税额
工业用电		千瓦时	14 000	0.80	11 200.00	13%	1 456.00
合　计					¥11 200.00		¥1 456.00
价税合计（大写）	⊗壹万贰仟陆佰伍拾陆元整				（小写）¥12 656.00		
销售方	名　称：东海市供电公司 纳税人识别号：913507050037886441 地址、电话：东海市太子路255号 350090088 开户行及账号：工商银行太子路支行 3500055876008901					备注	

收款人：李霞　复核：江月　开票人：张昭君　销售方：（章）

第三联：发票联 购买方记账凭证

单据 8-16-2/3

外购电费分配表

2020年12月31日　　　　金额单位：元

受益对象	耗用量	分配率	分配金额
生产车间	12 800		
公司管理部门	1 200		
合计	14 000		

单据 8-16-3/3

ICBC 中国工商银行　　凭证

业务回单（付款）

币别：人民币　2020年12月31日　回单编号：162360004785

付款人户名：光华有限责任公司　付款人开户行：工商银行东海支行

付款人账号（卡号）：16030058363803366

收款人户名：东海市供电公司　收款人开户行：工商银行太子路支行

收款人账号（卡号）：3500055876008901

金额：壹万贰仟陆佰伍拾陆元整　小写：12 656.00元

业务（产品种类）：同城转账　凭证种类：000000　凭证号码：000000

摘要：转款　用途：付电费

交易机构：0165780021　记账柜员：00014　交易代码 3324　渠道：网上银行

客户备注：

本回单为第1次打印，注意重复　打印日期：2020年12月31日　打印柜员：9　验证码：2543288478001

中国工商银行股份有限公司东海支行 自助回单机专用章 (01)

单据 8-17-1/1

预提借款利息计算表

2020年12月31日　　　　第012号

借款种类	借款额	利率	本月应提利息	备　注
生产周转借款	200 000	7.20%		
基建借款	10 000 000	8.40%		
合计				

主管：　会计：　记账：　制单：

单据 8-18-1/1

销售商品成本计算单

2020年12月31日　　　　第001号

商品名称及规格	单位	数量	单价	金额									备注
				百	十	万	千	百	十	元	角	分	

主管：　会计：　记账：　制单：

单据 8-19-1/1

城市维护建设税、教育费附加计算表

2020年12月31日　　单位：元

项目	计算依据			比例	金额
	增值税	消费税	合计		
城市维护建设税				7%	
教育费附加				3%	
合计					

会计主管：　　审核：　　制单：

单据 8-20-1/2

本月损益类账户结转表

2020年12月31日　　单位：元

科目名称	借方发生额	贷方发生额
主营业务收入		
其他业务收入		
合计		

会计主管：　　审核：　　制单：

单据 8-20-2/2

本月损益类账户结转表

2020年12月31日　　单位：元

科目名称	借方发生额	贷方发生额
主营业务成本		
其他业务成本		
税金及附加		
管理费用		
销售费用		
财务费用		
合计		

会计主管：　　审核：　　制单：

单据 8-21-1/2

本月所得税计算表

2020年12月31日　　单位：元

计税依据（本期利润总额）	税率	本期应交所得税金额
	25%	

单据 8-21-2/2

内部转账单

2020年12月31日　　单位：元

应借科目	应贷科目	金　额	备　注
本年利润			
	所得税费用		

会计主管：赵一　　审核：李勇　　制单：张力

单据 8-22-1/1

内部转账单

2020年12月31日　　单位：元

应借科目	应贷科目	金　额	备　注
本年利润			
	利润分配——未分配利润		

会计主管：赵一　　审核：李勇　　制单：张力

单据 8-23-1/2

本年提取盈余公积金计算表

企业名称：光华有限责任公司　　2020年度　　单位：元

项　目	金额(小数点后两位)
本年净利润	
减：弥补企业以前年度亏损	0
计提盈余公积基数	
本年应计提法定盈余公积	
本年应计提任意盈余公积	

会计主管：赵一　　审核：李勇　　制单：张力

单据 8-23-2/2

应付利润计算表

企业名称：光华有限责任公司　　2020年度　　单位：元

上年未分配利润	可供分配利润	可供投资者分配利润	分配比例	应付利润总额

会计主管：赵一　　审核：李勇　　制单：张力

单据 8-24-1/1

内部转账单

2020年12月31日　　单位：元

应借科目	应贷科目	金额	备注
利润分配——未分配利润			
	利润分配——提取法定盈余公积金		
	利润分配——提取任意盈余公积金		
	利润分配——应付利润		

会计主管：赵一　　审核：李勇　　制单：张力

三、实训要求

1. 设置“本年利润”和“利润分配”总账及明细账，并登记期初余额。

2. 根据原始凭证编制会计凭证。

3. 假定该公司 12 月仅发生上述经济业务，作出利润结转、按 25% 计算缴纳所得税以及利润分配的有关会计处理。（法定盈余公积、任意盈余公积的提取比例为 10%、5%，向投资者分配利润 20%。）

4. 进行年度利润结转，并计算企业年终“利润分配——未分配利润”账户。

四、所需实训材料

序号	种类	数量	备注
1	记账凭证	34 张	通用记账凭证或者用下列会计分录纸代替记账凭证
2	三栏式账页	8 张	本年利润、利润分配总账及明细账

1. 会计分录纸（代替记账凭证）

序号	摘要	会计科目	明细科目	记账	借方金额	贷方金额

续表

序号	摘要	会计科目	明细科目	记账	借方金额	贷方金额

续表

序号	摘要	会计科目	明细科目	记账	借方金额	贷方金额

2. 明细账

总分类账

会计科目＿＿＿＿＿

年		凭证		摘要	对方科目	借方									贷方									借或贷	余额								
月	日	种类	号数			百	十	万	千	百	十	元	角	分	百	十	万	千	百	十	元	角	分		百	十	万	千	百	十	元	角	分

总分类账

会计科目＿＿＿＿＿

年		凭证		摘要	对方科目	借方									贷方									借或贷	余额								
月	日	种类	号数			百	十	万	千	百	十	元	角	分	百	十	万	千	百	十	元	角	分		百	十	万	千	百	十	元	角	分

明　细　账

科目________

年		凭证		摘要	对方科目	借方										贷方										借或贷	余额									
月	日	种类	号数			千	百	十	万	千	百	十	元	角	分	千	百	十	万	千	百	十	元	角	分		千	百	十	万	千	百	十	元	角	分

明　细　账

科目________

年		凭证		摘要	对方科目	借方										贷方										借或贷	余额									
月	日	种类	号数			千	百	十	万	千	百	十	元	角	分	千	百	十	万	千	百	十	元	角	分		千	百	十	万	千	百	十	元	角	分

明 细 账

科目________

年		凭证		摘要	对方科目	借方										贷方										借或贷	余额									
月	日	种类	号数			千	百	十	万	千	百	十	元	角	分	千	百	十	万	千	百	十	元	角	分		千	百	十	万	千	百	十	元	角	分

明 细 账

科目________

年		凭证		摘要	对方科目	借方										贷方										借或贷	余额									
月	日	种类	号数			千	百	十	万	千	百	十	元	角	分	千	百	十	万	千	百	十	元	角	分		千	百	十	万	千	百	十	元	角	分

明　细　账

科目________

年		凭证		摘要	对方科目	借方										贷方										借或贷	余额									
月	日	种类	号数			千	百	十	万	千	百	十	元	角	分	千	百	十	万	千	百	十	元	角	分		千	百	十	万	千	百	十	元	角	分

五、实训答案

记账凭证

本年利润
总账及明细账

利润分配
总账及明细账

实训九

会计报表编制综合实训

一、实训目的

综合训练会计业务处理及资产负债表、利润表和现金流量表的编制方法。

二、实训资料

（一）光华有限责任公司基本情况

光华有限责任公司是增值税一般纳税人，增值税税率为13%。假定生产A288、B126两种产品。

出纳：丁凡；会计：张力；主管：赵一。

开户银行：工商银行东海支行；行号：37930。

账号：16030058363803366。

统一社会信用代码：913506030011122285。

联系电话：0198-27606068。

公司地址：东海市南京路677号。

（二）光华有限责任公司2020年12月1日有关账户的余额

单位：元

账户	金额（借）	账户	金额（贷）
库存现金	7 600	累计折旧	1 392 000
银行存款	613 000	短期借款	278 000
应收票据	60 000		
应收账款	140 000	应付账款	179 600
其他应收款	10 800	应交税费	9 400
在途物资	160 000	其他应付款	143 000
原材料	194 000	长期借款	1 000 000
库存商品	907 800	实收资本	16 139 800
长期股权投资	136 600	盈余公积	978 000
固定资产	18 070 000	本年利润	420 000
无形资产	240 000		

注：本年利润为当年实现的利润。

（三）该公司2020年12月发生的有关经济业务的原始凭证（见单据9-1～单据9-26）

单据 9-1-1/3

山东增值税专用发票

抵　扣　联

No. 0356800

开票日期：2020 年 12 月01日

购买方	名　　称：光华有限责任公司 纳税人识别号：913506030011122285 地址、电话：东海市南京路677号 27606068 开户行及账号：工商银行东海支行 16030058363803366					密码区	略
货物或应税劳务、服务名称	规格型号	单位	数量	单价	金额	税率	税额
电子零件		件	2 000	40	80 000.00	13%	10 400.00
合　计					¥80 000.00		¥ 10 400.00
价税合计（大写）	玖万零肆佰元整					（小写）	¥ 90 400.00
销售方	名　　称：恒生股份有限公司 纳税人识别号：913700828500002128 地址、电话：东海市大明湖路676号 22552364 开户行及账号：工商银行城东办事处 16221138663802233					备注	恒生股份有限公司 913700828500002128 发票专用章

收款人：王敏　　复核：孔真　　开票人：程为　　销售方：（章）

第二联：抵扣联　购买方扣税凭证

单据 9-1-2/3

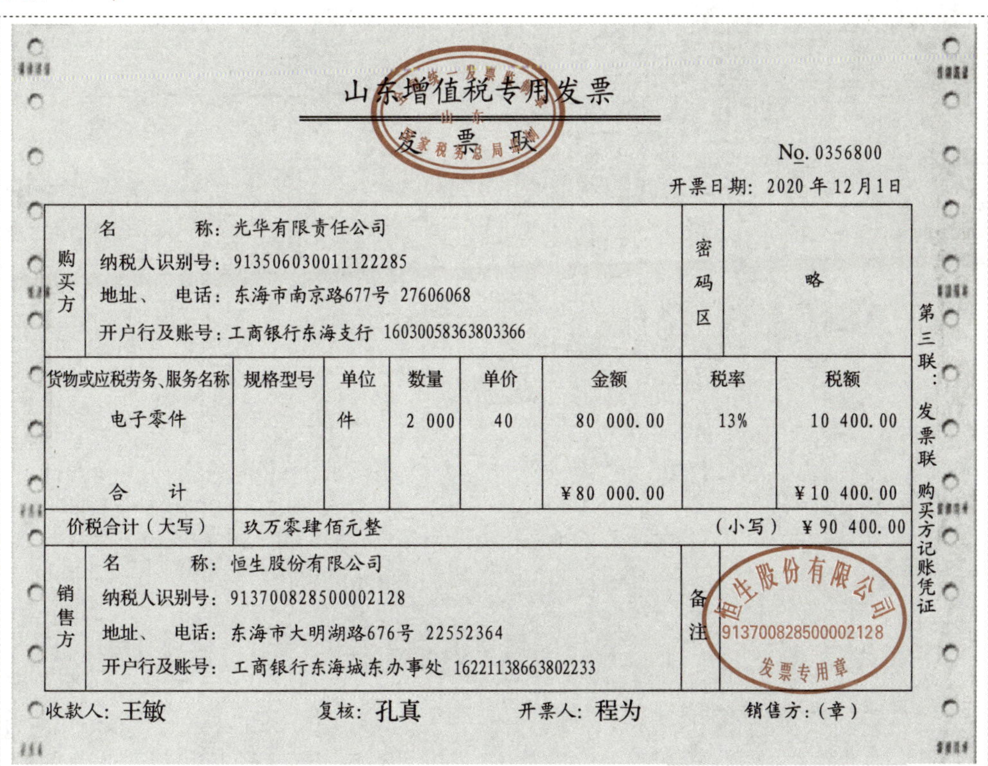

山东增值税专用发票

发　票　联

No. 0356800

开票日期：2020 年 12 月1日

购买方	名　　称：光华有限责任公司 纳税人识别号：913506030011122285 地址、电话：东海市南京路677号 27606068 开户行及账号：工商银行东海支行 16030058363803366					密码区	略
货物或应税劳务、服务名称	规格型号	单位	数量	单价	金额	税率	税额
电子零件		件	2 000	40	80 000.00	13%	10 400.00
合　计					¥80 000.00		¥10 400.00
价税合计（大写）	玖万零肆佰元整					（小写）	¥ 90 400.00
销售方	名　　称：恒生股份有限公司 纳税人识别号：913700828500002128 地址、电话：东海市大明湖路676号 22552364 开户行及账号：工商银行东海城东办事处 16221138663802233					备注	恒生股份有限公司 913700828500002128 发票专用章

收款人：王敏　　复核：孔真　　开票人：程为　　销售方：（章）

第三联：发票联　购买方记账凭证

单据 9–1–3/3

中国工商银行
转账支票存根
00004546
00486690
附加信息

出票日期　2020年12月1日

收款人：恒生股份有限公司
金　额：¥ 90 400.00
用　途：购买电子零件

单位主管 赵一　会计 张力

单据 9–2–1/1

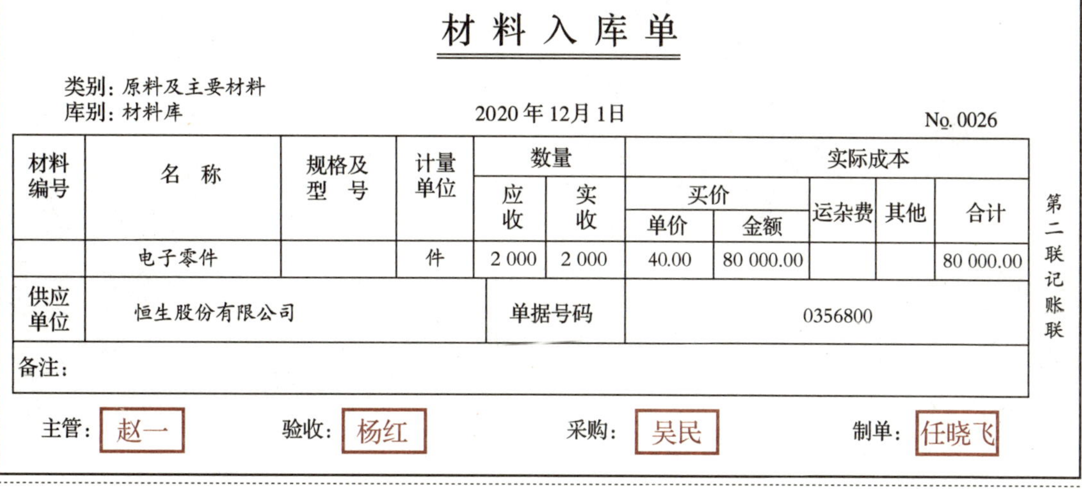
材 料 入 库 单

类别：原料及主要材料
库别：材料库　　2020年12月1日　　No. 0026

材料编号	名　称	规格及型　号	计量单位	数量		实际成本				
				应收	实收	买价		运杂费	其他	合计
						单价	金额			
	电子零件		件	2 000	2 000	40.00	80 000.00			80 000.00
供应单位	恒生股份有限公司			单据号码		0356800				
备注：										

第二联记账联

主管：赵一　验收：杨红　采购：吴民　制单：任晓飞

单据 9–3–1/1

借 款 单

2020年12月3日　　字第 0275 号

借款人	吕田	借款事由	参加订货会
所属部门	购销科		
借款金额人民币（大写）	陆仟元整	核准金额	人民币（大写）陆仟元整

审批意见：同意借支　于亮　12月3日	归还期限	12月18日	归还方式	回来报账

现金付讫

会计主管：赵一　复核：张力　出纳：丁凡　借款人：吕田

单据 9–4–1/2

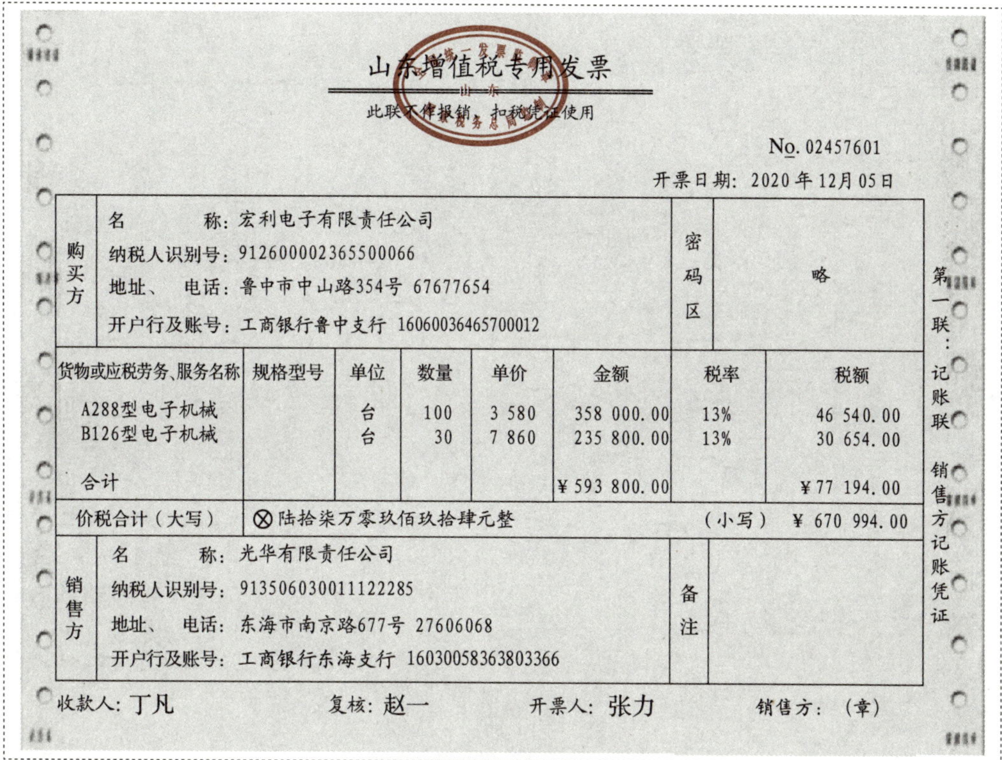

山东增值税专用发票

此联不作报销、扣税凭证使用

No. 02457601

开票日期：2020年12月05日

购买方	名称：宏利电子有限责任公司 纳税人识别号：912600002365500066 地址、电话：鲁中市中山路354号 67677654 开户行及账号：工商银行鲁中支行 16060036465700012				密码区	略	
货物或应税劳务、服务名称	规格型号	单位	数量	单价	金额	税率	税额
A288型电子机械		台	100	3 580	358 000.00	13%	46 540.00
B126型电子机械		台	30	7 860	235 800.00	13%	30 654.00
合计					¥593 800.00		¥77 194.00
价税合计（大写）	⊗陆拾柒万零玖佰玖拾肆元整					（小写）	¥670 994.00
销售方	名称：光华有限责任公司 纳税人识别号：913506030011122285 地址、电话：东海市南京路677号 27606068 开户行及账号：工商银行东海支行 16030058363803366				备注		

收款人：丁凡 复核：赵一 开票人：张力 销售方：（章）

第一联：记账联 销售方记账凭证

单据 9–4–2/2

中国工商银行 进账单（回单）1

2020年12月5日 第0610号

付款人	全称	宏利电子有限责任公司	收款人	全称	光华有限责任公司
	账号	16060036465700012		账号	16030058363803366
	开户银行	工商银行鲁中支行		开户银行	工商银行东海支行
人民币（大写）	陆拾柒万零玖佰玖拾肆元整			千百十万千百十元角分	¥67099400
票据种类	银行汇票				
票据张数	1				

单位主管 会计 复核 记账

中国工商银行股份有限公司东海支行 2020.12.05 核算用章（1）

收款单位开户行盖章

此联是收款人开户银行给收款人的回单

单据 9-5-1/2

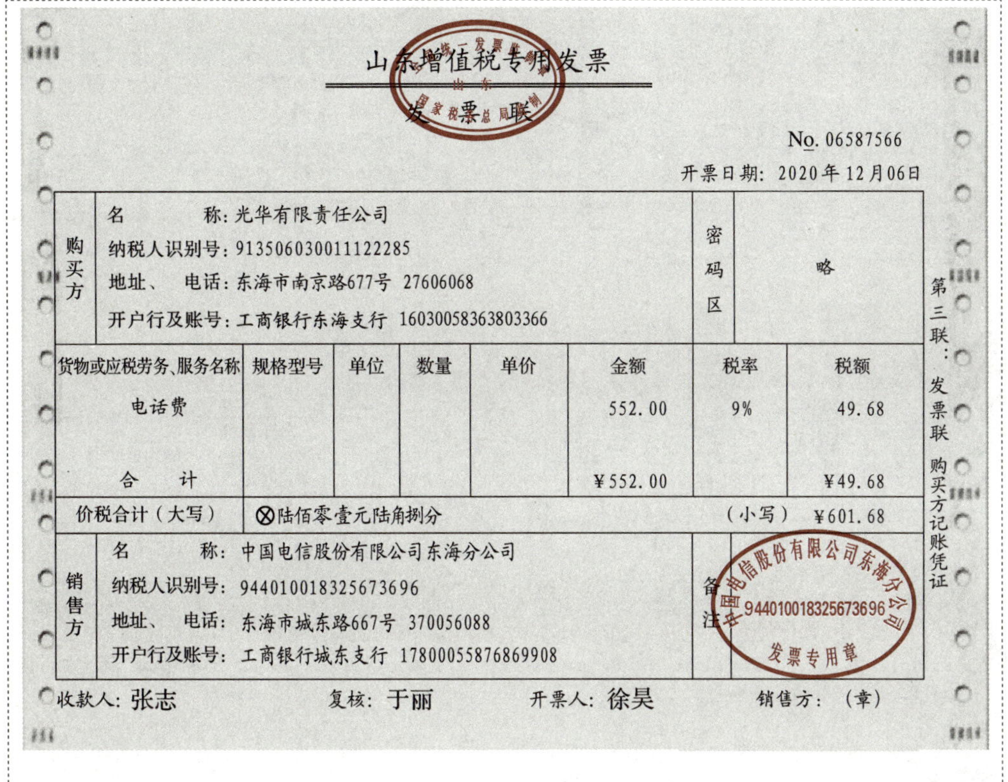

山东增值税专用发票

发票联

No. 06587566

开票日期：2020年12月06日

购买方	名　　称：光华有限责任公司 纳税人识别号：913506030011122285 地址、电话：东海市南京路677号 27606068 开户行及账号：工商银行东海支行 16030058363803366				密码区	略	
货物或应税劳务、服务名称	规格型号	单位	数量	单价	金额	税率	税额
电话费					552.00	9%	49.68
合　计					¥552.00		¥49.68
价税合计（大写）	⊗陆佰零壹元陆角捌分				（小写）¥601.68		
销售方	名　　称：中国电信股份有限公司东海分公司 纳税人识别号：944010018325673696 地址、电话：东海市城东路667号 370056088 开户行及账号：工商银行城东支行 17800055876869908				备注	中国电信股份有限公司东海分公司 944010018325673696 发票专用章	

收款人：张志　　复核：于丽　　开票人：徐昊　　销售方：（章）

第三联：发票联　购买方记账凭证

（抵扣联略）

单据 9-5-2/2

电子银行转账凭证（回单）

2020年12月6日　　序号60006333

付款人	户名	光华有限责任公司		
	账号		汇出地点	东海市南京路677号
	汇出行	工商银行东海支行		
收款人	户名	中国电信股份有限公司东海分公司		
	账号	17800055876869908	汇入地点	东海市通汇路1016号
	汇入行	工商银行城东支行		
金额大写		人民币陆佰零壹元陆角捌分		
金额小写		¥601.68	用途	电话费
加急标志：	客户标志：	渠道：	流水号：	
上列款项已委托办理 中国工商银行股份有限公司东海支行 2020.12.06 核算用章（1）（经办行盖章）				

付款通知

单据 9-6-1/3

付款申请书

2020年12月8日

用途及情况	支付材料款										收款单位（人）：中创电子股份有限公司
支付材料款	千	百	十	万	千	百	十	元	角	分	账号：3700055876865885
		¥	3	2	0	0	0	0	0	0	开户行：中国银行城东支行
金额（大写）合计：	人民币叁拾贰万元整										电汇：☐信汇：☐汇票：☑转账：☐其他：☐

总经理	高晓	财务部门	经理	陈政	业务部门	经理	王力荣
			会计	张力		经办人	张力

单据 9-6-2/3

中国工商银行结算业务申请书

申请日期2020年12月8日

AB 67841923

业务类型 电汇☐ 信汇☐ 汇票申请书☑ 本票申请书☐ 其他☐

申请人	全　称	光华有限责任公司	收款人	全　称	中创电子股份有限公司
	账号或地址	16030058363803366		账号或地址	3700055876865885
	开户银行	工商银行东海支行		开户银行	中国银行城东支行

金额	人民币（大写）	叁拾贰万元整	亿	千	百	十	万	千	百	十	元	角	分
					¥	3	2	0	0	0	0	0	0

银行签章	支付密码	4816235154308878
中国工商银行股份有限公司东海支行 2020.12.08 核算用章（1）	电汇时请选择 普通 ☐ 加急 ☐	附加信息及用途 支付材料款

第三联 此联是付款行给付款人的回单

单据 9-6-3/3

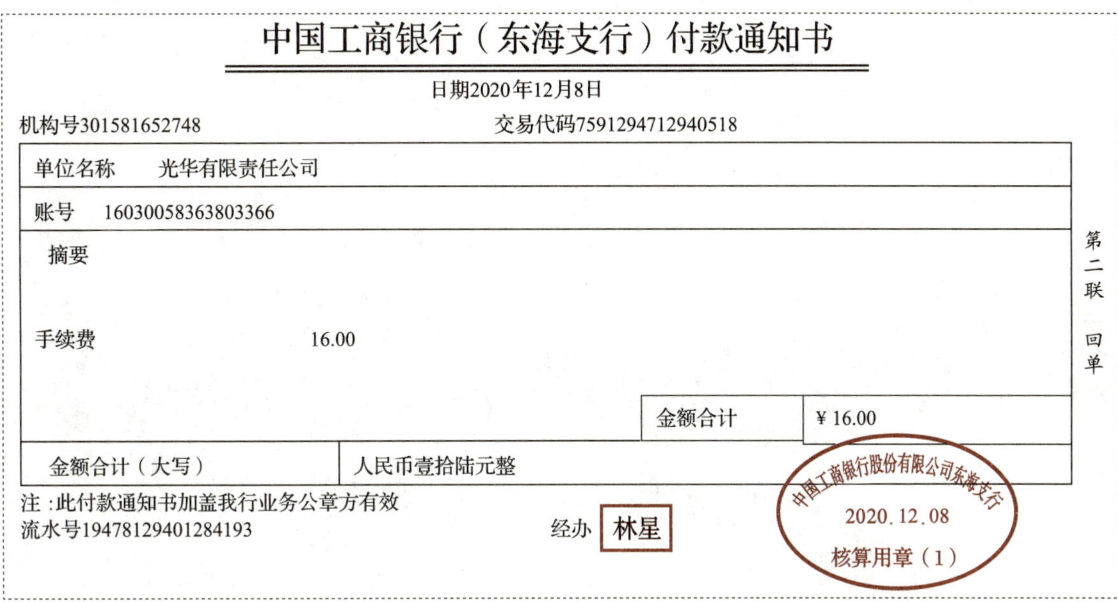

中国工商银行（东海支行）付款通知书

日期2020年12月8日

机构号301581652748　　　　交易代码7591294712940518

单位名称　光华有限责任公司		
账号　16030058363803366		
摘要 手续费　　16.00		
	金额合计	¥16.00
金额合计（大写）	人民币壹拾陆元整	

第二联　回单

注：此付款通知书加盖我行业务公章方有效

流水号19478129401284193　　经办　林星

中国工商银行股份有限公司东海支行　2020.12.08　核算用章（1）

单据 9-7-1/1

工商银行电子缴税付款凭证

转账日期：2020年12月10日　　　　凭证字号：370011006366355652

纳税人全称及纳税人识别号	350603001112228			
付款人全称	光华有限责任公司			
付款人账号	16030058363803366	征收机关名称	东海区国税局	
付款人开户银行	工商银行东海支行	收缴国库名称	国家金库东海支库	
小写（合计）金额	60 000.00	缴款书交易流水号	111006366355652000	
大写（合计）金额	陆万元整		税票号码	370011006366355652
税（费）种名称	所属时期			实缴金额
增值税	20201101　－　20201130			60 000.00
第　次打印	打印时间			

第二联作付款回单（无银行收讫章无效）　　复核　　记账

中国工商银行股份有限公司东海支行　2020.12.20　核算用章（1）

单据 9-8-1/7

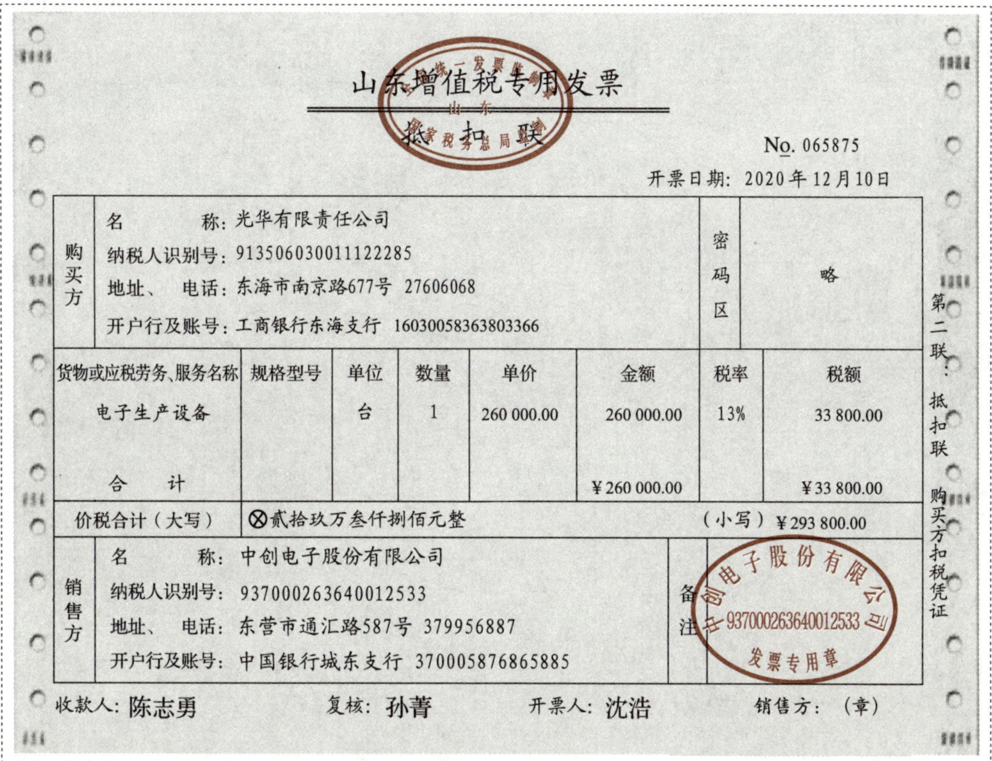

山东增值税专用发票

抵　扣　联

No. 065875

开票日期：2020 年 12 月 10 日

购买方	名　　　称：光华有限责任公司 纳税人识别号：913506030011122285 地址、　电话：东海市南京路677号　27606068 开户行及账号：工商银行东海支行　16030058363803366	密码区	略

货物或应税劳务、服务名称	规格型号	单位	数量	单价	金额	税率	税额
电子生产设备		台	1	260 000.00	260 000.00	13%	33 800.00
合　计					¥260 000.00		¥33 800.00
价税合计（大写）	⊗贰拾玖万叁仟捌佰元整					（小写）	¥293 800.00

销售方	名　　　称：中创电子股份有限公司 纳税人识别号：937000263640012533 地址、　电话：东营市通汇路587号　379956887 开户行及账号：中国银行城东支行　370005876865885	备注	中创电子股份有限公司 937000263640012533 发票专用章

收款人：陈志勇　　复核：孙菁　　开票人：沈浩　　销售方：（章）

第二联：抵扣联　购买方扣税凭证

单据 9-8-2/7

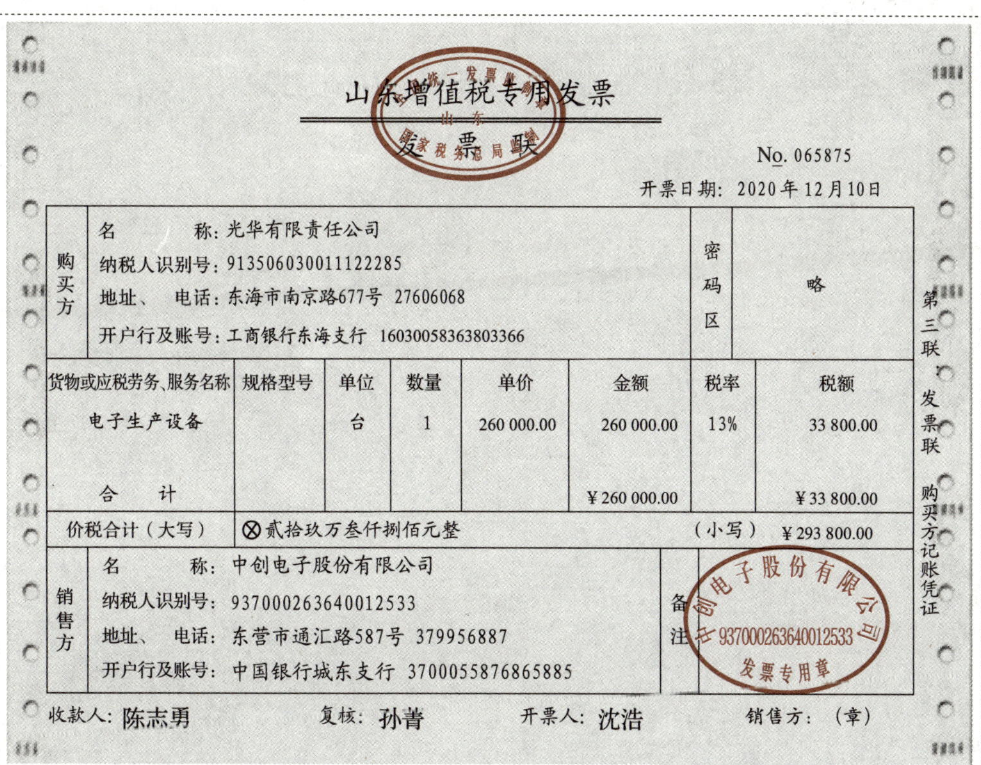

山东增值税专用发票

发　票　联

No. 065875

开票日期：2020 年 12 月 10 日

购买方	名　　　称：光华有限责任公司 纳税人识别号：913506030011122285 地址、　电话：东海市南京路677号　27606068 开户行及账号：工商银行东海支行　16030058363803366	密码区	略

货物或应税劳务、服务名称	规格型号	单位	数量	单价	金额	税率	税额
电子生产设备		台	1	260 000.00	260 000.00	13%	33 800.00
合　计					¥260 000.00		¥33 800.00
价税合计（大写）	⊗贰拾玖万叁仟捌佰元整					（小写）	¥293 800.00

销售方	名　　　称：中创电子股份有限公司 纳税人识别号：937000263640012533 地址、　电话：东营市通汇路587号　379956887 开户行及账号：中国银行城东支行　3700055876865885	备注	中创电子股份有限公司 937000263640012533 发票专用章

收款人：陈志勇　　复核：孙菁　　开票人：沈浩　　销售方：（章）

第三联：发票联　购买方记账凭证

单据 9-8-3/7

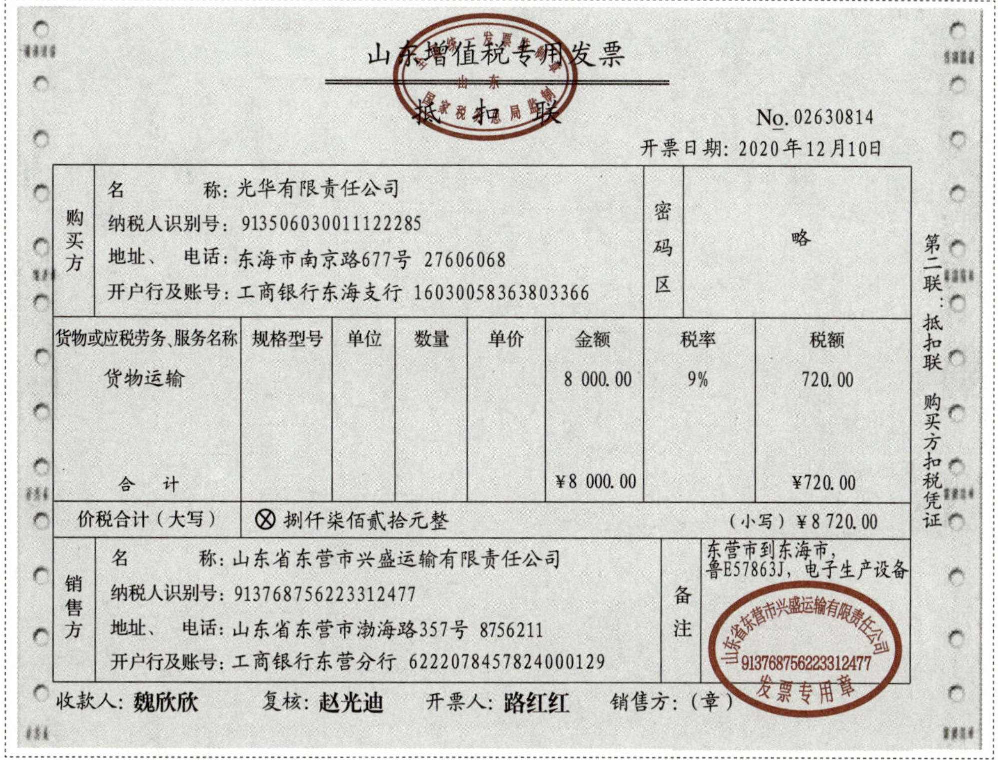

山东增值税专用发票

抵　扣　联

No. 02630814

开票日期：2020年12月10日

购买方	名　　称：光华有限责任公司 纳税人识别号：913506030011122285 地址、电话：东海市南京路677号 27606068 开户行及账号：工商银行东海支行 16030058363803366	密码区	略

货物或应税劳务、服务名称	规格型号	单位	数量	单价	金额	税率	税额
货物运输					8 000.00	9%	720.00
合　计					¥8 000.00		¥720.00
价税合计（大写）	⊗ 捌仟柒佰贰拾元整					（小写）	¥8 720.00

销售方	名　　称：山东省东营市兴盛运输有限责任公司 纳税人识别号：913768756223312477 地址、电话：山东省东营市渤海路357号 8756211 开户行及账号：工商银行东营分行 6222078457824000129	备注	东营市到东海市， 鲁E57863J，电子生产设备

收款人：魏欣欣　复核：赵光迪　开票人：路红红　销售方：（章）

第二联：抵扣联　购买方扣税凭证

单据 9-8-4/7

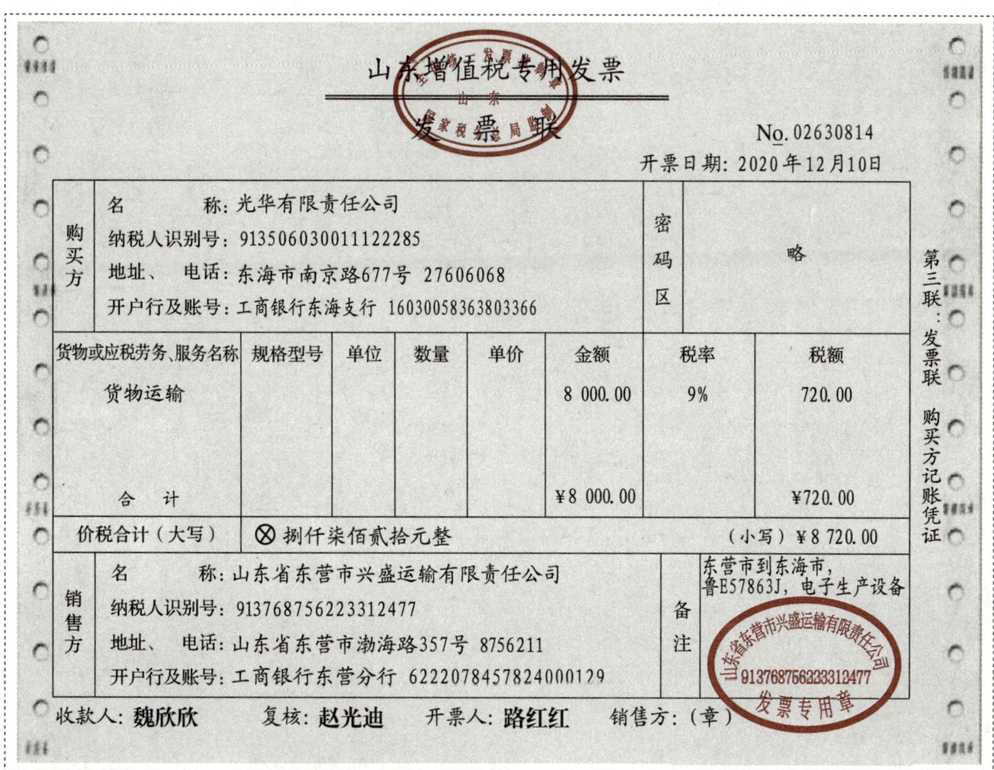

山东增值税专用发票

发　票　联

No. 02630814

开票日期：2020年12月10日

购买方	名　　称：光华有限责任公司 纳税人识别号：913506030011122285 地址、电话：东海市南京路677号 27606068 开户行及账号：工商银行东海支行 16030058363803366	密码区	略

货物或应税劳务、服务名称	规格型号	单位	数量	单价	金额	税率	税额
货物运输					8 000.00	9%	720.00
合　计					¥8 000.00		¥720.00
价税合计（大写）	⊗ 捌仟柒佰贰拾元整					（小写）	¥8 720.00

销售方	名　　称：山东省东营市兴盛运输有限责任公司 纳税人识别号：913768756223312477 地址、电话：山东省东营市渤海路357号 8756211 开户行及账号：工商银行东营分行 6222078457824000129	备注	东营市到东海市， 鲁E57863J，电子生产设备

收款人：魏欣欣　复核：赵光迪　开票人：路红红　销售方：（章）

第三联：发票联　购买方记账凭证

单据 9-8-5/7

电子银行转账凭证（回单）

2020年12月10日　　　　序号60006564

付款人	户名	光华有限责任公司		
	账号	16030058363803366	汇出地点	东海市南京路687号
	汇出行	工商银行东海支行		
收款人	户名	山东省东营市兴盛运输有限责任公司		
	账号	6222078457824000129	汇入地点	东营市通汇路1018号
	汇入行	工商银行东营公行		
金额大写		人民币捌仟柒佰贰拾元整		
金额小写		¥ 8 720.00	用途	购货款及运输费
加急标志：	客户标志：	渠道：	流水号：	
上列款项已委托办理				

中国工商银行股份有限公司东海支行
2020.12.10
核算用章（1）
（经办行盖章）

付款通知

单据 9-8-6/7

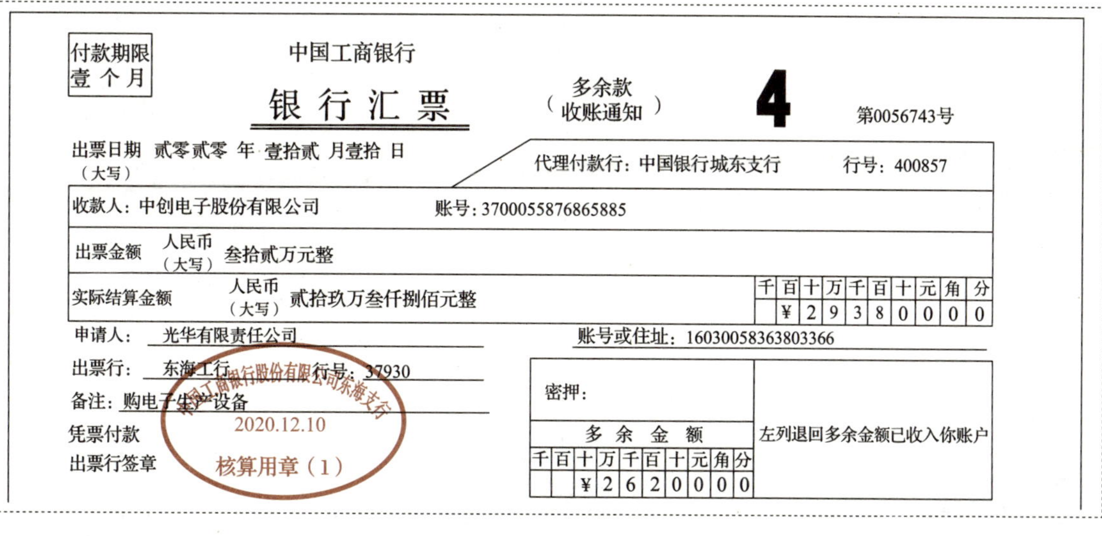

付款期限
壹 个 月

中国工商银行
银行汇票　（多余款收账通知）　4　第0056743号

出票日期（大写）　贰零贰零 年 壹拾贰 月壹拾 日　　代理付款行：中国银行城东支行　　行号：400857

收款人：中创电子股份有限公司　　账号：3700055876865885

出票金额　人民币（大写）　叁拾贰万元整

实际结算金额　人民币（大写）　贰拾玖万叁仟捌佰元整

千	百	十	万	千	百	十	元	角	分
	¥	2	9	3	8	0	0	0	0

申请人：光华有限责任公司　　账号或住址：16030058363803366

出票行：东海工行　行号：37930

备注：购电子生产设备

凭票付款

出票行签章

中国工商银行股份有限公司东海支行
2020.12.10
核算用章（1）

密押：

多余金额

千	百	十	万	千	百	十	元	角	分
		¥	2	6	2	0	0	0	0

左列退回多余金额已收入你账户

单据 9–8–7/7

固定资产使用验收单

编号：000026

使用部门：生产车间　　　　交接日期：2020年12月10日

固定资产编号	固定资产名称	出品工厂和日期	型号	原价或自建成本	
				单价	
				总值	268 000.00
	电子生产设备			安装费	
				运输费	

主要规格及说明：

单位	台	数量	1	来源	购入
月折旧率	月折旧额	开始计提折旧年月	已提折旧累计		
			净值		

负责人：寒冰　　固定资产管理部门：　　固定资产使用部门：　　财会部门：

单据 9–9–1/1

差旅费报销单

2020年12月12日　填　　　　附件　张

姓名	吕田	出差地点	广州	出差事由	参加订货会	日期	12月3日起 12月12日止

项目	内容			金额		说明
乘火车费	自　东海　站至　广州　站			金额	1 024.60	说明： 原借款 6 000 元，抵扣后补付现金。
乘汽车费	自　　站至　　站			金额	300.00	
乘飞机费	自　广州　站至　东海　站			金额	2 570.70	
行李运费	千克	每千克　　元		金额		
出差补助费	9天	定额	60	金额	540.00	
住　宿　费	10天	定额	150	金额	1 500.00	
其他					450.00	
合计金额	小写	¥6 385.30				单位负责人：于亮
	大写	陆仟叁佰捌拾伍元叁角整　现金付讫				2020年12月12日

会计主管：赵一　　出纳：丁凡　　报销人：吕田

注：1. 住宿费为“增值税普通发票”，不允许抵扣进项税额

2. 按规定取得注册旅客身份信息的铁路车票或机票行程单的，按下列公式计算进项税额：铁路旅客运输进项税额 = 票面金额 ÷（1+9%）×9%。

单据 9-10-1/3

银行承兑汇票

2　D B 0 1　199201

出票日期（大写）　贰零贰零　年　壹拾壹　月　壹拾贰　日

出票人全称	山东齐鲁有限责任公司	收款人	全　称	光华有限责任公司
出票人账号	350603001198887		账　号	16030058363803366
付款行全称	工商银行东海支行		开户银行	工商银行东海支行

出票金额	人民币（大写）	陆万元整	亿	千	百	十	万	千	百	十	元	角	分
						¥	6	0	0	0	0	0	0

汇票到期日（大写）	贰零贰壹年零贰月壹拾贰日	付款行	行号	16030058363807700
承兑协议编号	XY1188		地址	东海市联通路1256号

本汇票请你行承兑，到期无条件付款。 山东齐鲁有限责任公司 财务专用章　丹王印小 出票人签章	本汇票已经承兑，到期日由本行付款。 承兑行签章 承兑日期2020年11月12日 备注：	复核　记账

此联收款人开户行随托收凭证寄付款行作借方凭证附件

单据 9-10-2/3

被背书人：光华有限责任公司	被背书人	
光华有限责任公司 财务专用章　宇孙印鸿 背书人签章 2020年12月12日	背书人签章 年　月　日	

	身份证名称：	发证机关：
	号码	

（贴粘单处）

单据 9-10-3/3

贴现凭证（代申请书）①

填写日期2020年12月12日　　第0228号

贴现汇票	种类	银行承兑汇票	号码 199201	申请人	名称	光华有限责任公司
	出票日	2020年11月12日			账号	16030058363803366
	到期日	2021年2月12日			开户银行	工商银行东海支行
汇票承兑人（或银行）	名称	工商银行东海支行		账号		开户银行
汇票金额（即贴现金额）	人民币（大写）	陆万元整				¥6000000
贴现率每月	6‰	贴现利息	¥744000		实付贴现金额	¥5925600
根据《中国人民银行结算办法》的规定，附送承兑汇票申请贴现，请审核。此致（贴现银行）申请人盖章		银行审批	负责人　信贷员			科目（借）对方科目（贷）复核　记账

中国工商银行股份有限公司东海支行 2020.12.12 核算用章（1）

此联银行作贴现借方凭证

单据 9-11-1/4

固定资产清理单

编号：000034

使用部门：仓库　　交接日期：2020年12月13日

固定资产名称及规格	仓库用房	生产厂家		固定资产编号	00011	固定资产卡片号码	1001233
开始使用时间	1999年11月			预计使用时间	20	大修理情况	
				实际使用时间	20	修理次数	支付费用
清理固定资产的情况						3	
原价	800 000.00	已计提的累计折旧	738 000.00	已提减值准备			
开始清理时间	2020年12月10日			完成清理的时间	2020年12月15日		
清理费用				清理的收入			
时间	凭证	项目	金额	时间	凭证	项目	金额
固定资产卡片的处理							
使用部门缴销		管理部门缴销			财会部门检查		
时间	使用部门名称	时间	资产管理员		时间	会计员	

单据 9–11 –2/4

中国工商银行
转账支票存根
00004547
00486691
附加信息

出票日期　2020年 12月12日

收款人：为民清理公司

金　额：¥4 240.00

用　途：付清理费用

单位主管 赵一　会计 张力

单据 9–11–3/4

现金收款收据

2020年12月14日　　No.1200374

收款单位	光华有限责任公司	交款单位		金额								
				百	十	万	千	百	十	元	角	分
金额（大写）	人民币玖仟零肆拾元整					¥	9	0	4	0	0	0
事由	清理固定资产变价收入　现金收讫			备注：								

三收据联

会计主管：赵 一　　收款人：丁 凡　　制单：张 力

单据 9-11-4/4

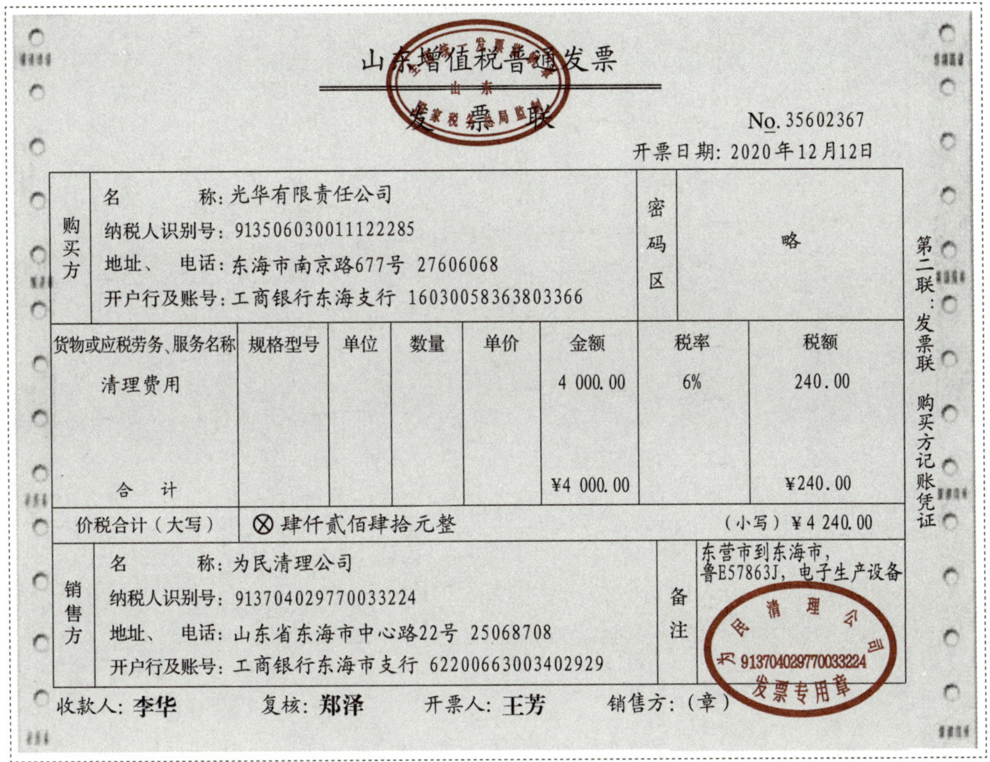

山东增值税普通发票

发　票　联

No. 35602367

开票日期：2020年12月12日

购买方	名　　称：光华有限责任公司 纳税人识别号：913506030011122285 地址、电话：东海市南京路677号 27606068 开户行及账号：工商银行东海支行 16030058363803366					密码区	略
货物或应税劳务、服务名称	规格型号	单位	数量	单价	金额	税率	税额
清理费用					4 000.00	6%	240.00
合　计					¥4 000.00		¥240.00
价税合计（大写）	⊗肆仟贰佰肆拾元整				（小写）¥4 240.00		
销售方	名　　称：为民清理公司 纳税人识别号：913704029770033224 地址、电话：山东省东海市中心路22号 25068708 开户行及账号：工商银行东海市支行 62200663003402929					备注	东营市到东海市，鲁E57863J，电子生产设备

收款人：李华　复核：郑泽　开票人：王芳　销售方：（章）

第二联：发票联　购买方记账凭证

单据 9-12-1/1

中国工商银行　现金交款单（回单）①

2020年12月14日　　No 0000097

收款单位	全　称	光华有限责任公司	款项来源	仓库变价收入款
	账　号	16030058363803366	交款部门	

金额（大写）	人民币 玖仟零肆拾元整	百	十	万	千	百	十	元	角	分
				¥	9	0	4	0	0	0

券别	张数	十	万	千	百	十	元	券别	张数	千	百	十	元	角	分	上列款项已如数收妥入账
一百元	90			9	0	0	0	一元								（收款银行盖章）
五十元								五角								复核：　经办：
十元	4					4	0	二角								
五元								一角								
二元								分币								

第一联由银行盖章后退回单位

单据 9-13-1/2

借款借据（收账通知）

借款单位：光华有限责任公司　　2020年12月15日

<table>
<tr><td>贷款种类</td><td>生产经营借款</td><td>贷款账号</td><td colspan="10">16030058363803366</td></tr>
<tr><td rowspan="2">借款金额</td><td colspan="2" rowspan="2">人民币（大写）伍拾万元整</td><td>千</td><td>百</td><td>十</td><td>万</td><td>千</td><td>百</td><td>十</td><td>元</td><td>角</td><td>分</td></tr>
<tr><td></td><td>¥</td><td>5</td><td>0</td><td>0</td><td>0</td><td>0</td><td>0</td><td>0</td><td>0</td></tr>
<tr><td>借款用途</td><td colspan="12">生产经营借款</td></tr>
<tr><td colspan="13">约定还款期限：期限9个月，于2021年9月15日到期</td></tr>
<tr><td colspan="3">上列借款已批准发放，转入你单位存款账户。此致
2020年12月15日
（银行签章）</td><td colspan="10">（借）________
（贷）________
主管　会计　复核　记账
年　月　日</td></tr>
</table>

中国工商银行股份有限公司东海支行 2020.12.14 核算用章（1）

单据 9-13-2/2

借 款 合 同

经中国工商银行股份有限公司东海支行（以下简称贷款方）与光华有限责任公司（以下简称借款方）充分协商，签订本合同，共同遵守。

一、借款用途：生产经营借款。

二、借款金额：借款方向贷款方借款人民币伍拾万整（¥500 000.00），贷款期限自 2020 年 12 月 15 日至 2021 年 9 月 15 日。

三、贷款方应按期、按额向借款方提供贷款，否则按违约数额和延期天数付给借款方违约金。违约金数额的计算与逾期贷款罚息相同，即为每日万分之五。

四、年利率 5.4%，利息按月支付，每月 21 日结息，到期还本付息。如遇调整，按调整的新利率和计息办法执行。

五、借款方应按协议使用贷款，不得转移用途。否则，贷款方有权停止发放新贷款，直至收回已发放的贷款。

六、借款方保证按借款契约所订期限归还贷款本息。如需延期，借款方至迟在贷款到期前 3 天，提出延期申请，经贷款方同意，办理延期手续。但延期最长不得超过原订期限的一半。贷款方未同意延期或未办理延期手续的逾期贷款，加收罚息。

七、贷款到期后 1 个月，如借款方不归还借款，贷款方有权依照法律程序处理借款方作为贷款抵押的财产，抵还借款本息。

……

十一、合同争议的解决方式

本合同在履行过程中发生的争议，由甲、乙双方协商解决，协商不成的依法向人民法院提起诉讼。

十二、本协议一式二份，借贷双方各执一份，本协议自双方签字起生效。

贷款方：中国工商银行股份有限公司东海支行　　借款方：光华有限责任公司

法人代表：张庆民　　法人代表：赵鸿宇

签订日期：2020 年 12 月 15 日　　签订日期：2020 年 12 月 15 日

单据 9-14-1/3

住房公积金计算表

2020年12月15日 金额单位：元

部门			应付工资	住房公积金		
				企业承担部分	个人承担部分	小计
				10%	10%	
生产车间	生产工人	A288	64 630.00	6 463.00	6 463.00	12 926.00
		B126	26 990.00	2 699.00	2 699.00	5 398.00
	管理人员		41 360.00	4 136.00	4 136.00	8 272.00
管理部门			12 520.00	1 252.00	1 252.00	2 504.00
销售部门			58 610.00	5 861.00	5 861.00	11 722.00
在建工程			24 210.00	2 421.00	2 421.00	4 842.00
合计			228 320.00	22 832.00	22 832.00	45 664.00

单据 9-14-2/3

中国工商银行
转账支票存根
08098646
00486655
附加信息
出票日期 2020年12月15日
收款人：光华有限责任公司
金 额：¥45 664.00
用 途：缴纳住房公积金
单位主管 赵一 会计 张力

单据 9-14-3/3

住房公积金汇（补）缴书

No57129894

2020年12月15日　　附：缴存变更清册　页

缴款单位	单位名称	光华有限责任公司	缴款单位	单位名称	光华有限责任公司
	单位账号	16030058363803366		公积金账号	16030058363803487
	开户银行	工商银行东海支行		开户银行	工商银行东海支行

缴款类型	✓ 汇缴　☐ 补缴		补缴原因										
缴款人数	52	工商银行东海支行	2020年11月至2020年11月	月数	1								
缴款（方式）	☐ 现金　☑ 转账			百	十	万	千	百	十	元	角	分
金额（大写）	肆万伍仟陆佰陆拾肆元整				¥	4	5	6	6	4	0	0

上次汇缴		本次增加汇缴		本次增减少汇缴		本次汇（补）缴	
人数	金额	人数	金额	人数	金额	人数	金额
52	¥45 664.00					52	¥45 664.00

上列款项已划转至住房公积金管理中心住房公积金存款账户内（银行盖章）

复核：　　经办：　　2020年12月15日

中国工商银行股份有限公司东海支行　2020.12.15　业务核算（1）

单据 9-15-1/1

材 料 领 用 单

领用单位：生产车间　　2020年12月15日　　编号：0002

项目 / 用途	材料名称	电子器材	规格型号		计量单位	件
	请　领	实　发	单位成本/元	总成本/元	备　注	
生产A288型电子机械	1 200	1 200	40.00	48 000.00		
生产B126型电子机械	1 000	1 000	40.00	40 000.00		
合　计	2 200	2 200	40.00	88 000.00		

主管：赵一　　审核：　　领料人：孙序　　会计：张力　　发料人：陈卫

单据 9-16-1/2

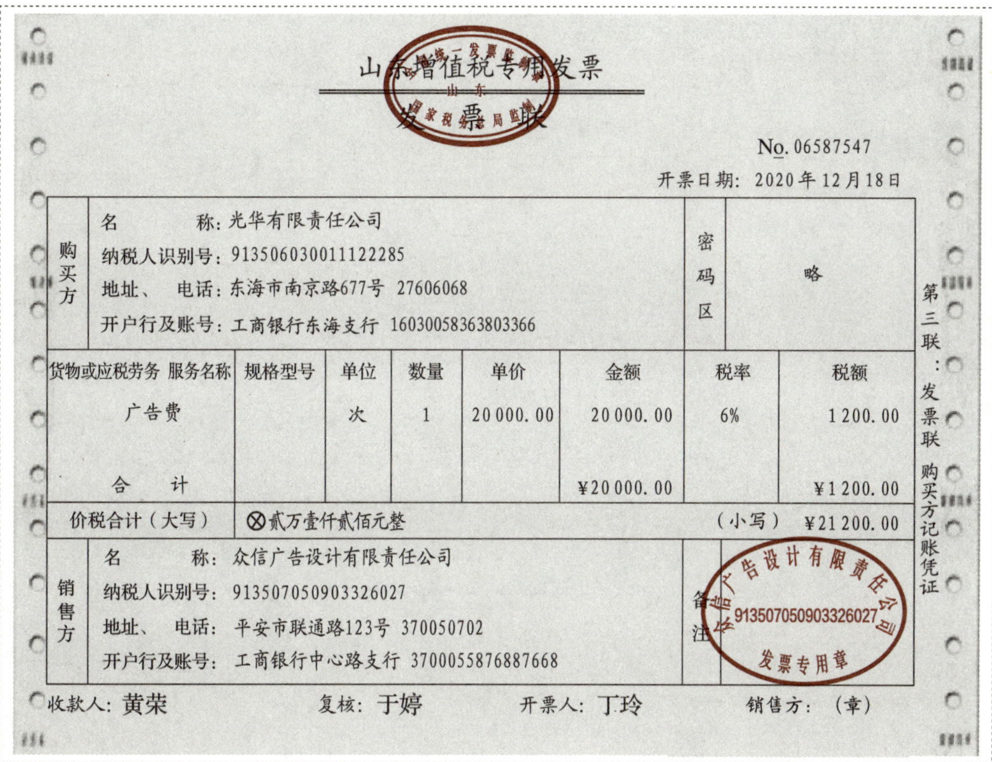

山东增值税专用发票

发　票　联

No. 06587547

开票日期：2020年12月18日

购买方	名　　称：光华有限责任公司 纳税人识别号：913506030011122285 地址、电话：东海市南京路677号 27606068 开户行及账号：工商银行东海支行 16030058363803366				密码区	略	
货物或应税劳务 服务名称	规格型号	单位	数量	单价	金额	税率	税额
广告费		次	1	20 000.00	20 000.00	6%	1 200.00
合　计					¥20 000.00		¥1 200.00
价税合计（大写）	⊗贰万壹仟贰佰元整					（小写）	¥21 200.00
销售方	名　　称：众信广告设计有限责任公司 纳税人识别号：913507050903326027 地址、电话：平安市联通路123号 370050702 开户行及账号：工商银行中心路支行 3700055876887668				备注		

收款人：黄荣　复核：于婷　开票人：丁玲　销售方：（章）

第三联：发票联　购买方记账凭证

（抵扣联略）

单据 9-16-2/2

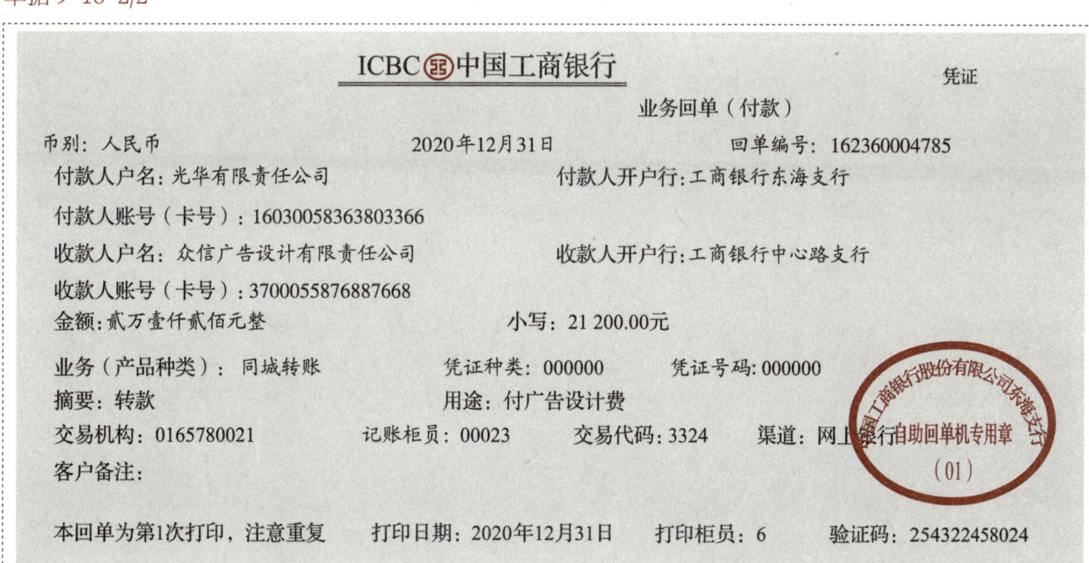

ICBC 中国工商银行　凭证

业务回单（付款）

币别：人民币　2020年12月31日　回单编号：162360004785

付款人户名：光华有限责任公司　付款人开户行：工商银行东海支行

付款人账号（卡号）：16030058363803366

收款人户名：众信广告设计有限责任公司　收款人开户行：工商银行中心路支行

收款人账号（卡号）：3700055876887668

金额：贰万壹仟贰佰元整　小写：21 200.00元

业务（产品种类）：同城转账　凭证种类：000000　凭证号码：000000

摘要：转账　用途：付广告设计费

交易机构：0165780021　记账柜员：00023　交易代码：3324　渠道：网上银行

客户备注：

本回单为第1次打印，注意重复　打印日期：2020年12月31日　打印柜员：6　验证码：254322458024

单据 9–17–1/2

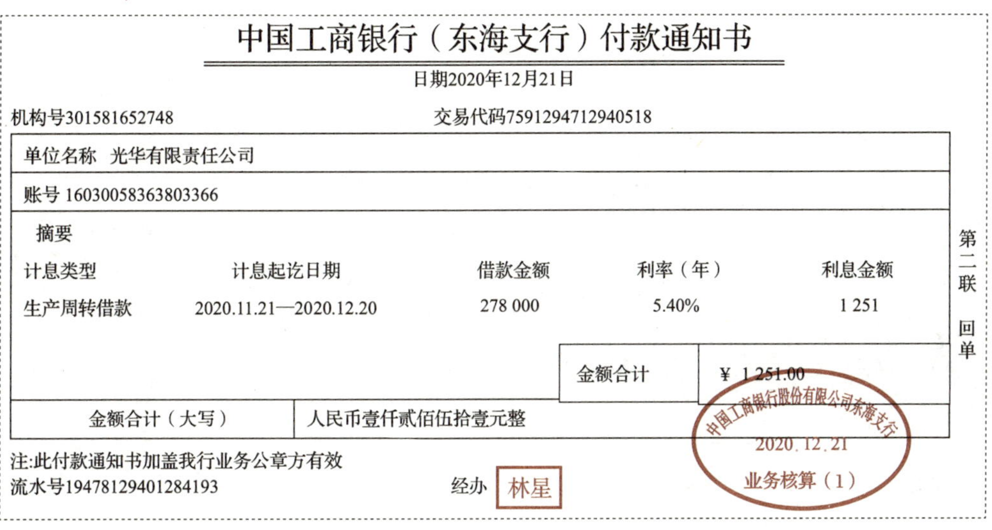

中国工商银行（东海支行）付款通知书

日期2020年12月21日

机构号301581652748　　交易代码7591294712940518

单位名称　光华有限责任公司				
账号 16030058363803366				
摘要				
计息类型	计息起讫日期	借款金额	利率（年）	利息金额
生产周转借款	2020.11.21—2020.12.20	278 000	5.40%	1 251
		金额合计	¥ 1 251.00	
金额合计（大写）	人民币壹仟贰佰伍拾壹元整			

第二联　回单

注:此付款通知书加盖我行业务公章方有效

流水号19478129401284193　　经办 林星

中国工商银行股份有限公司东海支行　2020.12.21　业务核算（1）

单据 9–17–2/2

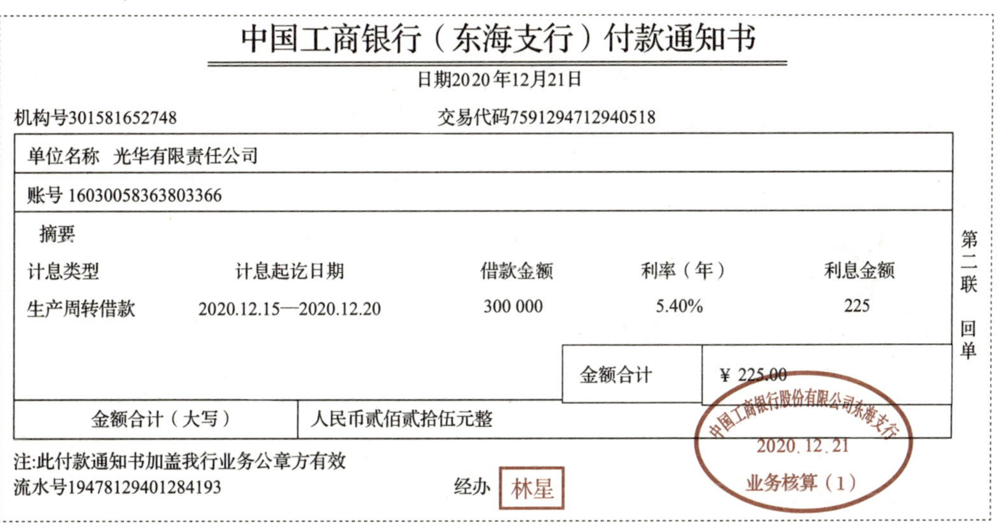

中国工商银行（东海支行）付款通知书

日期2020年12月21日

机构号301581652748　　交易代码7591294712940518

单位名称　光华有限责任公司				
账号 16030058363803366				
摘要				
计息类型	计息起讫日期	借款金额	利率（年）	利息金额
生产周转借款	2020.12.15—2020.12.20	300 000	5.40%	225
		金额合计	¥ 225.00	
金额合计（大写）	人民币贰佰贰拾伍元整			

第二联　回单

注:此付款通知书加盖我行业务公章方有效

流水号19478129401284193　　经办 林星

中国工商银行股份有限公司东海支行　2020.12.21　业务核算（1）

单据 9–18–1/1

工商银行(东海支行)计付存款利息清单　（收款通知）

2020年12月21日

单位名称：光华有限责任公司					
结算账号：16030058363803366			存款账号:16030058363803366		
编号	计息类型	计息起讫日期	计息基数	利率	利息金额
	活期储蓄存款	2020.11.21—2020.12.20	21 514 226.00	0.35%	209.17
摘要：利息				金额合计	¥ 209.17
金额合计(大写)人民币贰佰零玖元壹角柒分					

复核　　记账

中国工商银行股份有限公司东海支行　2020.12.21　业务核算（1）

单据 9-19-1/2

中国太平洋财产保险股份有限公司保险费专用发票

发票联

发票代码：2370004885608

2020年12月22日

发票号码：08002740575

兹收到　光华有限责任公司

保险费（大写）柒仟捌佰捌拾陆元整　RMB7 886.00

系付　财产　险保单第AJINB66ZH4002800号的保险费

姜华华　单位名称（签章）

说明：

主管：陈红亮　复核：黄营　经办：周一

第二联发票联

单据 9-19-2/2

中国工商银行
转账支票存根

00004548
00486693

附加信息

出票日期　2020年12月22日

收款人：太平洋财产保险公司

金　额：¥7 886.00

用　途：付财产保险费

单位主管 赵一　会计 张力

单据 9-20-1/1

山东增值税普通发票

发　票　联

No. 026300075

开票日期：2020年12月23日

购买方	名　　称：光华有限责任公司 纳税人识别号：913506030011122285 地址、电话：东海市南京路677号 27606068 开户行及账号：工商银行东海支行 16030058363803366	密码区	略

货物或应税劳务、服务名称	规格型号	单位	数量	单价	金额	税率	税额
打印纸		张	2 000	0.383 495	766.99	3%	23.01
合　计					¥766.99		¥23.01
价税合计（大写）	⊗柒佰玖拾元整				（小写）¥790.00		

现金付讫

销售方	名　　称：文心印务有限责任公司 纳税人识别号：913700681475800320 地址、电话：山东省东海市南京路64号 62332460 开户行及账号：工商银行东海支行 622300426678000323	备注	文心印务有限责任公司 3700681475800320 发票专用章

收款人：孙宏宇　复核：党丽影　开票人：程洪刚　销售方：（章）

第三联：发票联　购买方记账凭证

单据 9-21-1/2

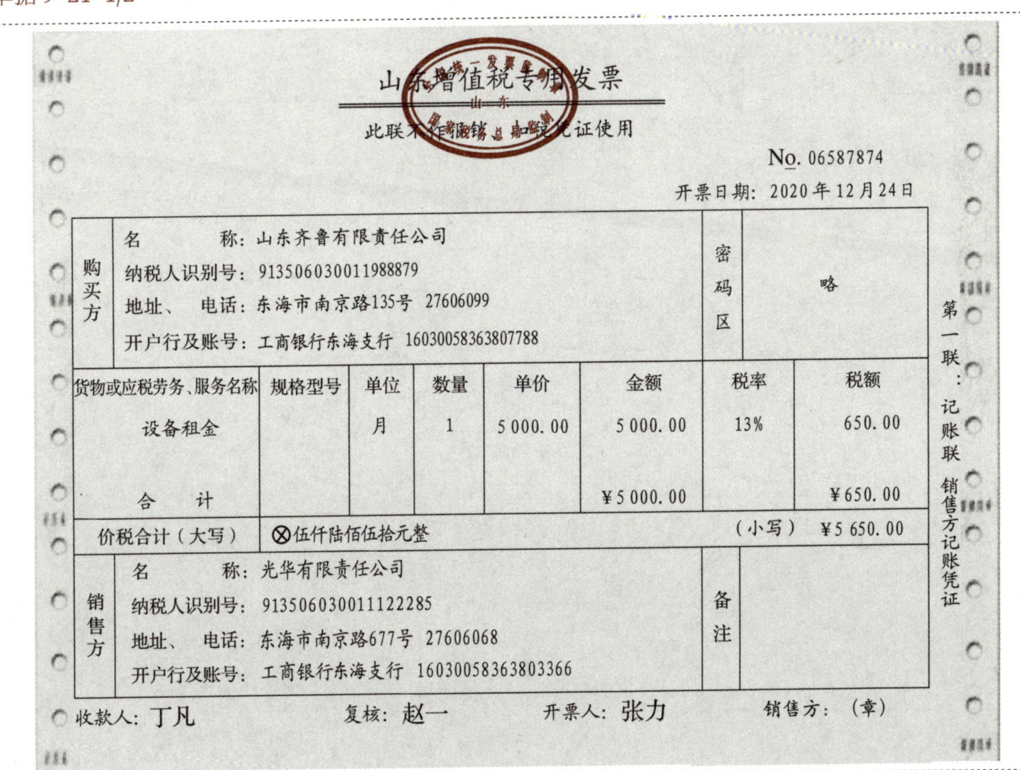

山东增值税专用发票

此联不作报销、扣税凭证使用

No. 06587874

开票日期：2020年12月24日

购买方	名　　称：山东齐鲁有限责任公司 纳税人识别号：913506030011988879 地址、电话：东海市南京路135号 27606099 开户行及账号：工商银行东海支行 16030058363807788	密码区	略

货物或应税劳务、服务名称	规格型号	单位	数量	单价	金额	税率	税额
设备租金		月	1	5 000.00	5 000.00	13%	650.00
合　计					¥5 000.00		¥650.00
价税合计（大写）	⊗伍仟陆佰伍拾元整				（小写）¥5 650.00		

销售方	名　　称：光华有限责任公司 纳税人识别号：913506030011122285 地址、电话：东海市南京路677号 27606068 开户行及账号：工商银行东海支行 16030058363803366	备注	

收款人：丁凡　复核：赵一　开票人：张力　销售方：（章）

第一联：记账联　销售方记账凭证

单据 9-21-2/2

中国工商银行进账单（收账通知）　3

2020年12月24日

<table>
<tr><td rowspan="3">出票人</td><td>全　称</td><td>山东齐鲁有限责任公司</td><td rowspan="3">收款人</td><td>全　称</td><td colspan="11">光华有限责任公司</td></tr>
<tr><td>账　号</td><td>16030058363807788</td><td>账　号</td><td colspan="11">16030058363803366</td></tr>
<tr><td>开户银行</td><td>工商银行东海支行</td><td>开户银行</td><td colspan="11">工商银行东海支行</td></tr>
<tr><td rowspan="2">金额</td><td rowspan="2">人民币（大写）</td><td rowspan="2" colspan="3">伍仟陆佰伍拾元整</td><td>亿</td><td>千</td><td>百</td><td>十</td><td>万</td><td>千</td><td>百</td><td>十</td><td>元</td><td>角</td><td>分</td></tr>
<tr><td></td><td></td><td></td><td></td><td>¥</td><td>5</td><td>6</td><td>5</td><td>0</td><td>0</td><td>0</td></tr>
<tr><td>票据种类</td><td>转账支票</td><td>票据张数</td><td colspan="2">1</td><td rowspan="3" colspan="11">中国工商银行股份有限公司东海支行 2020.12.24 业务核算（1）
收款人开户银行签章</td></tr>
<tr><td>票据号码</td><td colspan="4">50126492</td></tr>
<tr><td colspan="5">复核　　　　记账</td></tr>
</table>

此联是收款人开户银行交给收款人的收账通知

单据 9-22-1/2

ICBC 中国工商银行　凭证

业务回单（付款）

币别：人民币　　2020年12月25日　　回单编号：162360009731

收款人户名：光华有限责任公司　　付款人开户行：工商银行东海支行

收款人账号（卡号）：16030058363803379

付款人户名：光华有限责任公司　　收款人开户行：工商银行东海支行

付款人账号（卡号）：16030058363803366

金额：壹拾柒万贰仟陆佰柒拾叁元捌角整　　小写：172 673.80元

业务（产品种类）：同城转账　　凭证种类：000000　　凭证号码：000000

摘要：转款　　用途：发放工资

交易机构：0165790062　　记账柜员：00026　　交易代码：3641　　渠道：网上银行

客户备注：

（印章：中国工商银行股份有限公司东海支行 自助回单机专用章（01））

本回单为第1次打印，注意重复　　打印日期：2020年12月25日　　打印柜员：9　　验证码：25436781263

单据 9-22-2/2

职工薪酬结算汇总表

2020 年 12 月 31 日　　单位：元

部门		基本工资	奖金	津贴补贴	加班加点工资	缺勤应扣工资	应付工资	代扣款项				实发工资
								个人所得税	社会保险费	住房公积金	合计	
基本生产	A288	60 000.00	2 250.00	1 810.00	800.00	230.00	6 4 630.00	2 008.00	7 109.30	6 463.00	15 580.30	49 049.70
	B126	25 000.00	500.00	350.00	1 140.00		26 990.00	384.00	2 968. 90	2 699. 00	6 051. 90	20 938. 10
车间管理		40 000.00	1 020.00	560.00		220.00	41 360.00	585.00	4 549. 60	4 136. 00	9 270. 60	32 089. 40
行政管理		8 900.00	1 260.00	1 500.00	1 080.00	220.00	12 520.00	1 366.00	1 377. 20	1 252. 00	3 995. 20	8 524. 80
销售人员		58 000.00	360.00	250.00			58 610.00	2 178.00	6 447. 10	5 861. 00	14 486. 10	44 123. 90
在建工程		23 750.00	300.00	160.00			24 210.00	1 178.00	2 663. 10	2 421. 00	6 262. 10	17 947. 90
合计		215 650.00	5 690.00	4 630.00	3 020.00	670.00	228 320.00	7 699.00	25 115. 20	22 832. 00	55 646. 20	172 673. 80

复核：赵一　　制表：丁凡

单据 9-23-1/1

职工薪酬费用分配表

2020 年 12 月 31 日　　单位：元

部门		生产成本	制造费用	管理费用	销售费用	在建工程	合计
基本生产	A288						
	B126						
车间管理							
行政管理							
销售人员							
在建工程							
合计							

单据 9-24-1/1

经费提取表

2020 年 12 月 31 日

单位：元

部门		工资	应付职工薪酬								合计
			医疗保险（10%）	养老保险（20%）	失业保险（1.5%）	工伤保险（0.8%）	生育保险（0.8%）	住房公积金（10%）	工会经费（2%）	职工教育经费（2.5%）	
基本生产	A288	64 630									
	B126	26 990									
车间管理		41 360									
行政管理		12 520									
销售人员		58 610									
在建工程		24 210									
合计		228 320									

单据 9-25-1/1

固定资产折旧提取表

2020 年 12 月 31 日

单位：元

项目	原值	月折旧率	提取额
生产经营用固定资产	17 200 000.00	0.2%	
出租用固定资产	300 000.00	0.2%	
非生产经营用固定资产	570 000.00	0.15%	
合计	18 070 000.00		

单据 9-26-1/3

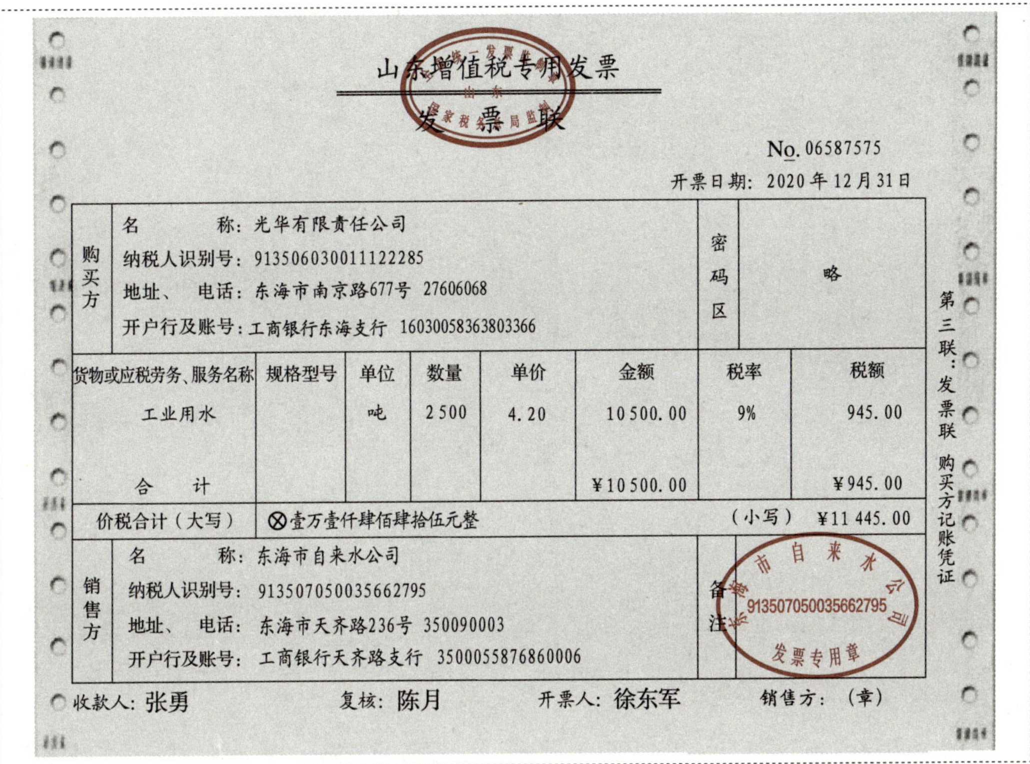

山东增值税专用发票

发　票　联

No. 06587575

开票日期：2020年12月31日

购买方	名称：光华有限责任公司 纳税人识别号：913506030011122285 地址、电话：东海市南京路677号 27606068 开户行及账号：工商银行东海支行 16030058363803366	密码区	略

货物或应税劳务、服务名称	规格型号	单位	数量	单价	金额	税率	税额
工业用水		吨	2 500	4.20	10 500.00	9%	945.00
合　计					¥10 500.00		¥945.00
价税合计（大写）	⊗壹万壹仟肆佰肆拾伍元整				（小写）¥11 445.00		

销售方	名称：东海市自来水公司 纳税人识别号：913507050035662795 地址、电话：东海市天齐路236号 350090003 开户行及账号：工商银行天齐路支行 3500055876860006	备注	

收款人：张勇　　复核：陈月　　开票人：徐东军　　销售方：（章）

第三联：发票联　购买方记账凭证

（抵扣联略）

单据 9-26-2/3

外购水费分配表

2020年12月31日　　金额单位：元

受益对象	耗用量	分配率	分配金额
生产车间	2 000		
公司管理部门	500		
合计	2 500		

审核：赵一　　制单：张力

单据 9-26-3/3

ICBC 中国工业银行

凭证

业务回单（付款）

币别：人民币　　2020年12月25日　　回单编号：162360009832

收款人户名：东海市自来水公司　　付款人开户行：工商银行天齐路支行

收款人账号（卡号）：3500055876860006

付款人户名：光华有限责任公司　　收款人开户行：工商银行东海支行

付款人账号（卡号）：16030058363803366

金额：壹万壹仟肆佰肆拾伍元整　　小写：11 445.00元

业务（产品种类）：同城转账　　凭证种类：000000　　凭证号码：000000

摘要：转款　　用途：支付水费

交易机构：0165790062　　记账柜员：00015　　交易代码：3691　　渠道：网上银行

客户备注：

本回单为第1次打印，注意重复　　打印日期：2020年12月31日　　打印柜员：5　　验证码：25436789731

（印章：中国工商银行股份有限公司东海支行 自助回单机专用章 (01)）

单据 9-27-1/3

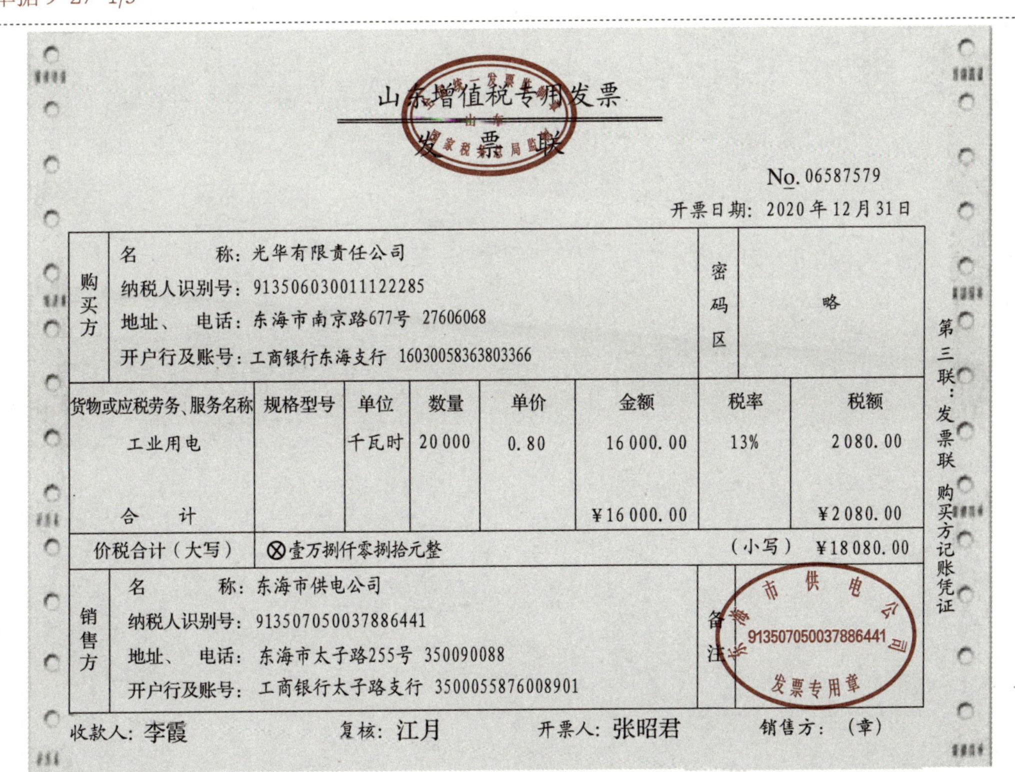

山东增值税专用发票

发票联

No. 06587579

开票日期：2020年12月31日

购买方	名称：光华有限责任公司 纳税人识别号：913506030011122285 地址、电话：东海市南京路677号 27606068 开户行及账号：工商银行东海支行 16030058363803366					密码区	略
货物或应税劳务、服务名称	规格型号	单位	数量	单价	金额	税率	税额
工业用电		千瓦时	20 000	0.80	16 000.00	13%	2 080.00
合　计					¥16 000.00		¥2 080.00
价税合计（大写）	⊗壹万捌仟零捌拾元整					（小写）	¥18 080.00
销售方	名称：东海市供电公司 纳税人识别号：913507050037886441 地址、电话：东海市太子路255号 350090088 开户行及账号：工商银行太子路支行 3500055876008901					备注	（印章：东海市供电公司 913507050037886441 发票专用章）

收款人：李霞　　复核：江月　　开票人：张昭君　　销售方：（章）

第三联：发票联　购买方记账凭证

单据 9-27-2/3

外购电费分配表

2020年12月31日　　金额单位：元

受益对象	耗用量	分配率	分配金额
生产车间	18 000		
公司管理部门	2 000		
合计	20 000		

审核：赵一　　制单：张力

单据 9-27-3/3

ICBC 中国工商银行　　凭证

业务回单（付款）

币别：人民币　　2020年12月31日　　回单编号：162360009898

收款人户名：东海市供电公司　　付款人开户行：工商银行太子路支行

收款人账号（卡号）：3500055876008901

付款人户名：光华有限责任公司　　收款人开户行：工商银行东海支行

付款人账号（卡号）：16030058363803366

金额：壹万捌仟零捌拾元整　　小写：18 080.00 元

业务（产品种类）：同城转账　　凭证种类：000000　　凭证号码：000000

摘要：转款　　用途：发放工资

交易机构：0165790062　　记账柜员：00021　　交易代码：3723　　渠道：网上银行

客户备注：

本回单为第1次打印，注意重复　　打印日期：2020年12月31日　　打印柜员：5　　验证码：25436873625

（印章：中国工商银行股份有限公司东海支行 自助回单机专用章（01））

单据 9-28-1/1

无形资产摊销表

2020年12月31日　　金额单位：元

无形资产	开始使用日期	用途	原值	摊销年限	月摊销额
非专利技术	2018-1-1	生产产品使用	240 000	10	
合计			240 000		

审核：赵一　　制单：张力

单据 9-29-1/1

制造费用分配表

2020 年 12 月 31 日

产品名称	分配标准（生产工时）	分配率	应分配金额
A288	6 000		
B126	4 000		
合计	10 000		

（分配率保留4位小数）

单据 9-30-1/2

产品成本计算单

车间：生产车间　　　　单位：元

产品名称：A288　　　　2020 年 12 月　　　　产量：100

成本项目	期初在产品成本	本月发生费用	生产费用合计	完工产品总成本	单位成本	期末在产品成本
直接材料						
直接人工						
制造费用						
合　计						

会计主管：赵一　　　　审核：　　　　制单：

单据 9-30-2/2

产成品入库单

交库单位：生产车间　　　　2020 年 12 月 31 日　　　　编号：0012

产品名称	型号规格	单　位	交付数量	检验结果		实收数量	实际成本
				合格	不合格		
A288		台	100	100		100	

车间主任：　　　　车间送库：　　　　检验：　　　　仓库经收：

单据 9-31-1/1

销售商品成本计算单

2020 年 12 月 12 日　　第 001 号

商品名称及规格	单　位	数　量	单　价	金　额	备　注
A288	台		2 140		
B126	台		5 360		
合计					

主管：赵一　　会计：　　记账：　　制单：

单据 9-32-1/1

未交增值税计算表

2020年12月31日　　金额单位：元

项目	进项税额	销项税额	本月未交增值税
金　额			
合　计			

审核：赵一　　制单：张力

单据 9-33-1/1

城市维护建设税、教育费附加计算表

2020 年 12 月 31 日　　单位：元

税　种	计税依据			税率	应纳税金额
	增值税	消费税	合计		
城市维护建设税				7%	
教育费附加				3%	

单据 9-34-1/1

“本年利润”结转计算表

2020 年 12 月 31 日

单位：元

收入类账户	借或贷	金额	费用类账户	借或贷	金额

单据 9-35-1/2

应纳所得税计算表

2020 年 12 月 31 日

单位：元

项目	金额（小数点后两位）
一、会计利润总额	
加：调增项目	
1.	
2.	
小计	
减：调减项目	
1.	
2.	
小计	0
二、应纳税所得额	
适用税率	25%
三、应纳所得税额	

单据 9-35-2/2

内部转账单

2020年12月31日 单位：元

应借科目	应贷科目	金额	备注
本年利润			
	所得税费用		

单据 9-36-1/1

提取盈余公积计算表

2020年12月31日 单位：元

项目	净利润	提取比例	提取金额
法定盈余公积			
任意盈余公积			
合计			

按净利润的10%、5%分别提取法定盈余公积、任意盈余公积。

单据 9-37-1/2

分配投资者利润计算表

2020年12月31日 单位：元

项目	投资额	全年净利润	分配比例	分配金额
实收资本——国家资本	10 000 000.00			
实收资本——法人资本	6 000 000.00			
实收资本——个人资本	139 800.00			
合计	16 139 800.00			

按全年净利润的40%分配投资者利润。

单据 9-37-2/2

内部转账单

2020年12月31日 单位：元

应借科目	应贷科目	金额	备注
利润分配——未分配利润			
	利润分配——提取法定盈余公积		
	利润分配——提取任意公积		
	利润分配——应付股利		

三、实训要求

编制资产负债表

编制利润表

1. 根据资料（二）开设有关的总账（采用三栏式），并登记期初余额；
2. 开设现金日记账、银行存款日记账，并登记期初余额；
3. 开设制造费用、生产成本明细账（多栏式）（其他明细账免登）；
4. 根据资料（三）提供的原始凭证编制记账凭证；
5. 编制记账凭证汇总表（汇总两次），并据以登记总账；
6. 根据账簿记录编制资产负债表、利润表及现金流量表。

四、所需实训材料

序号	种类	数量	备注
1	记账凭证	35 张	通用记账凭证或者用下列会计分录纸代替记账凭证
2	记账凭证汇总表	2 页	
3	日记账	2 页	单面计算
4	多栏式明细账	3 页	单面计算
5	三栏式总账账页	31 页	单面计算
6	资产负债表	1 张	
7	利润表	1 张	
8	现金流量表	1 张	

注：本实训为综合实训，可采用真实记账凭证、账页、报表进行实训。

会计分录纸（代替记账凭证）

序号	摘要	会计科目	明细科目	记账	借方金额	贷方金额

续表

序号	摘要	会计科目	明细科目	记账	借方金额	贷方金额

续表

序号	摘要	会计科目	明细科目	记账	借方金额	贷方金额

五、实训答案

记账凭证

账簿

科目汇总表

资产负债表

利润表

现金流量表

郑重声明

资源服务提示

方式一:共享课

访问国家精品开放课程共享平台——爱课程网(http://www.icourses.cn),以前未在本网站注册的用户,请先注册。用户登录后,在"资源共享课"频道搜索本书对应课程"财务会计"进行在线学习。用户可以在爱课程网主页下载"爱课程"移动客户端,通过该客户端在线学习本书对应课程的教学视频。

方式二:智慧职教

欢迎访问职业教育数字化学习中心——"智慧职教"(http://www.icve.com.cn).以前未在本网站注册的用户.请先注册。用户登录后,在首页或"课程"频道搜索本书对应课程"财务会计实务"进行在线学习。用户可以在"智慧职教"首页下载"智慧职教"移动客户端,通过该客户端进行在线学习。

方式三:产品检索系统

授课教师如需获取本书配套教辅资源,请登录"高等教育出版社产品检索系统"(http://xuanshu.hep.com.cn/),搜索本书并下载资源。首次使用本系统的用户,请先注册并进行教师资格认证。

资源服务支持电话:010-58581854 邮箱:songchen@hep.com.cn

高教社高职会计专业教师交流及资源服务QQ群:708994051